鈴木克明 監修
市川　尚・根本淳子 編著

インストラクショナルデザインの道具箱101

北大路書房

監修者による序文

　今，本書を手に取って読もうとされている人は，教育や研修を中心とした人の学びと成長について何かしらの役割を担っている方が多いと想像します。経験と勘と度胸（業界用語ではKKDと言うらしい）に頼ったり，自己流（マイ・デザイン＝MD）で苦労されている皆さんに対して，インストラクショナルデザイン（ID）という学問領域で蓄積されてきた道具を厳選して届けようというのが本書を刊行した理由です。

　パラパラっとめくっていただき，「これは使えそうだ」と思う道具を見つけたら，自分が担当している教育を点検し，何らかの改善ができないか工夫してみてください。それがIDの研究成果をあなたの教育実践に役立てるための第一歩になります。KKDやMDから脱却し，IDへの道を踏み出すための「道具箱」として，いつも手の届くところに置いて，思い出した時にまたパラパラっとめくって使い，徐々に使える道具のレパートリーを増やしていってください。

　IDを使い始めた教育実践者から，IDを道具として使うと「とても気が楽になる」と聞いたことがあります。「もっと早くに知っていればあれこれ悩まずにすんだのに」と言っていました。「何をどう教えたらよいのだろうか」「自分は体系的に教育について学んだこともないのに教育担当になってしまった」「どうもうまくいっていないと感じるんだけど，何かおかしいと思うんだけど，どこからどう手をつけたらよいかわからない」そんなお悩みをお持ちの方，せっかく便利な道具がたくさんあるのですから，まず使えそうな道具を一つ試してみてください。

　道具に触れると，試したいアイデアがいろいろと出てくるでしょう。あるいは，これまでの実践を振り返って，現状を整理する枠組みにもなるでしょうし，うまくいっている（いっていない）理由が見つかるかもしれません。学問の裏づけを使って自分の教育実践を見つめ直すという行為そのものが，もう少し頑張ってみようという勇気の源になる。だから「とても気が楽になる」のでしょう。読者の皆さんにも是非そういう気持ちを味わっていただきたいと願っています。

　IDの道具は，もともと教育実践の中から誕生してきた枠組みです。実践者

監修者による序文

の知恵が詰まっています。それらの知恵を他の実践者も使えるように抽象化したものがIDの考え方やモデル，あるいは理論として広く受け入れられてきました。IDの道具を知ることによって，同じような悩みを持つ実践者同士が共通の言語を持つことができます。「あぁ，それって○○なんじゃないの」とか「その悩みならば△△という道具からヒントが得られるかもしれないよ」という会話の中でIDの道具が使われるようになると，互いに学び合うチャンスも増えるのではないかと思います。

　IDの道具は，それを使う人の手によって検証され，拡張され，発展してきました。道具を一つずつ使ってみることによって，IDの世界に触れ，その将来を担う「IDで武装した教育実践者」を目指してください。そして，自分の教育実践の中でIDの道具を検証し，「ここを少し変えてみるともっと使いやすくなるのではないか」とか「もっと別の視点から捉えたほうが教育の改善につながりやすいのではないか」という疑問や着想を大事にして，IDの道具を使うだけでなく，新しい道具を作っていく仲間にも加わって欲しいと願っています。

　私は，IDの本場アメリカでIDの産みの親の一人とされているロバート・M・ガニェから直々に薫陶を受け，名誉教授になられていたにもかかわらず博士論文の審査委員としてもお世話になりました。帰国してから30年の間，IDの輪を広げようとID入門書を執筆したり，ID専門書を和訳したり，また，大学院で次世代のID実践者・研究者を育ててきました。その中で岩手県立大学と熊本大学での教育実践をともに手がけてきた市川・根本両氏が本書の編集の労を担ってくれたことを何よりも嬉しく思います。また，それらの教育実践の中で育ち，科研費の支援等を受けて取り組んできたID研究でも一緒に議論を重ねてきた竹岡・高橋両氏が執筆陣に加わってくれたことも大きな喜びです。ガニェ教授から受けた学恩が，ガニェの孫弟子にあたる世代に引き継がれていく流れを感じています。

　本書をきっかけとして，より多くのID実践者・研究者が育ち，我が国におけるIDの輪がますます広がっていくことを楽しみにしています。

2016年3月吉日

鈴木　克明

本書の使い方

　本書には，インストラクショナルデザイン（ID）に活用できる道具を101個集めました。その中には，この道具はIDなのか？と疑問に思われるものがあるかもしれません。本書は，ID「に」活用できる道具集であり，ID理論・モデルの紹介にとどまっておりません。教育・学習とそれをとりまく環境は多様であり，インストラクショナルデザイナー（設計者）として知っておくべき内容は多岐にわたります。課題の性質によっても，教え方（道具）を変える必要があります。少し古めの道具であっても，使えるものも多くあります。あまり考えを固定化せずに，教育をよりよくするために使えそうなものは何でも取り入れていくという姿勢で読んでみてください。

　本書の構成は，まず第1章で，IDとレイヤーモデルについて紹介しています。道具を活用するためにはIDについて基本的なことを知っておく必要がありますので，ID初心者は必ず目を通すようにしてください。また，レイヤーモデルは教育（eラーニング）の質を5つの階層に分けて整理したモデルです。上位から，

　学びたさ（魅力の要件）

　学びやすさ（学習効果の要件）

　わかりやすさ（情報デザインの要件）

　ムダのなさ（SME的要件）

　いらつきのなさ（精神衛生上の要件）

となります。

　第2章以降の各章で道具を紹介していますが，それらをレイヤーに分けて提示していますので，事前にレイヤーモデルについても理解しておくことをおすすめします。

本書の使い方

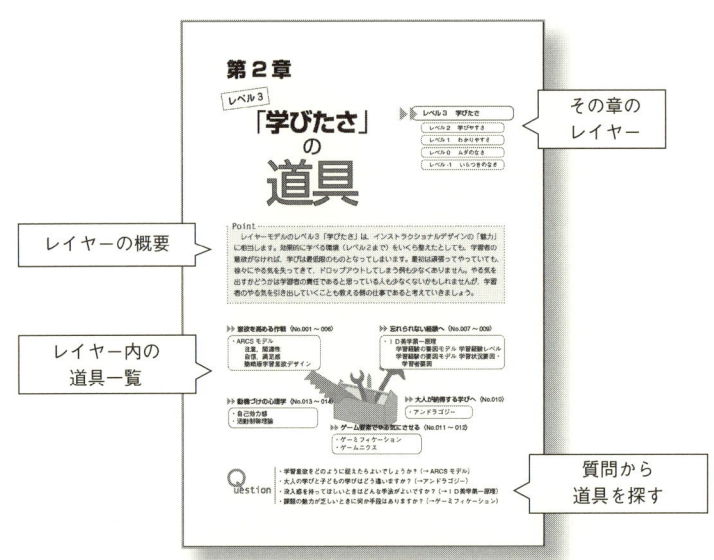

　第2章以降の章扉には，上の図のようにレイヤーの全体をつかむための見取り図を用意しました。特に道具一覧は，目的が近い道具をまとめており，一見すると無秩序に並んでいそうな道具を，どのような意図で整理したのかがわかります。

　また，各道具は次のページの図のように見開き2ページで紹介しています。左側のページには道具の説明を，右側のページにはその道具を活用した事例を載せています。道具の紹介は最低限にとどめていますので，事例で内容をつかんで，ご自身の実践につなげてください。右下には，その道具と特に関連する道具を示しています。道具の中にはつながりがあるものが多いので，必要に応じて参照してください。本文中にも他の道具を参照しているものは下線を引いています。関連する道具の中には，全体と部分に分けた道具もあります。たとえばARCSモデルでは，モデル全体を示した道具のほかに，A（注意）やR（関連性）などを個別に取り上げた道具も用意しています。

　より詳細な情報を付録とした場合は，道具の説明や関連する道具の部分にその旨を記載しています。さらに，道具の参考文献も巻末に用意しておりますの

本書の使い方

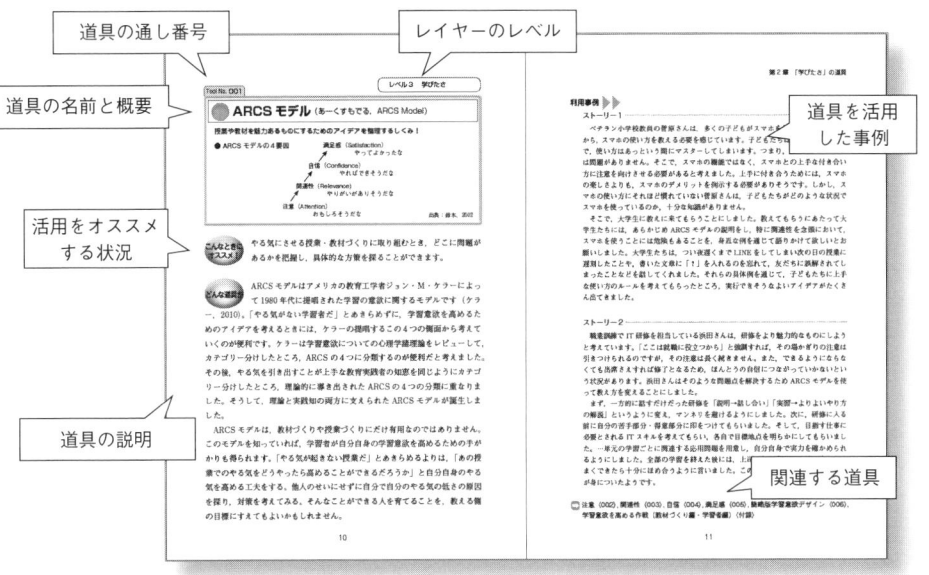

で，深く内容を知りたい方は，参考文献にも目を通してみてください。

　本書の使い方は，レイヤーを踏まえて道具を探していただいてもよいですし，ぱらぱらめくって見ていただいてもよいと思います。実践や研究のためのヒントとして手元に置いていただいてもよいですし，FD活動などで他の教員と理論（道具）を共有する場合などにも役立つはずです。見開きですので，自分に限らず，他の人たちに知ってほしい場合でも，さっと見せることができるようになっています。IDの内容を共通の言葉にすることによって，より深い議論ができると思います。みなさんでいろいろな活用法を探してみてください。

市川　尚・根本淳子

目次

監修者による序文　i
本書の使い方　iii

第1章　インストラクショナルデザインとレイヤーモデル　1
第2章　「学びたさ」の道具　[レイヤーレベル3]　9

- 001　ARCSモデル　10
- 002　注意（ARCSモデル）　12
- 003　関連性（ARCSモデル）　14
- 004　自信（ARCSモデル）　16
- 005　満足感（ARCSモデル）　18
- 006　簡略版学習意欲デザイン　20
- 007　ID美学第一原理　22
- 008　学習経験の要因モデル　学習経験レベル　24
- 009　学習経験の要因モデル　学習状況要因／学習者要因　26
- 010　アンドラゴジー　28
- 011　ゲーミフィケーション　30
- 012　ゲームニクス　32
- 013　自己効力感　34
- 014　活動制御理論　36

第3章　「学びやすさ」の道具　[レイヤーレベル2]　39

- 015　ID第一原理　40
- 016　学びの第一原理　42
- 017　9教授事象　44
- 018　学習環境設計の4原則　46
- 019　経験学習モデル　48
- 020　タスク中心型の教授方略　50
- 021　4C/IDモデル　52
- 022　精緻化理論　54
- 023　GBS理論　56
- 024　SCC：ストーリー中心型カリキュラム　58
- 025　ジャスパー教材設計7原則　60
- 026　STAR遺産モデル　62
- 027　構成主義学習モデル　64
- 028　言語情報の指導方略　66
- 029　知的技能の指導方略　68
- 030　認知的方略の指導方略　70
- 031　運動技能の指導方略　72
- 032　態度の指導方略　74

033	アクティブラーニング	76
034	PBL	78
035	TBL	80
036	ジグソー法	82
037	認知的徒弟制	84
038	学校学習の時間モデル	86
039	完全習得学習	88
040	プログラム学習の5原則	90
041	PSI方式：個別化教授システム方式	92
042	シャトルカード（大福帳）	94
043	先行オーガナイザー	96
044	多重知能理論	98
045	学校の情報技術モデル	100
046	ブレンデッドラーニング	102
047	大学教育ICT利用サンドイッチモデル	104
048	画面構成理論	106
049	教授トランザクション理論	108
050	ドリル制御構造	110
051	設計レイヤー	112

第4章 「わかりやすさ」の道具　 レイヤーレベル1 　**115**

052	ADDIEモデル	116
053	教材のシステム的開発モデル	118
054	教材開発の3段階モデル	120
055	ラピッドプロトタイピング	122
056	湖面の水紋IDモデル	124
057	OPTIMALモデル（最適化モデル）	126
058	ユーザビリティ	128
059	ペーパープロトタイピング	130
060	ペルソナ手法	132
061	教材の見やすさ・わかりやすさを高めるポイント（文字情報）	134
062	教材の見やすさ・わかりやすさを高めるポイント（イメージ情報）	136
063	教材の見やすさ・わかりやすさを高めるポイント（レイアウト）	138
064	マルチメディア教材設計7原理	140
065	形成的評価	142
066	ヒューリスティック評価	144
067	認知的ウォークスルー	146
068	ユーザビリティテスト	148

第5章 「ムダのなさ」の道具　 レイヤーレベル0 　**151**

069	学習者分析	152
070	メーガーの3つの質問	154
071	学習目標の明確化3要素	156
072	3種類のテスト（前提・事前・事後）	158
073	ルーブリック	160
074	TOTEモデル	162

目次

075	ブルームの目標分類学	164
076	学習成果の5分類	166
077	言語情報の評価方法	168
078	知的技能の評価方法	170
079	認知的方略の評価方法	172
080	運動技能の評価方法	174
081	態度の評価方法	176
082	問題解決学習の分類学	178
083	学習課題分析（構造化技法）	180
084	クラスター分析	182
085	階層分析	184
086	手順分析	186
087	複合型分析	188
088	教授カリキュラムマップ	190
089	ニーズ分析	192
090	GAP分析	194
091	4段階評価モデル	196
092	ROI	198
093	ナレッジマネジメントシステム	200
094	ジョブエイド	202
095	パフォーマンス支援システム	204

第6章　「いらつきのなさ」の道具　　レイヤーレベル-1　　207

096	メディア選択モデル	208
097	多モード多様性モデル	210
098	学習の文化的次元フレームワーク	212
099	Webアクセシビリティの原則	214
100	レスポンシブWebデザイン	216
101	ノートパソコン利用の人間工学ガイドライン	218

付録 ･･ **221**

・学習意欲を高める作戦（教材づくり編）～ARCSモデルに基づくヒント集～　　222
・学習意欲を高める作戦（学習者編）～ARCSモデルに基づくヒント集～　　224
・学習プロセスを高める作戦～ガニェの9教授事象に基づくヒント集～　　226
・ガニェの5つの学習成果と学習支援設計の原則　　228
・キャロルの時間モデルに基づく個人差への対応例　　229
・メリルのID第一原理に基づく教授方略例　　230
・問題解決学習の分類学：事例の類型　　232
・問題解決学習の分類学（タキソノミー）　　233
・学習の文化的次元フレームワーク　　234

参考文献 ･･ **237**
索引 ･･ **245**
あとがき ･･ **249**

第1章

インストラクショナルデザイン と レイヤーモデル

> **Point**
>
> ここでは，本書を活用するための基盤となるインストラクショナルデザイン（Instructional Design：ID）と本書の構成に活用したレイヤーモデルについて解説します。すでにIDをご存知の方は，この章を飛ばして，直接第2章以降のレイヤーの道具箱を開けて各道具の利用にお進みください。使い方に決まりはありませんので，使い勝手がよい方法でご活用ください。

●インストラクショナルデザインの基本

　インストラクショナルデザイン（以下，ID）は，教育を中心とした学びの「効果・効率・魅力」の向上を目指した手法の総称です。鈴木（2005）は，「インストラクショナルデザイン（Instructional Design）とは教育活動の効果と効率と魅力を高めるための手法を集大成したモデルや研究分野，またはそれらを応用して学習支援環境を実現するプロセス」とまとめています。効果，効率，そして魅力を高めるための工夫すべてが含まれます（なんでもあり！）。本書は専門書ではありませんので，詳細な定義などは省略しますが，関心がある方は，本書の最後に掲載しているオススメ文献リスト（244ページ）をご覧ください。さてもう少し詳しく見ていきましょう。

IDの目指す学び：「効果」「効率」「魅力」

　IDで目指そうとしている学びに必須と考えられている「効果」「効率」「魅力」について紹介します。どのようなことでもやるからには何かしらの良い結果を期待するはずです。学びにおける期待は，対象とする学習者たちがある一定の成果を出すことであり，それがIDで考える「効果」です。学校などの教育機関であれば，授業を実施することで，児童・生徒や学生の力がついたり，授業での理解度が上がったり，予定通り卒業生が出たことが効果に相当します。企業であれば，実施した研修を修了した受講者が内容を理解し，併せてそれらの知識を実務で使うことが求められます。そのうえで，研修がうまくいったと判断するためには，研修と組織全体の成果との関係について確認する必要があるでしょう。

　効率は「学びの場を提供する人」と「それを受ける側」の両方の立場から考えることができます。時間的にも物理的にもムダや手間をかけすぎないで求められる成果を得ようと考えるのがID的です。例えば，実施側（講師や教育支援者）はスムーズな実施のための事前準備を行います。この時に常に新しいものを作るのではなく，これまで用意した教材があれば再利用することができないか，と考えることは効率的です。他方，学習者が目標に沿った成果を得られるように本当に必要な内容に絞って学ぶことも効率化にあたるでしょう。教育

に従事していると，あれもこれもと内容が盛りだくさんになり，自分流を求めて一から全部手作りしたいという気持ちになることもあると思いますが，必要なものに絞って今ある資源で最大限の成果を得る工夫をしましょう。

どんなに高い効果が得られても，やらされ感や義務感を感じてしまったら，長続きはしません。もっと学びたいと思わせる継続動機を与え，達成感を実感させることが学びにおける「魅力」です。教える側が楽しいと思わなければ，受ける側も楽しいとは思わないでしょう。相手のニーズに合わせながらワクワク感を大事にしましょう。

この3点すべてを高めていくことがIDの目指す学びです。これらに優劣はありません。みなさんが目指す実践に合わせて，それぞれを高めてください。また，提供する側とそれを受ける側の両方が「効果」「効率」「魅力」を感じなければ，うまくいかないことは想像に難くありません。現在ご自分が向き合っている実践現場を一つ取り上げて，ご自分の実践場面での効果・効率・魅力について確認してください。

IDの基本形：学習目標・評価方法・教育内容のバランスを保つ

IDには本書でも取り上げられている様々な理論やモデルが存在し，それらを最も簡単な形にすると，図1-1に示すような3つの要素を揃えることがその出発点になるでしょう。ここでは何を学んで欲しいのか（学習目標），学んだかどうかをどのように判断するのか（評価方法），そして，学びをどのように助けるのか（教育内容・方法）の3つを確認しながら，教育活動を改善・向上

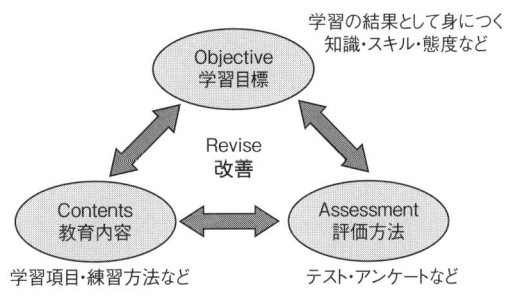

図1-1　学習目標・評価方法・教育内容の整合性（鈴木，2008）

していきます。さらに，これらの3要素がバランスよく計画されていることを「整合性がとれている」といい，IDの目指す学び場の構築，教育・研修の美しい姿だと捉えることができるでしょう（➡メーガーの3つの質問〈070〉）。

　教育・研修にはその目指すところとしての「学習目標」があります。研修は誰が何時間それを「受けたか」ではなく，その研修によって「何を学んだか」をもってその効果が確かめられます。いわゆる履修主義ではなく，習得主義がIDの基礎となる考え方です。そして，「学習目標」は受講者に最初から提示されているのがよいとIDでは考えます。それは，ともに目指すところを共有して学習者にもそこへ神経を集中して欲しいと願うからです。

　早く終わる人は早く終わる一方で，少し時間をかける必要がある人は少し長くかかります。この当たり前のことを実現するためには，研修時間ではなく研修成果としての学習達成度をもって修了の可否が判断される必要があります。修了の可否を判断する術が「評価方法」です。ところがこの「評価方法」が「学習目標」と一致していないケースが少なくありません。学んで欲しいこととして設定した学習目標のすべてを評価しないで，ごく一部だけで修了と認定しているケース。あるいは，評価が大変だ（あるいは不可能だ）という理由をつけて何らかの代替手段で修了を判定しているケース。様々な困難はあるかもしれませんが，目標として明示する以上は，そのすべての達成を確認してはじめて修了の判断ができる，と考えるのもID的です。（たとえ短時間でも，あるいは研修を受けなくても）安心して「合格です。修了レベルです」と判断できるかどうかは，確認したい重要なポイントです。

　最後の要素は教育内容（何をどのように教えるのか）です。アクティブラーニングを導入しましょう，という提案があったときに，「アクティブラーニングは学習者が主体的に活動に参加し理解を深めるための手段であり，導入することそれ自体が目的ではない」ということを忘れるケースがよくあります。アクティブラーニングが手段であるとすれば，それは何のための手段か，それは今までの手段と比べてどういうメリットがあるのかを吟味したうえで，「なるほど，そういうメリットがあるのならば導入しましょう」となるのが自然です。この3要素の整合性をとるための重要なコツは，教育内容や方法の検討から入らないことです。どのやりかたが良いのかは，誰にどのような条件で何を学ん

でほしいかを考えてから決めるのです。学習目標とその評価が明確になったときに、対象者や与えられた環境でどのように教えるか（方法）を選択しましょう。

　山に登るルートは複数あります。初心者か経験者であるのかによって、楽しみながら頂上へ向かうベストルートは異なるでしょう。時間が限られていて、上級者向けルートしか選択肢がない場合は、ほとんどの初心者にとっては無理な選択となるでしょう。多少の無理があってもやりがいを感じる人はいるかもしれませんが、挑戦した結果、けがをして「もう山には上りたくない」と思われる可能性もあります。この場合は、目的地を頂上ではなく7合目に変更する必要があります。「学びたくない、やりたくない」と言われては元も子もありません。今の学習環境は恵まれているため方法の選択は広がるばかりです。それらを最大限に活用するためにも、何のための学びであるのか、定期的に原点に戻りながら学びをデザインする活動に取り組みましょう。

　また、いくら3要素の整合性をとったからと言って、最初からうまくいくものではありません。評価結果を踏まえて、「改善」を行うことが重要になります。図1-1の中央に「改善」がきているように、よりよくするための繰り返しのプロセスをIDでは重視します。教育に完全な成功はありえません。失敗を学習者のせいではなく実施側の責任であると捉え、真摯に向き合う姿勢がIDに携わる人たち全員に求められています。

●レイヤーモデルとは

　レイヤーモデル（鈴木, 2006）は、eラーニングの質を5つの段階に分けて整理したものです（図1-2）。本モデルでは「いらつきのなさ（-1）」「ムダのなさ（0）」「わかりやすさ（1）」「学びやすさ（2）」「学びたさ（3）」という5段階のレベルごとに質の達成指標と達成に適切なID技法が示されています。

レベル-1：いらつきのなさ（精神衛生上の要件）
　マイナスのレイヤーであることから想像できるかと思いますが、学びを実現するためになくてはならない要件がここに当てはまります。満たされたとして

eラーニングの質	達成指標	主なID技法
レベル3：学びたさ（魅力の要件）	継続的な学習意欲，没入感，つい余分なことまで，将来像とのつながり，自己選択・自己責任，好みとこだわり，ブランド，誇り	動機づけ設計法（ARCSモデル）成人学習学の原則
レベル2：学びやすさ（学習効果の要件）	学習課題の特性に応じた学習環境，学習者ニーズにマッチした学習支援要素，共同体の学びあい作用，自己管理学習，応答的環境	学習支援設計法（9教授事象）構造化・系列化技法
レベル1：わかりやすさ（情報デザインの要件）	操作性，ユーザビリティ，ナビゲーション，レイアウト，テクニカルライティング	プロトタイピング形成的評価技法
レベル0：ムダのなさ（SME的要件）	内容の正確さ，取り扱い範囲の妥当性，解釈の妥当性，多義性の提示，情報の新鮮さ，根拠・確からしさの提示，適正な著作権処理	ニーズ分析法内容分析法職務分析法
レベル-1：いらつきのなさ（精神衛生上の要件）	アクセス環境，充実した回線速度，IT環境のレベルに応じた代替的利用法，サービスの安定度，安心感	学習環境分析メディア選択技法

図1-2　レイヤーモデル

もプラスにはならないけれど，満たされないとマイナスの影響があるもの，つまり実施に必要な最低限の学習環境の確保と考えるとよいでしょう。eラーニングを活用するのであればそのネットワークのスピードや機器の準備が本レイヤーの対象です。タブレット利用者にタブレットでは見えないコンテンツを提供したり，シリーズで用意した講座にもかかわらず上級講座がまったく開講されないのは，対象者を不快にさせるでしょう。このようないらつきを与えない最低限の環境やサービスを提供する部分がレベル-1：いらつきのなさです。目標・評価・内容の3要素の整合性をとるための前提条件とも考えられます。

レベル0：ムダのなさ（SME的要件）

　学ぶ内容の正確性，まさに「ムダのなさ」を確認するレイヤーです。IDの目指す「効率」が強く関係しています。授業や研修の中身がこれでよいのかをチェックし，ウソや偏りをなくすことで本来学ぶべきことに集中できるようにします。特定の分野の内容を熟知している人を内容の専門家，SME（Subject Matter Expert）と呼びます。理科・社会といった授業を担当する教師やインス

トラクタが教育内容を吟味する部分であると考えもよいでしょう。学習内容の妥当性は，SMEでないと判断できませんので，SME的要件とされています。また，学習の対象者は誰であるのか，学習環境に制約はないのかといった学びが成立するための条件を整理することは，その学びが成功するための必須の活動です。IDでは，このプロセスを**ニーズ分析**〈➡089〉と呼びます。前提条件を整理して適切な対象者に適切な成果が何であるかを見きわめる活動，つまり，「入口」（目標）と「出口」（評価）の明確化もレベル0に含まれます。そして，ねらいを達成できたのか，つまりどうやって評価するのかという点もこのレイヤーの重要な要素です。

レベル1：わかりやすさ（情報デザインの要件）

　学習内容をわかりやすく伝えるための情報デザインがこのレイヤーです。読みやすいようにレイアウトを調整したり，着目すべきポイントに気づきやすいように大きさやフォントを変更する工夫が，わかりやすさを高めることになるでしょう。eラーニングのようなシステムを活用するのであれば，多種多様な情報を提示することが可能になりますが，利用者が迷子にならないような配慮が必要です。どんなに良い学習内容でもそれが学習者に伝わらなければ効果は得られません。IDでは実施前にその教材や教育によって学習者が理解できるかを**形成的評価**〈➡065〉などを通じて確認していきます。

レベル2：学びやすさ（学習効果の要件）

　レベル0で厳選した学習内容を，効果的に学習者に身につけてもらうことがこのレベル2のレイヤーです。IDの目指す「効果」に相当する部分です。教えたい内容をそのまま提示するのではなく，学習者の特性や求める成果などに合わせて，効果的な方法を考えます。例えば，わかりやすい単位に分け（構造化），理解しやすい順番に並べ変える（系列化）ことの検討など，学習目標を達成するために的確な「方法」を選ぶことが本レイヤーの目的です。なお，方法には二つの内容が含まれていることを補足します。一つは，グループワークなどの学習活動やそれを実現する環境に関するものです。もう一つは，上記で述べた構造化や系列化など，学習内容や学習活動の相互の関係性に関わるもの

です。どちらも一言で言えば「教え方」となり，両方の要素が必要となりますが，視点が異なりますので区別して考えるようにしましょう。

レベル3：学びたさ（魅力の要件）
　IDの目指すゴールの一つである「魅力」を高めるための要件がレベル3の学びたさに含まれています。内容理解のために必要な検討はレベル2に含まれますが，さらに魅力を高めようという視点から本レイヤーにある道具を見るとよいでしょう。説明文の代わりにケースを用意したり，ゲームをしているような活動を入れるという工夫をすることで「やる気」を高めるのは本レイヤーの範囲です。対象者に合わせた魅力を追究してください。

　レイヤーモデルは，高等教育におけるeラーニングを検討するために作られました。eラーニングでの実践を想定して整理されたモデルではありますが，eラーニングに限らず教育全般での活用が可能だと考えて，本書ではIDの道具を整理する枠組みとして採用しています。つまりレイヤーモデルを用いたからと言ってeラーニングに限定しているわけではありません（根本ら，2014）。
　レイヤーモデルの利用方法としては次のことが考えられます。まず，レイヤー全体を俯瞰して，eラーニングを含む教育実践の質全体を確認する際に利用できるでしょう。また，教育実践者が改善したい部分がどのレイヤーに当てはまるのか見ていくことで，課題の所在を確認する手掛かりを得ることも可能です。さらに，各レベルには達成指標とID技法が書かれているため，対象となるレイヤーに応じてどのID技法を用いればよいのかがわかります。このように，レイヤーモデルをどのように利用するかは利用者が自由にアレンジして利用できます。
　一方で，ID技法（道具）はレイヤー間で厳密に分かれるものではなく，複数のレイヤーの視点から捉えられる場合も多いです。例えば「魅力」のある授業は，きちんと学べたかについての「効果」の要素が少なからず影響を与えているはずです。第2章以降では，どこか1つのレイヤーにそれぞれの道具を配置していますが，他のレイヤーにまたがる可能性があることは，心に留めておいてください。

第2章

レベル3

「学びたさ」の道具

▶ レベル3　学びたさ
　レベル2　学びやすさ
　レベル1　わかりやすさ
　レベル0　ムダのなさ
　レベル-1　いらつきのなさ

Point

　レイヤーモデルのレベル3「学びたさ」は，インストラクショナルデザインの「魅力」に相当します。効果的に学べる環境（レベル2まで）をいくら整えたとしても，学習者の意欲がなければ，学びは最低限のものとなってしまいます。最初は頑張ってやっていても，徐々にやる気を失ってきて，ドロップアウトしてしまう例も少なくありません。やる気を出すかどうかは学習者の責任であると思っている人も少なくないかもしれませんが，学習者のやる気を引き出していくことも教える側の仕事であると考えていきましょう。

▶▶ 意欲を高める作戦〈No.001〜006〉
- ARCSモデル
  　注意，関連性
  　自信，満足感
  　簡略版学習意欲デザイン

▶▶ 忘れられない経験へ〈No.007〜009〉
- ID美学第一原理
  　学習経験の要因モデル 学習経験レベル
  　学習経験の要因モデル 学習状況要因・
  　学習者要因

▶▶ 動機づけの心理学〈No.013〜014〉
- 自己効力感
- 活動制御理論

▶▶ 大人が納得する学びへ〈No.010〉
- アンドラゴジー

▶▶ ゲーム要素でやる気にさせる〈No.011〜012〉
- ゲーミフィケーション
- ゲームニクス

Question

- 学習意欲をどのように捉えたらよいでしょうか？（→ARCSモデル）
- 大人の学びと子どもの学びはどう違いますか？（→アンドラゴジー）
- 没入感を持ってほしいときはどんな手法がよいですか？（→ID美学第一原理）
- 課題の魅力が乏しいときに何か手段はありますか？（→ゲーミフィケーション）

Tool No. 001　　　　　　　　　　　　　　　　レベル3　学びたさ

● ARCS モデル（あーくすもでる，ARCS Model）

授業や教材を魅力あるものにするためのアイデアを整理する枠組み！

● ARCS モデルの4要因

　　　　　　　　　満足感（Satisfaction）
　　　　　　　　　　　やってよかったな
　　　　　　自信（Confidence）
　　　　　　　　やればできそうだな
　　　関連性（Relevance）
　　　　　　やりがいがありそうだな
　注意（Attention）
　　　おもしろそうだな

出典：鈴木，2002

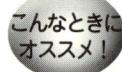
やる気にさせる授業・教材づくりに取り組むとき，どこに問題があるかを把握し，具体的な方策を探ることができます。

ARCS モデルはアメリカの教育工学者ジョン・M・ケラーによって 1980 年代に提唱された学習の意欲に関するモデルです（ケラー，2010）。「やる気がない学習者だ」とあきらめずに，学習意欲を高めるためのアイデアを考えるときには，ケラーの提唱するこの4つの側面から考えていくのが便利です。ケラーは学習意欲についての心理学諸理論をレビューして，カテゴリー分けしたところ，ARCS の4つに分類するのが便利だと考えました。その後，やる気を引き出すことが上手な教育実践者の知恵を同じようにカテゴリー分けしたところ，理論的に導き出された ARCS の4つの分類に重なりました。そうして，理論と実践知の両方に支えられた ARCS モデルが誕生しました。

　ARCS モデルは，教材づくりや授業づくりにだけ有用なのではありません。このモデルを知っていれば，学習者が自分自身の学習意欲を高めるための手がかりも得られます。「やる気が起きない授業だ」とあきらめるよりは，「あの授業でのやる気をどうやったら高めることができるだろうか」と自分自身のやる気を高める工夫をする。他人のせいにせずに自分で自分のやる気の低さの原因を探り，対策を考えてみる。そんなことができる人を育てることを，教える側の目標にすえてもよいかもしれません。

利用事例

ストーリー１

ベテラン小学校教員の菅原さんは，多くの子どもがスマホを持ち始めていることから，スマホの使い方を教える必要を感じています。子どもたちはスマホに興味津々で，使い方はあっという間にマスターしてしまいます。つまり，注意と自信の側面は問題がありません。そこで，スマホの機能ではなく，スマホとの上手なつきあい方に注意を向けさせる必要があると考えました。上手につきあうためには，スマホの楽しさよりも，スマホのデメリットを例示する必要がありそうです。しかし，スマホの使い方にそれほど慣れていない菅原さんは，子どもたちがどのような状況でスマホを使っているのか，十分な知識がありません。

そこで，大学生に教えに来てもらうことにしました。教えてもらうにあたって大学生たちには，あらかじめ ARCS モデルの説明をし，特に関連性を念頭において，スマホを使うことには危険もあることを，身近な例を通じて語りかけて欲しいとお願いしました。大学生たちは，つい夜遅くまで LINE をしてしまい次の日の授業に遅刻したことや，書いた文章に「？」を入れるのを忘れて，友だちに誤解されてしまったことなどを話してくれました。それらの具体例を通じて，子どもたちに上手な使い方のルールを考えてもらったところ，実行できそうなよいアイデアがたくさん出てきました。

ストーリー２

職業訓練で IT 研修を担当している浜田さんは，研修をより魅力的なものにしようと考えています。「ここは就職に役立つから」と強調すれば，その場かぎりの注意は引きつけられるのですが，その注意は長く続きません。また，できるようにならなくても出席さえすれば修了となるため，ほんとうの自信につながっていかないという状況があります。浜田さんはそのような問題点を解決するため ARCS モデルを使って教え方を変えることにしました。

まず，一方的に話すだけだった研修を「説明→話し合い」「実習→よりよいやり方の解説」というように変え，マンネリを避けるようにしました（注意）。次に，研修に入る前に自分の苦手部分・得意部分に印をつけ，目指す仕事に必要とされる IT スキルを考えてもらい，各自で目標を明らかにしていきました（関連性）。一単元の学習ごとに関連する応用問題を用意し，自分自身で実力を確かめられるようにしました（自信）。全部の学習を終えた後には，上司と部下をペアで演じさせ，うまくできたら十分にほめ合うように言いました（満足感）。この改善で，受講者に実践的な力が身についたようです。

▶ 注意〈002〉, 関連性〈003〉, 自信〈004〉, 満足感〈005〉, 簡略版学習意欲デザイン〈006〉, 学習意欲を高める作戦（教材づくり編・学習者編）〈付録〉

Tool No. 002　　　　　　　　　　　　　　　　　　　レベル3　学びたさ

注意（ARCSモデル）（ちゅうい，Attention）

注意：「面白そうだなあ」のヒント集！

目をパッチリ開けさせる：A-1 知覚的喚起（Perceptual Arousal）
・教材を手にしたときに，楽しそうな，使ってみたいと思えるようなものにする
・教材の内容と無関係なイラストなどで注意をそらすことは避ける　など

好奇心を大切にする：A-2 探究心の喚起（Inquiry Arousal）
・教材の内容が一目でわかるような表紙を工夫する
・なぜだろう，どうしてそうなるのかという素朴な疑問を投げかける
・エピソードなどを混ぜて，教材の内容が奥深いことを知らせる　など

マンネリを避ける：A-3 変化性（Variability）
・教材の全体構造がわかる見取り図，メニュー，目次をつける
・一つのセクションを短めに押さえ，「説明を読むだけ」の時間を極力短くする　など

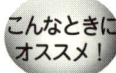　学習者の注意を喚起し，さらに，学ばせたい本質的な要素に学習者の注意を向けさせるための方策を探ることができます。

　学習の意欲に関するARCSモデルの最初にくるのが注意（A）です。学習者の注意は，どのように注意を喚起し維持するのかという動機づけの観点と，学ばせたい本質的要素にどのように注意を向かわせるのかという学習の観点の両面から検討すべきです。ARCSモデルの注意は，好奇心・退屈・刺激追求に関する心理学的研究を基盤としています（ケラー，2010）。私たちは，目新しいことや不思議なことに接すると，何かありそうだ，面白そうだという気持ちになります。そして，好奇心が刺激されると，そのことを理解したいという気持ちも刺激されます。つまり，学習者の注意を適切にひきつけることによって，学びにすっと入ってくための準備を整えることができるのです。

　反面，注意が適切でないと，いくら情報が与えられても「耳に入らない」ことになってしまいます。例えば，小学校の理科の授業でアシカのぬいぐるみを着て授業をするなどは，目はパッチリ開くかもしせませんがぬいぐるみにばかり目がいってしまい，授業内容はそっちのけになってしまう危険性があります。また，目新しさは最初だけで，すぐにマンネリ状態になることが知られています。活動に変化をつけたり，気分転換の活動を入れたりなどの方略も，注意を維持するうえで重要なものになります。

第2章 「学びたさ」の道具

利用事例 ▶▶▶

ストーリー1

　高校教員の猪貝さんは，授業で生徒の注意をひきつけるのに苦労しています。生徒の興味のある話題などを盛り込むようにしているのですが，生徒たちはいつも眠そうです。そんなとき猪貝さんは「重要！しっかり聞くように！」などと大声を出し，ついつい机を叩いてしまいます。しかし，机を叩くなどの大きな音による効果はほんの一瞬でしかありません（A-1）。猪貝さんはそこでARCSモデルの注意の方略に従って，授業を大きく改善することにしました。

　まず，授業の始まりは毎回，教科書を閉じさせるところから始めることにしました。生徒は教科書を開いて待っていることが多いのですが，なかには全然違うページを開いている生徒もいます。閉じて開くという物理的な動作を一斉にさせることにしたのです。教科書を閉じている間に，「今日の不思議」として，今日教える内容のポイントを疑問形で示します（A-2）。それから教科書を開かせ15分ほど話したら，必ず気分転換の作業を入れます（A-3）。板書を写させることもありますし，ストレッチをさせることもあります。また，週に一度はその日の内容に関係のある自分の失敗談を披露しています。これは評判がよく，他の人の失敗談などを集めて，毎回やっていきたいと思っています。

ストーリー2

　大学教員の山元さんはこれまで行っていたハラスメント研修を，eラーニングで行うよう指示されました。対面研修で一番評判がよかったのはロールプレイです。演じた後で，遡って一つひとつていねいに解説するようにしています。そこで山元さんはeラーニングにもロールプレイを入れることにしました。講義ビデオとは別に，ロールプレイの様子をビデオに撮り，コンテンツとして盛り込むことにしました。知り合いの劇団員が演じることが決まり，一度演じた後に逆回転で演じながら解説を加えるという部分もできました。「講義→確認クイズ→講義→確認クイズ→ロールプレイ→確認クイズ→まとめテスト」と，対面研修とほぼ同じ形のコンテンツができました。

　しかし，ロールプレイの後の確認テストの出来が期待していたほどよくありません。アンケートの自由記述を読んでみると，「ロールプレイでの演技に見惚れてしまった」「どうすればあんなふうに演じられるのか」などがありました。ARCSモデルの注意に照らし合わせて考えてみると，どうやら，研修内容とは別のところ――ロールプレイの演技――に注意をひきつけてしまったようです。山元さんは思い切って逆回転の解説部分のビデオをカットし，文字解説に変えることにしました。

▶ ARCSモデル〈001〉，簡略版学習意欲デザイン〈006〉，
　学習意欲を高める作戦（教材づくり編・学習者編）〈付録〉

Tool No. 003 　　　　　　　　　　　　　レベル3　学びたさ

● 関連性（ARCSモデル）(かんれんせい，Relevance)

関連性：「やりがいがありそうだなあ」のヒント集！

自分の味つけにさせる：R-1 親しみやすさ（Familiarity）
・対象者が関心のある，あるいは得意な分野から例を取り上げる
・身近な例やイラストなどで，具体性を高める
・今までに勉強したことや前提技能と教材の内容がどうつながるかを説明する　など

目標を目指させる：R-2 目的指向性（Goal Orientation）
・与えられた課題を受け身にこなすのでなく，自分のものとして積極的に取り組めるようにする
・教材のゴールを達成することのメリット（有用性や意義）を強調する　など

プロセスを楽しませる：R-3 動機との一致（Motive Matching）
・自分の得意な，やりやすい方法でやれるように選択の幅を設ける
・アドバイスやヒントは，見たい人だけが見られるように書く位置に気をつける　など

こんなときにオススメ！　学習者に「よい結果につながりそうだ」「やる値打ちがありそうだ」という気にさせたいときに有効です。

どんな道具か　「なぜ私はこれを学ばなければならないのだろう？」と自らに問いかけたことはありませんか。学習内容に興味や関心が持てないとき，意義が見つけられないとき，私たちはこう自問することがあります。一方で，学んでいることが現在の仕事や将来に役立つことがわかっているとき，例えば，社会人が現在の仕事に関連する知識や，仕事を獲得するためのスキルを学習するときには「なぜ？」とは問いません。また，個人的な興味を持っているとき，例えば，アマチュア無線を趣味とする人が電波の仕組みや法について学ぶときにも「なぜ？」とは問いません。あるいは，教えている人や教え方が好きだと感じられるとき，ウマが合うときにもこのような問いはありません。それは，学んでいることと自分自身との間に，なんらかのつながりを見出し，その学びを通じて「よい結果が生み出せそうだ」「やる値打ちがありそうだ」と感じているからです。学習意欲に関するこのような側面をARCSモデルでは関連性（R）と呼びます。関連性は，親しみやすさ，目的，動機に関する問いによって構築できる概念として捉えられます（ケラー，2010）。

利用事例

ストーリー1

　大学教員の木村さんは，ユニバーサルデザインの授業を担当しています。しかし，デザインが好きで入学してきた学生たちは，格好のよいデザインには興味がありますが，使い勝手のよいデザインにはさほど興味がありません。また，"使いにくい"という経験をしたこともあまりありません。そのため，デザインの中にユニバーサルの視点がなかなか入ってきません。木村さんは，この問題を解決するためにARCSモデルの関連性の方略が有効だと感じました。これまでは，みんな同じテーマでデザインをさせていました。設定されたテーマに興味のある学生とない学生がいることはわかっていましたが，競わせたり，採点するうえで都合がよかったからです。

　まずここを改め，自分のテーマを自由に設定してよいことにしました。親しみやすさを高めるためです。その上で，そのテーマに関連した困難を抱えている人——例えば，物が掴みにくい，はっきり見えないなど——と話し合い，できれば，そういう人たちの行動を観察させるようにしました。さらに機会が許せば，同じような状況を作り出すしかけを用いて——例えば，歩きにくいという体験を作り出す重りなど——実際に体験をさせました。それらを経た上でデザインに取り組ませることによって，学生の理解が深まり，より具体的なデザインができるようになりました。

ストーリー2

　パソコンインストラクタの林さんは，ある私立大学で情報スキルの授業を担当することになりました。1年次の授業では，ワープロソフトや表計算ソフトの使い方が主な内容です。この大学には「どんな会社に就職しても困らないようなスキルを身につける」という方針があり，かなり細かい機能までを教えることが求められています。テキスト通りに順に機能を教えていましたが，学生たちはそれほど熱心に取り組んでいるように見えません。

　そこで林さんは，ARCSモデルの関連性に照らし合わせ，まず，スキルをマスターして資格試験に合格すれば就職時に有利であることを授業の開始時に伝えることにしました。さらに，1つの単元を始める前に，そのスキルが実際の仕事の場面でどう生かされるのか，それを身につけるとどれほど仕事の効率化につながるのかを，自分の体験などを中心にコンパクトに話すことにしました。パソコンのスキルが十分に身についていたおかげで，企画などの仕事に十分な時間を割くことができたことや，迫力のあるプレゼンテーションが作成できたことなどです。その結果，学生は前よりも少し熱心に取り組むようになりました。

▶ ARCSモデル〈001〉，簡略版学習意欲デザイン〈006〉，
　学習意欲を高める作戦（教材づくり編・学習者編）〈付録〉

Tool No. 004　　　　　　　　　　　　　　　レベル3　学びたさ

● 自信（ARCSモデル）（じしん，Confidence）

自信：「やればできそうだなあ」のヒント集！

ゴールインテープをはる：C-1 学習要求（Learning Requirement）
- 本題に入る前にあらかじめゴールを明示し，どこに向かって努力するのか意識させる
- 対象者が現在できることとできないことを明らかにし，ゴールとのギャップを確かめる　など

一歩ずつ確かめて進ませる：C-2 成功の機会（Success Opportunities）
- 他人との比較ではなく，過去の自分との比較で進歩を確かめられるようにする
- 「失敗は成功の母」失敗しても大丈夫な，恥をかかない練習の機会をつくる　など

自分でコントロールさせる：C-3 コントロールの個人化（Personal Control）
- 「幸運のためでなく自分が努力したから成功した」といえるような教材にする
- 不正解には，対象者を責めたり，「やってもムダだ」と思わせるようなコメントは避ける　など

こんなときにオススメ！　「課題は達成できるだろうか」という不安や，「自分にはどうせできないだろう」と決めつけている学習者を学習に向かわせたいときに有効です。

どんな道具か　ARCSモデルを提唱したケラー（2010）は，自信とは「人々の様々な生活における成功に対する期待の度合い」であると述べています。この度合いを高め，＜やればできそうだ＞という気持ちにさせる方略がARCSモデルにおける自信（C）です。自信を妨げる要因の一つに不安感があります。例えば，何をするのかわからない状態のままに「とにかくこれをやりなさい」と言われたら，学習者は自分が何を達成するのか，達成できるのか，どうすればうまくいくのかなど様々な面で不安になるでしょう。また，自分がどのように見られるかを強く気にする学習者は，失敗への恐れを感じて不安になるでしょう。

そこで，到達点（ゴール）を示し，できるかどうかを確認できるようにし，学習者自身が学習状況をコントロールできるようにすることが必要になるのです。また，学習者が与えられた要件をどう捉えているかも自信に影響を与えます。自分の能力は定まったものであり，状況も変えることができないと捉える学習者に対しては，自己コントロールの点で特に注意深い方略が必要でしょう。

利用事例 ▶▶

ストーリー1

　A大学には複数のキャンパスがあります。不必要なキャンパス間移動をなくし，学生の学習時間を確保するために，ある一定数の授業をeラーニングにしようとしています。教員の平岡さんは，eラーニングのパイロット授業を作るように命じられました。eラーニングについて調べたところ，授業を録画して配信するだけでは十分な学習効果が上がらないことや，基本的には自分で行わなければ進められないことから，自律的な学習態度を養うこともできるという知識を得ました。そこで，ARCSモデルの自信の方略を最大限，盛り込んだ授業にすることにしました。

　まず，ビデオ講義をやめ，テキストを中心に調べ物へのリンクを豊富に付けました。締め切りにも柔軟性を持たせ，ある一定の期間内であれば，いつ学習してもよいようにしました。しかし実際に始めてみると学生から「どうやって進めたらよいのかがわからない」「単位が取れるかどうか不安だ」という声が寄せられました。新しいやり方に戸惑いがあるようです。そこで平岡さんはeラーニングのやり方を教えるコースを作成することにしました。授業3回分程度のミニコースとし，eラーニング学習が実際にどういうふうに進んでいくかを示し，自分で計画を立てさせるようにしました。学生たちはやっと〈やればできそうだ〉という気になってくれたようです。

ストーリー2

　B大学では，入学した学生全員に「卒業後のなりたい自分」について，初年次ゼミで書かせるようにしています。ARCSモデルの自信の学習要求（C-1）の方略に従ったもので，「なりたい自分」を明確にすることで，どこに向かって努力するのかを意識させるものです。しかし実際に実施をし，2年後に中間調査をしてみると，立てた目標が必ずしも学業につながっていくわけではないことがわかりました。入学後すぐに，授業で書くようにと言われて書くゴールは仮のものであることが多く，ゴールそのものを忘れてしまうことがあるようです。

　そこで，成功の機会（C-2）の方略も立てる必要があることがわかりました。目標を立てるときに，そのときの自分に何ができ，何ができないのかをチェックリストに従って明らかにさせることにしました。半年毎に同じチェックリストを活用し，過去の自分と現在の自分とを比較できるようにしました。ただ，紙ベースのチェックリストは保管が難しく，また，比較もしにくいため，なかなか思うような効果が上がっていません。今後は，eポートフォリオシステムを導入し，過去のものをいつでも参照できるようにする予定です。

▶ ARCSモデル〈001〉，簡略版学習意欲デザイン〈006〉，
　学習意欲を高める作戦（教材づくり編・学習者編）〈付録〉

Tool No. 005　　　　　　　　　　　　　　　　　　レベル3　学びたさ

● 満足感（ARCS モデル）（まんぞくかん，Satisfaction）

満足感：「やってよかったなあ」のヒント集！

ムダに終わらせない：S-1 自然な結果（Natural Consequences）
- 努力の結果がどうだったかを，目標に基づいてすぐにチェックできるようにする
- 一度身につけたことを使う／生かすチャンスを与える　など

ほめて認める：S-2 肯定的な結果（Positive Consequences）
- 困難を克服して目標に到達した対象者にプレゼントを与える（おめでとう！の文字）
- 教材でマスターした知識や技能の利用価値や重要性をもう一度強調する　など

裏切らない：S-3 公平さ（Equity）
- 目標，練習問題，テストの整合性を高め，終始一貫性を保つ
- テストに引っ掛け問題（練習していないレベルの問題や目標以外の問題）を出さない
- えこひいき感がないように，採点者の主観で合否を左右しない　など

学習者の「やってよかった」と思う気持ちを支援し，発展させたいときに有効です。

努力が実って成功したり，うまく振る舞えることは気分がよいことではありますが，いつも満足感につながるわけではありません。ARCS モデルを提唱したケラー（2010）は，満足感（S）は，自分にとって価値があり挑戦的な仕事を成し遂げた喜びから生じると述べています。満足感，すなわち「やってよかった」という気持ちを支援し，発展させるためには，身に付けたことを現実に生かしたり学んだことをまだ修得していない仲間に教えたりする機会を与えるなどの方略が有効です。これらは学習者が学んだことから得たプライドを強化することにつながるからです。

　また，ほめることは肯定的な報酬となります。正解に対して単に「おめでとう！」のコメントを加えるだけで満足感は高まるでしょう。このとき，ある達成に対して学習者が「おめでとう！」の言葉をもらった後で，部分的にしか達成しなかった仲間がもっとすばらしい賞賛の言葉をもらったことを知ったら，どう思うでしょうか。受け取る評価や報酬が成し遂げた成果や努力と釣り合っていると感じられなければ，満足感は下がってしまいます。教師やインストラクタ，そしてもちろん部下の仕事ぶりを評価する上司も，満足感が公平感に支えられていることを念頭に置きましょう。

第 2 章 「学びたさ」の道具

利用事例 ▶▶

ストーリー 1

　高校で化学を教えている楢原さんは，授業の一部に TBL（チーム基盤型学習）を取り入れています。TBL の時間の前には，生徒は予習をしてこなければなりません。授業開始と同時にきちんと予習ができているかのテストを行います。その後 4 ～ 5 人でグループになり，直前に個人が受験したのと同じ問題に取り組みます。グループで話し合って正解を出したら，その結果をホワイトボードに書き，グループで短いプレゼンテーションをします。このような授業の様子を眺めているうちに，楢原さんは化学の得意な生徒がおおまかに 2 パターンに分かれることに気がつきました。積極的に意見を出しうまくグループを引っ張っていけるパターンと，正解を持っているにもかかわらず自分の意見がみんなから受け入れられないパターンです。

　授業への満足感について簡単なアンケートを実施してみると，前者は自分の学んだことが他の人からも認められ，授業に対する満足感がより高まったことがわかりました。しかし後者は，授業にあまり満足していないようです。楢原さんは，後者の満足感を高めるために，そのようなタイプの生徒を積極的にほめる，応用問題に挑戦させる，中程度の理解と思われる生徒に 1 対 1 で教えてみないかと勧めるなどを計画しています。

ストーリー 2

　B 大学では学生の協働力を高めるため，初年時に，グループで自由に課題を設定させ，その課題に取り組ませるという授業を行っています。この授業ではチームビルディングやグループによるプレゼンテーションなどが授業時間内に行われます。しかし，学生たちが設定した課題に取り組むというメインの部分は授業外で行われ，グループ内での個々の貢献が具体的に見えないことが課題となっています。授業である以上，成績をつける必要があるのですが，公平な観点から成績をつけることができているかどうかが明確に示せていないのです。このことに対するある学生からの不満がきっかけで，授業改善に取り組むことになりました。

　グループ活動に対する貢献度については，ルーブリックを作成し，それを用いて自己チェックとグループの他メンバーによるチェックを行うようにしました。グループ活動が進むにつれて貢献度は変化するため，チェックは複数回行うことにしました。教員・TA（ティーチング・アシスタント）の評価も同じルーブリックに基づくチェックとしました。このような改善の結果，目に見えにくい協働力について，ある程度の公平感を持った評価ができるようになり，満足感を高めることできました。

▶ ARCS モデル〈001〉，簡略版学習意欲デザイン〈006〉，
　学習意欲を高める作戦（教材づくり編・学習者編）〈付録〉

Tool No. 006　　　　　　　　　　　　　　　　　　レベル3　学びたさ

簡略版学習意欲デザイン（かんりゃくばんがくしゅういよくでざいん，Simplified Approach to Motivational Design）

学習者，授業内容の領域などについて，学習意欲の鍵となる特徴が把握できる！

簡略版学習意欲デザイン（確認・点検表）

設計要因	ARCSカテゴリー			
	注意	関連性	自信	満足感
学習者の特徴				
学習課題（学習者の学習課題に対する態度）	学習者の視点から，具体的な内容を記入し，(＋)(−)で評価			
メディア（学習者のメディアに対する態度）					
教材の特徴				
概要	方策の程度と具体的な方策を記入			
レッスンでの動機づけ方策					

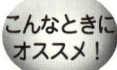

「ARCS学習意欲デザインプロセス10段階」ほどの詳細な支援を必要としない小さなプロジェクト，例えば，1つのレッスンやモジュールを設計するときに有効です。

ARCSカテゴリーに沿って，各項目（上表）に記入することにより，学習意欲デザインの点検を簡略に行うツールです（ケラー，2010，第11章）。「学習者の特徴」欄には学習者の学習意欲についての特徴（全体的な傾向）を記入します。「学習課題」欄には，学習課題の具体的な性質（役に立つ，初めて接する，難しく感じられるなど）を記入します。これは学習者をひきつけるかどうかの観点から見た学習課題の性質となります。「メディア」欄には，メディアに対する学習者の態度を記入します。「教材の特徴」は，作成予定のコースの特徴です。

具体的に記入したら，学習意欲の観点から，各項目が学習意欲に肯定的に働くか，否定的に働くかを判断し，(＋)(−)を付記します。そして「概要」欄に，方策がどの程度必要であるのかを記入し，「レッスンでの動機づけ方策」欄に，具体的な方策を記入します。これで学習意欲デザインの点検ができます。この点検表を用いることによって，方策が膨大な数になってしまうことや，受講者や学習環境の特徴を無視して講師の好みの方策のみを採用するといったことを避けることができます。

利用事例 ▶▶

設計要因	ARCSカテゴリー			
	注意	関連性	自信	満足感
（例）自然環境を保全し，持続的に利用する研修のための簡略版学習意欲デザイン「地域の自然環境の特徴を生かした土産物づくり」				
学習者の特徴	・地域住民，高い関心（+）	・高いコミットメント（+）	・グループワークに不慣れ（−）	・なじみのない講師（−）
学習課題（学習者の学習課題に対する態度）	・既存品はあるが（−），魅力的で，冒険的（+）	・高い関心（+）・地域に役立つ（+）・利用と保全の両立が難しい（−）	・簡単に取り組めそう（+）・実用的な成果は難しい（−）	・有用な成果（+）・グループワークは他の場面にも応用可能（+）
メディア（学習者のメディアに対する態度）	・興味をひく新しい方法（+）	・インフォーマルな集まりには慣れている（+）	・うまく参加できないと不安にさせるかも（−）	・とりあえずなんらかの成果が出せる（+）
教材の特徴（持続的保全・グループワーク）		・プロセスは楽しめても（+），視点が抜け落ちるかも（−）	・ファシリテーター的存在がいない（−）	・全員が参加（+）
概要	・最低限の方策でよい	・視点を常に考えさせるしかけが必要	・グループワークに慣れさせることが必要	・最低限の方策でよい
レッスンでの動機づけ方策	・既存品にとらわれず，自由な発想で取り組む機会であることを強調する	・利用と保全が両立している他地域の具体例を示す	・グループワークのルールを紙に書いて配り，少し練習をさせる	・出てきた成果に対し，今後につながる肯定的な評価を与える

　花木さんは，自然環境を保全し，持続的に利用するための人材育成を支援するNPOで働いています。このほど自分の拠点からは遠く離れたM市で，"地域の自然環境の特徴を生かした土産物づくり"のグループワークをして欲しいと頼まれました。自然環境の利用と保全，それぞれはイメージしやすいのですが，両立させた開発（土産物づくりなど）は難しそうです。また，M市の人たちは年齢が高く，グループワークには不慣れだと聞いています。

　そこで，簡略版学習意欲デザインを用いて研修を点検することにしました（上表参照）。各項目について（+）（−）を付与しました。結果，やはり予想通り，グループワークに慣れてもらうことと，常に視点を意識しながらグループワークに取り組むことの方策の重要性が確認できました。また，どのようなアイデアが出てきてもそれらを受け入れ，今後につなげていくための自信と満足感を与えることも重要そうです。さらに，グループワークのプロセスを振り返るなどの追加作業が必要かもしれません。

▶ ARCSモデル〈001〉

Tool No. 007

レベル3　学びたさ

● ID 美学第一原理 (あいでぃーびがくだいいちげんり, Aesthetic First Principles for Instructional Design)

「没入できない，そのために効果が得られない作品」から抜け出すための（＝IDに美学的検討を加えるときの）5つの視座！

1　学習経験には，はじめ・中ごろ・おわり（すなわち筋書き：プロット）がある
2　学習者は，自分の学習経験の主人公である
3　教科ではなく学習経験がインストラクションのテーマを設定する
4　文脈が教育場面への没入感に貢献する
5　インストラクタと教育設計者は，作者であり助演者であり主人公のモデルである

出典：鈴木，2009

こんなときにオススメ！　設計した授業や教材に学習者が学びたくなるような変更を加えたいとき，学習者の目から作品を眺めるときの視座として活用できます。

どんな道具か　IDと"美学"はどう関連するのでしょうか。"美"といえば，「吸い込まれるような海」「見飽きない風景」「思わず手に取ってみたくなるような製品」などを思い浮かべる人もいるでしょう。パリッシュは学習経験の要因モデルにおいて美学的経験の重要性を訴えています。それは「日常的な経験とは一線を画す，楽しめて忘れられない経験」であり，まさに"美"の経験です。このような学習経験は学習者を強く惹きつけるものであり，設計者が目指すべきものです。ID美学第一原理は，学習者にこのような経験をさせるための視座としてパリッシュが2009年に提案した原理です。

　第一原理の1～4は，パリッシュが文学批評4観点（筋書き・登場人物・テーマ・文脈）をIDに対応させたもので，方法（method），学習者（learner），教科（subject matter），文脈（context）に当てはまるとしています。パリッシュによると，学習を「意味を構築する行為」というナラティブ的性質を持つものとみれば，学習にもこれらの視座が当てはまるのです。5つ目は学習という文脈で多くの役割を演じるインストラクタや教育設計者に関するものとして付加されました。これらすべてが学習者の立場から学習経験を眺めたものであるため，これらの視座を活用することで設計者は自分自身の視座から抜け出し，学習者の目で作品を眺めることができるのです。

利用事例 ▶▶

ストーリー1 ....

　杉本さんの会社では今年度より，入社後すぐの新入社員に複数部門のローテーションで3週間，OJT研修を受けさせることが決まりました。杉本さんはX部門の係員としてOJTの担当者となりました。OJTは初めてのため，杉本さんは少し不安を感じています。以前，研修で習ったIDのやり方を思い出しながら，3週間の入口・出口を定めました。出口に行き着くための仕事の割り振りと方法についても考えました。まだ不安があったので，このOJT研修をさらに実りあるものとするための方法を調べてみたところ，「学びたさ」を高める道具として，ID美学第一原理というものがあることを知りました。そこで早速，この原理に照らし合わせて考えた仕事や方法をチェックしてみました。

　すると，特に「1　学習経験には，はじめ・中ごろ・おわり（すなわち筋書き：プロット）がある」のチェック項目が気にかかりました。仕事を均等に割り振りすることだけにとらわれていて，3週とも同じことを設定してしまっているように思えてきました。そこで，週を追うごとに仕事の難しさを徐々に上げるようにすることにしました。また，3週間後に学んだことがきちんと整理できるような課題を設定することにしました。

ストーリー2 ....

　大場さんは美術系の大学で男女共同参画を教えています。学生に目標を持たせるため，15回の授業の最後に男女共同参画に関するイラストを提出させるようにしています。しかし，ここ数年の傾向を振り返ってみると，男性が調理をしている姿や家族が仲良くしている姿を描くなど，逆ステレオタイプのイラストしか出てきません。これではほんとうに教えたことが身についているのかがわかりません。そこで授業のやり方を見直すことにしました。

　ID美学第一原理の「3　教科ではなく学習経験がインストラクションのテーマを設定する」に沿って自分の授業を振り返ってみました。すると，男女共同参画の知識を伝えようとすることばかりに目が行きがちで，学生の経験に焦点を当てていなかったことがわかりました。講義を受けて知識を得た後でないと，体験を語ることもできないだろうと思い込み，教え込むことにばかりに熱心になっていたようです。それで学生は学んだ内容を自分の体験に関連づけて考えることができず，イラストも観念的なものになりがちだったようです。そこで学生がこれまでに体験してきた身近なできごとをグループで話し合うという学習活動を入れた授業を組み立てることにしました。

　　　　　　　　　▶ 学習経験の要因モデル 学習経験レベル〈008〉,
　　　　　　　　　　 学習経験の要因モデル 学習状況要因／学習者要因〈009〉

Tool No. 008　　　　　　　　　　　　　　　　レベル3　学びたさ

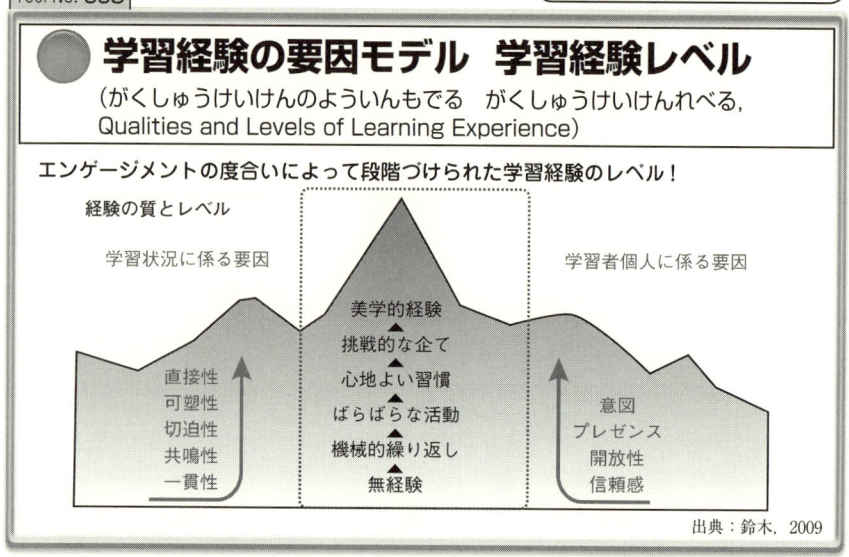

こんなときにオススメ！
学習者がどのような学習経験をしているのかを確かめる指標の一つになります。

どんな道具か
パリッシュは学習経験の要因モデルにおいて，6段階の学習経験レベルを提案しています（鈴木，2009，上図中央列）。一番上位のレベルの美学的経験は特筆すべき意味のある非日常的な経験であるとし，IDはその実現を目指すべきとしています。しかし，非日常的な人生を変えるような経験は，そう容易に設計できるものではありません。この最上位の学習経験レベルに到達できないとしても，設計した学習経験がどのようなレベルにあるのかを点検することは重要です。

学習経験レベルがどのような学びも生み出さない「無経験」では意味がありませんし，やらされ感と嫌悪感を生み出すだけの「機械的な繰り返し」でも困ります。不満は残るが記憶に残らない「ばらばらな活動」でないかどうかの点検も必要です。学習が「心地よい習慣」であれば，いずれは果実も得られるでしょうが，日々の成長が実感しにくいため，学習者が不満を持つかもしれません。当座の目標は「挑戦的な企て」とし，その中で，特筆すべき意味のある経験が起こる確率を高めることが現実的と言えそうです。

利用事例 ▶▶

ストーリー1

　野田さんは，大学で学生の自主的な活動の支援を担当する職員です。野田さんは何人もの学生から活動経験の話を聞く中で，取り組み内容や関わり方の違いによって，学びの深さが異なることに気がつきました。どのような経験が学生の深い学びを生み出しているのでしょうか。それを探るため，パリッシュの学習経験レベルのチェックリストを作成し，学生に自己評価させることにしました。自主活動と授業の2つの経験について，行った活動を具体的に書いてもらいました。その後で，それぞれの活動について，学習経験レベルの6つの段階のどれにあたるのかを評価してもらいました。また，なぜそう評価したのかの理由も書いてもらいました。

　すると，具体的記述からは「心地よい習慣」であると読み取れる活動でも，自らやりたいと思って取り組んだものについては「挑戦的な企て」であると評価していることがわかりました。また，友だちにつられて活動を始めた場合は「ばらばらな活動」であると評価することが多いのに，失敗を言語化し，乗り越えた場合は，「挑戦的な企て」だと考えていることがわかりました。そこで，野田さんは，自主的な活動の中に，計画やリフレクションを入れることにしました。

ストーリー2

　今の仕事に十分な刺激を感じなくなってきた中島さんは，転職を考えています。それに先立ちこれまでの仕事経験を棚卸しすることにしました。これまでの仕事について，どのような仕事経験が自分を成長させてくれたのかを明らかにし，次の仕事につなげようと思ったのです。そこで，パリッシュの学習経験レベルの6つの段階に当てはめて考えてみることにしました。

　7年前から始めたITサポートの仕事は，最初は，何もかもが初めてで「挑戦的な企て」に感じられました。しかし，一通りのことができるようになってからは，「心地よい習慣」になってしまったようです。またその期間は比較的短く，あっという間に「機械的な繰り返し」になってしまったように感じます。しかし，その前に就いていた仕事は，数年おきに異なる部署に配属され，そのたびに新しい刺激を受け，特に，研修担当になったときは，企画からすべてを任され，非常に強いチャレンジがあったことを思い出しました。中島さんは，自分が新しいことにチャレンジする経験に強い魅力を感じていることを確認しました。次の仕事を選ぶときには，今自分にできるよりも少し上の経験を積むことのできるものにするつもりです。

ID 美学第一原理〈007〉，学習経験の要因モデル 学習状況要因／学習者要因〈009〉

Tool No. 009　　　　　　　　　　　　　　　レベル3　学びたさ

学習経験の要因モデル 学習状況要因／学習者要因
（がくしゅうけいけんのよういんもでる がくしゅうじょうきょうよういん／がくしゅうしゃよういん, Situational Qualities ／ Individual Qualities）

学習経験のレベルを高めるために必要な学習状況の要因／学習者の要因！

経験の質とレベル

学習状況に係る要因
- 直接性
- 可塑性
- 切迫性
- 共鳴性
- 一貫性

- 美学的経験
- 挑戦的な企て
- 心地よい習慣
- ばらばらな活動
- 機械的繰り返し
- 無経験

学習者個人に係る要因
- 意図
- プレゼンス
- 開放性
- 信頼感

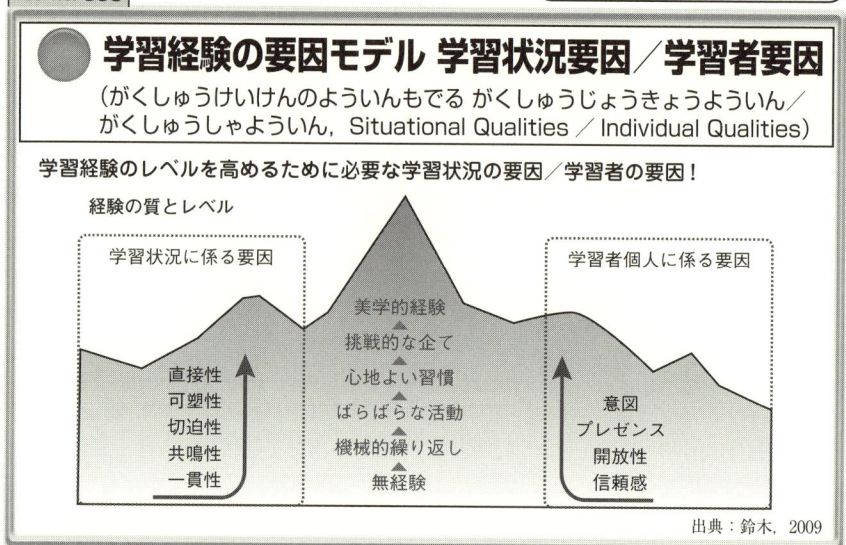

出典：鈴木, 2009

こんなときにオススメ！　設計した教育の学習経験の程度や改善点をチェックすることができます。

どんな道具か　パリッシュは学習経験に影響を与えるものとして学習状況に係る要因（上図左列）と学習者個人に係る要因（上図右列）をあげ，これらが高ければ学習経験の質も上がるとしています（鈴木，2009）。学習状況としてeラーニングを考えてみましょう。ビデオ視聴などの受身的な学習を廃し，傍観させない状況を作り出すことができますが，インターネットを介し作り込む必要があるため，直接性や可塑性の確保は困難です。学習に職業場面のストーリーを導入すれば，切迫性・一貫性を持たせられます。自身とつながる課題を設定すれば，頭から離れないほどの共鳴性が作り出せるでしょう。

　学習者個人の要因に基づく理想の学習者としては，自らが何を目指して学習経験に参画しているのかをしっかり意識し（意図），この学習経験をより良くするために貢献できることを求めて恥をかくことをいとわず（プレゼンス），オープンな心で提供されるものを受け入れる心の広さを持ち（開放性），きっとこの学習体験から何か大切なものが得られるに違いないとの確信を持っている（信頼感）人となります（鈴木，2009）。

利用事例

ストーリー1

セクハラ・パワハラ防止研修の会社を起業した森田さんは，これまでの座学中心の研修を改め，さらに高い効果をねらいロールプレイによる研修を開発しました。何度か行うことにより経験的な効果は確かめられましたが，具体的な研修効果を売り込むため，パリッシュの学習状況要因に基づいてチェックを行うことにしました。

その結果，対立する役割に基づくロールプレイという設定により，十分に切迫した状況が作り出せていることが確認できました。複数のロールプレイの中には一見すると関係のないものが含まれていますが，ロールプレイ実践後の学習によってそれらの関連性に気づくことができ，一貫性が確保されていることも確認できました。一方で，ハラスメントを起こす側の人が自分の問題として捉えられないことは，ロールプレイの内容に共鳴性が低いためであることがわかりました。直接性の観点から，見せ方や感触の点で学習目標達成に邪魔になる点が見つかりました。自由に演じられるロールプレイなどを組み込むと，可塑性（経験の行く末が個人の関与によって変わっていくこと）が高まり，満足度が向上するかもしれないと感じました。このように研修を理論的に理解することができ，また，改善点も明らかになりました。

ストーリー2

大学の新任教員の仲道さんは初年次教育を担当しています。アカデミックスキルを伝えるだけでなく，大学生としての学び方を身につけさせたいと考えています。しかし，学生の関心は単位を取ることだけのようにも見えます。学生の本音を把握したいと考え，学習者要因の4つの要因について，自分の学習態度を3段階評価してもらうことにしました。また，どのような意図をもって学習に取り組んでいるのか，共に学習する仲間をどう捉えているのか等についても，自由に記述してもらいました。

その結果，学生が大学で学ぶことについて，明確な意図を持っていないことがわかりました。何のために大学に来たのか，卒業後にどうしたいのかなどがほとんど書かれていなかったのです。さらに，少数の学生は「講義を聞くことが学習だ」という固定的な学習観を持っていることがわかりました。そこでまず，目的をはっきりさせるためのグループワークを行うことにしました。グループワークをすることによって，プレゼンスの度合いの高まりも期待できます。また，講義だけでなく，自由に調べてレポートを書くという回も設けることにしました。これによって学習観の変化をねらいます。また，大学への信頼感が高まるよう，大学の各部署を訪れて担当者へインタビューをするというアクティビティも入れるつもりです。

➡ ID 美学第一原理〈007〉，学習経験の要因モデル 学習経験レベル〈008〉

| Tool No. 010 | | レベル3　学びたさ |

● アンドラゴジー（Andragogy）

大人（成人）の特性を生かした学習支援論！

	成人の特性	学習援助のポイント
自己概念	自己決定的・自己主導的であろうとする。	自律的・自己決定的なニーズに応える必要がある。
経験	経験が蓄積されていく。	経験の多様さと豊かさは学習のための資源となる。
レディネス（準備状態）	社会的役割に関する発達課題の中から芽生える。	生活や職業などに直接関わるテーマを選ぶ。
方向づけ	生活中心あるいは問題領域中心であり，応用の即時性を求める。	課題達成中心的なものへの移行が求められる。

こんなときにオススメ！　大人向けの学びの設計時に押さえておくべき指針を示してくれます（場合によっては，子どもの学びにも有効です）。

どんな道具か　アンドラゴジーはギリシャ語のaner（成人）とagogus（指導）の合成語です。アンドラゴジーの概念は19世紀からありましたが，1975年にマルカム・ノールズが『成人教育の現代的実践』（2002）によって再提唱しました。アンドラゴジーは，子どもの教育を表す語であるペダゴジーとの比較で紹介されることがあります。しかし，この2つは対立する概念と捉えるよりも，特定の状況に応じて使われる別々のモデルと捉えたほうがよさそうです。アンドラゴジーの方法を中学生に適用して成功した例もあります。つまり，上表の特性を持つ学習者であれば，子ども・大人という区別をする必要はないのかもしれません。

　アンドラゴジーモデルの基本形式は，プロセス設計にあります。学習の設計者はこのモデルを参照しながら，学習プロセスのデザインポイントを押さえることができます。学習者がすでに持っている経験を学習の中でどう活用していくか，課題達成型の学習としてふさわしいテーマは何かなどです。ノールズは後に，アンドラゴジーについて「成人は何かの学習に着手する前に，なぜそれを学ばねばならないのかを知る必要がある」という視点を付け加えています。これは「自分がなりたい姿」と「現在の自分」のギャップを認識するために有用な，学びたさを高める視点の一つと言えるかもしれません。

第2章 「学びたさ」の道具

利用事例 ▶▶

ストーリー1 ......

　大学でFD（ファカルティ・ディベロプメント）を担当している辰巳さんは，教員向けの情報整理研修を企画しています。勤めている大学教員の中に，パソコンやインターネットを活用した情報整理が苦手な人が少なくないことがわかったからです。情報整理がもっと効率的に行えれば，より多くの時間を研究や教育に割くことができるかもしれません。辰巳さんは情報処理担当教員に相談し，学生向けの情報処理科目の一部を教員向けにアレンジしてみました。しかし，メールの効果的な使い方や大きなファイルの送り方，クラウドドライブの使い方などを順番に解説しただけのものでは，「どうしてこのような研修が必要なのだ」という苦情が寄せられそうです。

　そこで，研修内容をアンドラゴジーの視点から見直してみました。特に，レディネスや方向づけの視点が役に立ちそうです。まず，実際にどんなことで困っているのかのヒアリングを行いました。すると，ファイルやメールをどこに保存したのかがわからず作り直す羽目になった，作りかけのファイルが手元になく作業に遅れが生じたなどの具体的な事例が集まりました。事例をもとに，さらに便利な使い方――クラウドでのファイルの一元管理やスケジュール管理など――をケースベースで研修し，残りはeラーニングで学習してもらうという研修に作り直すことができました。

ストーリー2 ......

　中学校の教員である相沢さんは，生徒たちに夏休みにももっと学習をして欲しいと考えています。学期中の授業では，生徒は決められた内容を決められたスケジュールで勉強しますが，夏休みはそうではありません。毎日少しでも取り組むように宿題を出していますが，実のところそれがうまくいった試しがありません。方針を転換し，夏休みに一つでもいいから「やった！」というような経験を積ませる方法を考えることにしました。インターネットを検索してみると自由研究のテーマがたくさん並んでおり，それらを選べばなんとなく格好がつくようになっています。しかし，せっかく取り組むのなら，心から取り組めるようにと考えています。

　アンドラゴジーが，子どもにも有効であると聞き，検討した結果，夏休みの学習のように自分で自分の興味を見つけて取り組む学習にぴったりではないかと思いました。そこで，夏休み前の1時間を使い，自分の興味のあること（レディネス），すでにできること（経験）などについて書かせ，グループで話し合わせ，その上であらかじめ自由研究のテーマを3つほど選ばせ，夏休み中に達成できるテーマかどうかをチェックさせました。夏休み後にどのような結果を持ってくるのかが楽しみです。

　　　　　　　　　　　　　　　　　　　　　　　　　　　　　▶ 学習者分析〈069〉

Tool No. 011　　　　　　　　　　　　　　　　　　　レベル3　学びたさ

● ゲーミフィケーション (Gamification)

ゲームで培われてきた"夢中にさせる"ノウハウを現実社会の活動に応用する！

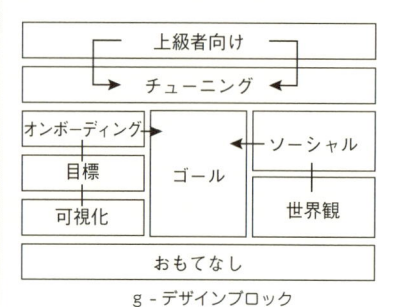

```
┌──────────────────────┐
│   　→　上級者向け　←      │
│   　→　チューニング　←    │
├──────┬──────┬──────┤
│オンボー│      │      │
│ディング│      │ソーシャル│
├──────┤ゴール├──────┤
│ 目標   │      │      │
├──────┤      │ 世界観 │
│ 可視化 │      │      │
├──────┴──────┴──────┤
│       おもてなし         │
└──────────────────────┘
       g-デザインブロック
```

左図は，現実社会の活動にゲームの要素を取り入れるためのデザインプロセスの要素です。

可視化・目標：プロセスの見える化
オンボーディング：初心者を軌道に
世界観・ソーシャル：人々につながりをもたらすストーリー
ゴール：最終的にユーザーが得たい価値，目的
チューニング：経過をみながら改善
上級者向け：コミュニティの活性化
おもてなし：ユーザー志向

出典：深田，2012

こんなときにオススメ！
ゲームの"夢中にさせる"ノウハウを取り入れることによって学びたさが増します。

どんな道具か
ゲーミフィケーションは，ゲームに取り組むときの熱中度合いを，学習やその他，ゲーム以外の活動に応用しようとするものです。現実社会活動の本来の目的や本来の面白味などにゲームの要素を正しく接続することが重要です。活動を面白くするだけではダメです。上図は，製品やサービスの課題を見つけ，それを解決するためにどのようなゲームの要素を取り入れたらよいかを考えるためのフレームワークです。ゲームには「達成によって与えられるバッジやポイント，レベル分け，ランキング，プログレスバーによるプロセスの可視化，ミッションの設定」があります。

　プレイヤーを夢中にさせるゲームの仕掛けの要素を取り込んだビジネスサイトもすでにたくさんあります。マイレージプログラムのマイルの可視化などもゲーミフィケーションの1つだと言えるでしょう。学習という文脈においても，達成によって与えられるバッジが使われるようになってきています。しかし，報酬によって内発的動機づけが損なわれると，達成への意欲が削がれてしまうという危険性も指摘されています。十分に注意しながらゲームの要素を取り入れる必要があります。

利用事例

ストーリー1

　K大学ではこれまで，図書館の利用を増やすため新入生を対象に図書館ツアーを実施してきました。ほぼ全員が参加していましたが，図書館の利用率はあまり伸びていません。そこで，図書館利用をさらに活性化させるため，利用実態調査を行いました。すると，予測した通り，図書館ツアーの後には図書館をほとんど利用したことがない，という実態が明らかになりました。そこで，図書館の利用をもっと促進するための方法を探っていたところ，ゲーミフィケーションという手法が有効そうだとわかりました。これに沿って，主に説明中心であった図書館ツアーを，図書館の中の資料を自分で探し出すという図書館ミステリーツアーに変更しました。図書館がいかに役立つかを自分自身で探し出してもらうのです。

　具体的なやり方はこうです。図書館で行うべきミッションの書かれたゲームカードを学内で広く配布する。そのカードの指示に従って，図書館内で図書を探し出し，図書館内のパソコンで簡単なレポートを書いて提出するなどのミッションを達成する。ミッションを達成したら，バッジを与え，バッジが10個集まると，キャンパスクラウドの使用容量が50MB増えるという特典もつけました。その結果，ミステリーツアーに参加する人が増え，図書館が前よりも身近になりました。さらに図書館と学習とを結びつけるゲームを企画しています。

ストーリー2

　X市はジオパークに認定されて4年になります。これまで市民ガイド向けに主に地質関連の知識の普及に努めてきました。ジオパークで働く黒岩さんは，さらに多様な分野と地球科学を関連づけた新しい市民ガイド向け講座を企画しようとしています。新たな講座では，ゲーミフィケーションのフレームワークを使うことを試みました。

　まず，ポイント制を取り入れて受講プロセスを見えるようにし，点数に応じてマスターを名乗れるようにします（可視化・目標）。これからガイドになりたい人のため，これまでに提供してきた講座を基礎講座とします（オンボーディング）。ゴールを，「訪れた観光客に何か1つでもこの地のよいところを持って帰ってもらえるガイド力を身に付けること」と定めました。自分たちがおもてなしをする一員であることを明確にするため，ガイド用のポロシャツを作成し，販売します（世界観・ソーシャル）。上級者向けにも講座を企画しており，受講状況に応じてグランドマスターを名乗ることができるようにします。講座は順次手直しできるようにします（チューニング）。

→ ゲームニクス〈012〉

Tool No. 012　　　　　　　　　　　　　　　　　レベル3　学びたさ

● ゲームニクス (Gamenics)

ゲームをするように「人を夢中にさせる」原則！

● 2つの目的
① マニュアルがなくても，直感的・本能的に理解し，操作できるようにすること
② 複雑な内容でもストレスなく理解させ，自然と段階的に学習できるようにすること

● 4つの原則
第一原則　直感的なユーザー・インターフェイス（＝使いやすさの追求）
第二原則　マニュアルなしでルールを理解してもらう（＝何をすればいいのか迷わない仕組み）
第三原則　はまる演出と段階的な学習効果（＝熱中させる工夫）
第四原則　ゲームの外部化（＝現実とリンクさせ，リアルに感じさせる）

こんなときにオススメ！　夢中にさせる状況を作り出したいとき，やる気を継続させたいときに有用です。

どんな道具か　「マニュアルなしですぐに取り組めた」「いつの間にか難しいレベルのプレイをしていた」など，ゲームでこのような経験のある人は少なくないでしょう。サイトウ・アキヒロ（2007）は，ゲームに隠されているこのような「人を夢中にさせる」ノウハウを整理しゲームニクスと名づけました。"学びたさ"という側面から，第三原則と第四原則に着目してみましょう。第三原則の重要点は，はまる演出と学習効果との組み合わせにあります。例えば『ドラクエⅠ』では，戦闘モードと探索モードを，画面構成やテンポを変えながらメリハリよく演出しています。これが「はまる演出」です。また，ゲームを始めてすぐに「竜王の城（＝ゴール）」が表示され，このゴールに向かってゲームを続けていく中で，レベルアップをすると小目標が示されます。さらに，レベルアップに向けて，秘密の地下道を発見したり，強力なアイテムを入手したりという仕掛けが施されています。これらが段階的な「学習効果」です。

第四原則では，"超リアル"がキーワードとなります。例えば，野球を考えてみましょう。楽しさは「投げる」「打つ」にあります。『プロ野球ファミリースタジアム』は，それらの楽しさを抽出し，誇張したゲームです。そのため，実際の試合時間よりもずっと短い20分ほどの時間で，野球の持つ楽しさを味わうことができるのです。

利用事例 ▶▶

ストーリー1

"がんばってR"はリハビリテーションを支援するためのNPOです。これまで、機能回復を中心に支援をしてきましたが、今後は高齢者の現在ある力を維持する、伸ばすといった予防にも力を入れることになり、広庭さんはそのための企画を任されることになりました。何をさせるかについては経験がありますが、続けてもらうためにどうすればよいのかで迷っています。IDを専門とする友人に相談したところ、ゲーミクスを応用すればよいのでは、というアドバイスをもらいました。ゲームで使われている"はまる演出"や"超リアル"などが使えるとのことです。

そこで、バーチャルで四国八十八カ所を巡るのと同じだけの距離を歩くというゲームを考えました。地図を貼りだして、プログラム参加者がどの地点まで巡っているのかを一目でわかるようにもしました。次の札所まで10キロメートル程度であれば、比較的簡単に達成でき、次のやる気にもつながるようなのですが、40キロ、70キロと離れていると続ける意欲が失せるようです。途中に何かを入れるか、実際の遍路と組み合わせるのがよいのか、試行錯誤が続いています。

ストーリー2

工業高等専門学校教員の石田さんは、レポートの書き方を教えています。授業では書き方と一緒に、レポートを書くのに便利なツールの使い方も教えています。しかし、ツールの使い方はやや難しく、その使い方を説明するだけで授業3回分を使っていました。そのため、レポートを書く際に、再度、ツールの使い方の復習が必要になり、結局はレポートを書く時間が短くなってしまうことが悩みの種でした。そこでよい方法を探ったところ、マニュアルがなくても直感的に操作ができるようにするというゲーミクスの目的に目が留まりました。

さっそく石田さんは、マニュアル不要の操作、段階的な学習という観点に沿って、取り組みを見直しました。これまでは、最終レポートさえできれば問題ないと考え、中間生成されるレポートについてはチェックすることもなかったのですが、これらを、段階的に知識を得た証拠として捉えてチェック対象にしました。そして、ツールの説明だけを先にするという授業を取りやめにし、レポートを作成しながら、ツールの使い方を段階的にマスターしていくようにしました。そのような改善をしたところ、同じ時間でより質の高い最終レポートができるようになりました。今後は、"リアル"な文脈を取り入れて、さらに受講者を惹きつけたいと考えています。

➡ ゲーミフィケーション〈011〉

Tool No. 013　　　　　　　　　　　　　　　　レベル3　学びたさ

● 自己効力感 (じここうりょくかん, Self-efficacy)

ある目標に対して「自分はそれが達成できる」と自分を恃むこと！

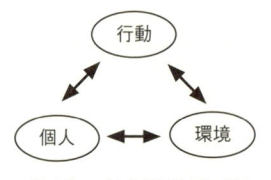

```
      行動
     ↗  ↘
   ↙      ↘
 個人 ←→ 環境
```
バンデューラの相互作用モデル
出典：塚野，2012

自己効力感は，自分が何を選ぶか，どの程度努力するか，どの程度持続させるかなど，自分の行動に作用する力と考えられています。例えば，学習の進み具合がわかると，うまくできていると感じられ，学習を継続していく力（自己効力感）が高まると考えられます。左図の行動が作用するのです。また，「よくできた」などの言葉かけに説得力があれば自己効力感が高まります。この場合は，左図の環境が作用します。

こんなときにオススメ！　なかなか行動に移せない場合，どれだけ「できそう」と思っているのか（自己効力感）を探るときに有効です。

どんな道具か　自分自身で「自分にはできる！」と考えている学習者は，「自分にはたいしたことはできない」と思っている学習者よりも，より容易に学修活動に参加し，一生懸命に学習し，困難があっても長くがんばることができます。自己効力感は，だいたいにおいて成功によって高まり，失敗によって低下します。例えば，ある学習者が「がんばって学習をすればよい成績を収めることができる」ことを信じていれば（結果予測），その信念は行動に影響を与えます。しかし，高い自己効力感を持っていても，つまり「自分にはできる」と信じていても，目標達成のために必要な知識やスキルの不足のため，よい成績が収められなかった場合，学習は続きません。また，肯定的なフィードバックが与えられ，それが成功とつながっていれば，自己効力感が増します。環境が自己効力に作用するのです。

　学習者は，自己効力情報を，モデルを観察することによって代理的に獲得します。例えば，大人もモデルとして子どもの自己効力感に影響を与えますが，子どもが最も自己効力情報を引き出すのは自分に近いモデルからです。仲間ができると「自分もできる」と信じやすくなりますし，仲間が課題で苦しむと，自分もまた困難に遭うと信じ，自己効力感を低下させることになります。

利用事例 ▶▶

ストーリー1

　大学教員の大黒さんは、真の意味で学習に意欲的な学生がほとんどいないことに悩んでいます。あるとき勤務先の大学の新入生の半数以上が"不本意入学"であることを知りました。授業での学生の態度を振り返ってみると、グループワークでは、それなりに知識がありしっかりとした意見を言うのに最後の詰めになると急に投げやりになる学生と、逆に、知識がやや足りないと思われるのに最後にはグループワークを取り仕切るという学生がいたようです。前者は進学校の下位グループ出身でほめられた経験がない学生、後者は進学校外の上位グループ出身で、実際にはよい出来でなくてもとにかく「よくできた」とほめられた経験をつみ重ねてきた学生です。

　そこで大黒さんは学生たちの自己効力感を適切に伸ばせるような授業を考えました。まず、グループワークで使うチェックシートを作りました。知識内容や発言回数・発言タイミングをチェックできるようにします。また、チェック内容をもとにした話し合いを設けました。そこでは特に、メンバーのよいところをフィードバックし合います。最後に、教員である大黒さんが一人ひとりのよいところを具体的に取り上げてほめて「自分にはできる」という自信を持たせるようにしました。次のステップとして先輩アドバイザーを入れて、よいモデルとなってもらうことを考えています。

ストーリー2

　高校教員の森山さんは、教育困難校に勤めています。例えば女子生徒などは、結婚のみが自分の人生のメインイベントであると考え、化粧やアルバイトなど以外にはほとんど関心を持ちません。生徒指導をいくら行っても、効果はまったく上がりません。そんな中で、生徒に自信をつけさせようという取り組みが始まりました。これまでの人生においてほめられたことが一度もない生徒の自己効力感をアップする取り組みです。

　教員3人が一組になり、小中学校の5教科の基礎に毎日取り組ませます。3つのレベルに分けたプリント問題を用意し、生徒はやさしいレベルの問題から解いていきます。できたらその場で採点し、正解だったらより難しいレベルの問題に取り組みます。終了したプリントはファイルに綴じさせます。ファイルに綴じるたびに達成感が生まれます。生徒に、やればできるという自信が生まれ始めました。それだけではありません。自己評価もさせるようにし、教員はそれにフィードバックを返します。さらに、自動車を購入したり、婚姻届を書いたりといったシミュレーションを通じて、学習内容の統合を図っています。

➡ 自信（ARCS モデル）〈004〉

Tool No. 014　　　　　　　　　　　　　　　　　レベル３　学びたさ

● 活動制御理論 (かつどうせいぎょりろん, Action Control Theory)

取り組み始めた後で，自らの活動を制御する！

出典：Kuhl, 1984 から訳出

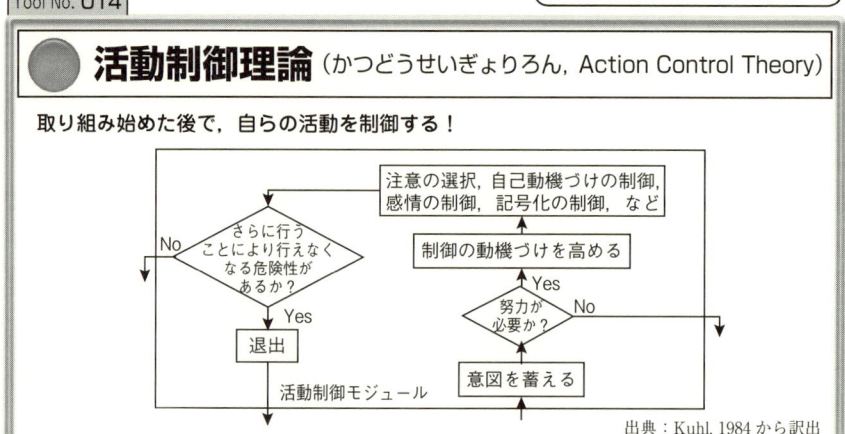

こんなときにオススメ！　学習を行い始めた本人が，その維持・継続を図りたいとき，またその支援をしたいときに役立ちます。

どんな道具か　数ある活動の中からあるものを選び，実行すると決心し，行動を起こし始めたのち，それを継続・維持するため，つまり，自分の意図を守るための自己制御活動をモデル化したものに，クールによる活動制御理論があります（Kohl, 1984）。ある目的を達成すると決めたのち，障害を避けてそれをやり遂げる方略をクールは６つあげています。

　１つ目の選択的注意は，対立する活動の情報処理をしないことです。現在の意図にだけ注意を向けるという方略です。２つ目の記号化制御とは，現在の意図に関連するものを選択的に意識に上らせることです。それ以外は無視します。３つ目は感情制御です。現在の意図を支援する感情のみを許容し，悲しみや誘惑などの意図を弱める感情を抑圧します。４つ目は動機づけ制御で，現在の意図の卓越性を再確認することです。特に，まだ十分に強固になっていない初期に有効です。５つ目は環境制御で，それを行う計画があることをまわりの人に伝えるなどの方略です。現在の意図を守るための環境を整えます。そして６つ目は，情報処理の倹約です。情報量が十分あると判断したり，やめるべきときを知ったりするなど，現在の意図を守る行動を積極的に維持できるような決定をするという方略です。

利用事例 ▶▶

ストーリー 1

　企業で研修を担当している川越さんは，さらによりよい研修を作るために，教授システム学を実践的に学べる大学院に入学しました。この大学院はすべての授業がeラーニングで行われるため，決めたことを最後までやり通せるかどうか心配です。そこでまず，活動制御理論に基づいて自分自身の行動を振り返ることにしました。

　川越さんはこれと決めたら他のものには注意が向かないタイプです。そのことは自分でもわかっているのであまり心配はしていません（選択的注意・記号化制御）。心配なのは感情面です。失敗したらどうしようかと否定的に考えたり（感情制御の失敗），やり始めたものの，ものにならなかったらどうしようなど（動機づけ制御の減少），ついつい悪い方に考えてしまう傾向があります。これらについては定期的に自己モニターしていく必要がありそうです。家族やまわりの人には，大学院に入学したことを大々的に宣伝したので，環境制御は大丈夫そうです。やめるべきときはどうやって判断すればよいでしょうか（情報処理の倹約）。自分の理想とする研修を仮定し，それが実現できればやめてもよいとも考えましたが，やはり学位をとるまでがんばるつもりです。

ストーリー 2

　NPO活動を支援するNPOを始めた森さんは，NPO創業者への直接支援プログラムを企画しています。NPOの運営方法自体に対する支援はすでにプログラム化しており，これで十分だと考えていました。しかしNPO創業者たちと話す中で，創業者自身への支援の必要性に気がつきました。NPO創業者といえば，自分のNPOが扱うテーマについて強い関心を持ち，そのことを社会的な仕事にしようという強い意図を持っています。しかし，その意図は弱まることもあり，一人で悩みを抱えることもあるようです。具体的なプログラムはクールの活動制御理論に依ることにしました。

　まず，NPO創業者に対して定期的にアンケート調査などを実施します。調査の中に各NPOのテーマに関する設問を設け，自分が創業したNPOの卓越性を再認識できるようにします。また，そのときに抱えている問題についても答えてもらいます。その結果をベースに，課題ごとに創業者同士が集まる機会を設けるつもりです。会合では抱えている課題についてだけ話し合ってもらいます。そのことにより，意図を集中させることができると考えています。また，NPO創業者は働き過ぎる傾向があり，燃え尽き症候群にならないように，調査項目の中には，自らの労働時間についての質問も設けました。これに答えることにより，自分の状態を意識してもらうことができます。この他，活動制御理論が適用できるような項目を洗い出して，調査項目を完成させます。

第3章

レベル2

「学びやすさ」の道具

- レベル3　学びたさ
- ▶▶ レベル2　学びやすさ
- レベル1　わかりやすさ
- レベル0　ムダのなさ
- レベル-1　いらつきのなさ

Point

レイヤーモデルのレベル2「学びやすさ」は，インストラクショナルデザインの「効果」に相当します。学ぶ内容が妥当であり（レベル0），十分に伝わる状況にある（レベル−1，レベル1）という前提にはなりますが，このレイヤーが学びの工夫のしどころになります。IDでも中核的な部分であるため，道具数が他と比べて多くなっています。

▶▶ **学びの設計指針**〈No.015～019〉
- ID第一原理
- 学びの第一原理
- 9教授事象
- 学習環境設計の4原則
- 経験学習モデル

▶▶ **学習成果の分類ごとの方略**〈No.028～032〉
- 言語情報の指導方略
- 知的技能の指導方略
- 認知的方略の指導方略
- 運動技能の指導方略
- 態度の指導方略

▶▶ **能動的・協同的な学びの作戦**〈No.033～037〉
- アクティブラーニング
- PBL
- TBL
- ジグソー法
- 認知的徒弟制

▶▶ **複雑な学習課題や現実的な問題を扱う**〈No.020～027〉
- タスク中心型の教授方略
- 4C/IDモデル
- 精緻化理論
- GBS理論
- SCC：ストーリー中心型カリキュラム
- ジャスパー教材設計7原則
- STAR遺産モデル
- 構成主義学習モデル

▶▶ **個人への配慮**〈No.038～044〉
- 学校学習の時間モデル
- 完全習得学習
- プログラム学習の5原則
- PSI方式：個別化教授システム方式
- シャトルカード（大福帳）
- 先行オーガナイザー
- 多重知能理論

▶▶ **ICT活用**〈No.045～No.051〉
- 学校の情報技術モデル
- ブレンデッドラーニング
- 大学教育ICT利用サンドイッチモデル
- 画面構成理論
- 教授トランザクション理論
- ドリル制御構造
- 設計レイヤー

Question

- 学びを実践的にしたいのですが，よい枠組みはありませんか？（→ID第一原理）
- いまより理解を促進する講義にしていく方法はないですか？（→9教授事象）
- 問題解決型の授業はどのように設計すればよいですか？（→学びの第一原理）
- ICTを活用したいのですが，どうすればよいですか？（→学校の情報技術モデル）

Tool No. 015　　　　　　　　　　　　　　　　レベル2　学びやすさ

● ID 第一原理 （あいでぃーだいいちげんり，The First Principle of Instruction）

あらゆる状況において，効果的な学習環境を実現するために必要な5つの要素！

1 問題 (Problem)：現実に起こりそうな問題に挑戦する
2 活性化 (Activation)：すでに知っている知識を動員する
3 例示 (Demonstration)：例示がある＜Tell me でなく Show me＞
4 応用 (Application)：応用するチャンスがある＜Let me＞
5 統合 (Integration)：現場で活用し，振り返るチャンスがある

出典：鈴木・根本，2011，表1を一部修正して再掲

こんなときにオススメ！　あらゆる授業・研修・教材の設計指針です。今，行っている教育活動を改善したいときにも，この5つが含まれているか考えてみると効果的です。

どんな道具か　M・デイビッド・メリルによると，構成主義心理学に基づいて近年提唱されている数多くの ID モデル・理論に共通する要素は，次の5つです（だから，『第一原理』と名づけて2002年に提唱しました）。

　1つ目の原理は，現実に起こりそうな「問題」から導入することです。いきなり現実的な問題に取り組ませ，「役に立ちそうだ」「ぜひやってみたい」という気持ちにさせます。最初は単純な事例を用意して，ある程度の達成感を持たせ，徐々に事例の難易度を高めていくのがコツです。2つ目は，学習者の過去の経験を呼び起こす「活性化」です。導入で示した問題を解決するために，正解を教えず，「あなたならどうするの？」と問いかけます。「解決するためには今までの自分では不十分だ。新しい知恵が必要だ」と気づかせるのです。3つ目は「例示」で，能書きを語る（Tell me）のではなく，具体例を見せる（Show me）というアプローチが推奨されています。4つ目は「応用」です。3つ目の原則で見せた例とは違う例を示し，「やってみよう」と思わせ，練習する機会を作ります。練習中の失敗は大歓迎です。失敗の原因を考えることが深い学習につながると考えられていますので，教える側は温かく見守り，どこでどう間違ったのか適切に指摘することが重要です。5つ目の原理は「統合」です。現場で活用し，学びの成果を振り返って省察するチャンスを設けます。この5つを組み込むことで，学習が実践につながります。

第 3 章 「学びやすさ」の道具

利用事例 ▶▶

ストーリー 1

　大学教員の村上さんは，FD 委員会に所属しており，所属大学の教員向けに，授業の質向上を目指した新しい研修を企画しようとしています。ID 第一原理を参考に，次のように考えました。

① 研修の最初で，現実によくある「やる気がない学生をどうやって授業に引き込むか」という架空の授業のケースを紹介する。
② 受講者が実際に行っている対策をあげてもらい，グループで架空ケースの改善策を練ってもらう。
③ 一通りアイデアが出たら，補助資料として ARCS モデルとその授業実践例（成功例・失敗例）を紹介する。
④ 「やる気がない学生」の別のケースを与え，これまで学んだことを踏まえ，グループで改善策を立てる練習をする。
⑤ 自分の授業の改善策について，グループ内で発表して研修を終了する。半年後にフォローアップ研修を行って，お互いの成果を共有する。

ストーリー 2

　ある企業の次世代リーダー研修の講師を担当している古畑さんは，「研修の成果が実務にあまり生かされていないようだ」と指摘され，研修の改善を検討しています。
　これまでの研究では，最近起こった社内の問題を取り上げ，受講者ならどうするか過去の経験を振り返らせ，様々な経営者の事例（成功例・失敗例）を情報として与えたうえで，グループで解決策について討議をしてもらっていたので，ID 第一原理の 1 ～ 3 は満たしているようです。また，研修の最後に自社の経営陣への提言を発表してもらい，実務に生かす工夫もしていたので，5 もまずまず満たしているようです。しかし，研修中には 4 の「応用」をするチャンスが少ないことに気づきました。
　そこで研修時間に限りがあることから，研修中に取り組んだケースとは異なる他社ケースを練習問題として用意し，応用の機会を設けることにしました。また，研修講師である自分が情報を与え過ぎているのではないかとも思えてきたので，徐々に受講者へのアドバイスを減らし，独り立ちにつなげることを心がけようと思いました。

▶ タスク中心型の教授方略〈020〉，画面構成理論〈048〉，湖面の水紋 ID モデル〈056〉

| Tool No. 016 | | レベル2　学びやすさ |

学びの第一原理 （まなびのだいいちげんり，Frist Principle of Learning）

問題解決学習の設計に活用する！

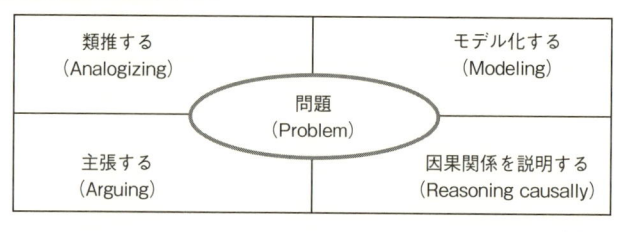

類推する （Analogizing）	モデル化する （Modeling）
主張する （Arguing）	因果関係を説明する （Reasoning causally）

中央：問題（Problem）

出典：Jonassen, 2013

こんなときにオススメ！ 問題解決学習の活動内容を検討するときに使いましょう。

どんな道具か 本原理は，ID第一原理を提唱したM・デイビッド・メリルを参考に，デイビッド・ジョナセンが彼自身の研究の成果を「学びの第一原理」としてまとめたものです。彼は2012年に生涯を終えるまで，人の学びの中で最も意味のある学びを引き起こすのは「問題解決」だと考え，その能力の育成について深く検討してきました。

　仕事や生活の中に存在するような「問題」を中心に据え，問題を解決していくためのスキルとして特定事例からもう一つの特定事例に情報を転移・マッピングするプロセスである「類推する」こと，問題解決の内容そのものや解決する問題アイデアを組織化するシステム，あるいは学びで用いる思考過程（メタ認知の一つ）を「モデル化する」こと，問題に内在する因果関係を理解し，原因と結果の双方を同時に捉えて適切な説明を行う「因果関係を説明する」こと，そしてその結果を疑問や論点，問題を論理的に解決するための手段であり，論証的に主張する活動として「主張する」ことが必要であると説いています。問題解決学習の分類学と併せて利用するのもよいでしょう。

第 3 章 「学びやすさ」の道具

利用事例 ▶▶

ストーリー１..

　　高等専門学校に勤務する保田さんは，PBL（問題解決型学習）活動を中心としたサービスラーニング授業の開発を担当しています。学校で身につけた専門的な知識をどのように社会で生かすことができるのかを体験できる授業として，PBL 活動を活性化し，見える成果を出してほしいというのが学校側の期待です。PBL やサービスラーニングに関する実践は多くの高等教育機関での取り組みが見られます。しかし，実施の方法や正課内外の扱いや，運営方法は様々でどのように授業を作り込んでいけばよいのかで迷っていました。
　　実践や研究の仲間たちに相談したところ，ジョナセンの学びの第一原理を使ってみてはどうだろうかと言われました。得られた知識やスキルを統合させ，実際の問題に取り組む活動は，ジョナセンの考える問題解決学習に相当するということでした。
　　早速オフィスに戻った保田さんは，学びの第一原理の図（左ページ上）に，授業として考えられそうな内容を書き出しました。まず，PBL で取り上げられそうな活動を「問題」に書き（例えば，高齢者支援），それを実現するために，考えられる具体的な活動を 4 つの項目に書き出しました。これによって，具体例が複数できあがり，他の教員との話し合いが進むようになりました。

ストーリー２..

　　小学校教師の中川さんは，総合的な学習の時間の活用方法に迷っていました。授業の体系化や統合などが一般的に受け入れられる中で，この授業をどのように活用すればよいかの具体案が見つかりません。
　　すると，大学院に通いだした学生時代の友人から，学びの第一原理について紹介されました。例えば，授業の中で取り上げきれなかった内容などで，この枠組みで検討できそうなものがあれば，総合的な学習の時間を活用するに値するのではないかということでした。そこで社会科の対象である「くらしとごみ」をテーマにどのようにごみを減らすかについて考えることに取り組んでみました。実際の事例を調査し，そこにある問題の共通点等を「類推」させ，具体的にどのような解決が考えられるかを「モデル化」させました。その上で，今までの事例や自分たちの考えた解決策のモデルを説明できるように全体と「因果関係を説明」できるようにし，子どもたちの間で自分たちのアイデアを議論させる場を作りました。

➡ ID 第一原理〈015〉,構成主義学習モデル〈027〉,PBL〈034〉,問題解決学習の分類学〈082〉

Tool No. 017　　　　　　　　　　　　　　　　レベル2　学びやすさ

9教授事象 (きゅうきょうじゅじしょう, Nine Events of Instruction)

授業や教材に組み込むと効果的な9つの活動！

導入	事象1	学習者の注意を獲得する
	事象2	授業の目標を知らせる
	事象3	前提条件を思い出させる
情報提示	事象4	新しい事項を提示する
	事象5	学習の指針を与える
学習活動	事象6	練習の機会をつくる
	事象7	フィードバックを与える
まとめ	事象8	学習の成果を評価する
	事象9	保持と転移を高める

出典：鈴木，1995．第2章を表にまとめた

こんなときにオススメ！　授業や教材の展開を考える際に，学習者にしっかり身につけてもらう構成とするための指針として活用できます。

どんな道具か　IDの生みの親ロバート・M・ガニェが，認知心理学の情報処理モデルに基づいて人の学びを支援する外側からの働きかけとして9つの事象を提案したもので，授業や教材に必要な構成要素として参考になります。これは人間が生まれながらに持つ学びの仕組み（短期記憶・長期記憶のモデル）をいかに外側から支援して学習を促進できるかを考えたものです。

　導入【学習者の準備を整える】では，まず学習者の頭に入っていくように注意を向けてもらい（事象1），目標を知らせることで学習内容に集中できるようにし（事象2），これまで覚えている関連事項を想起させる（事象3）ことになります。次に情報提示【新しいことに触れる】として，新しい事項を提示し（事象4），思い出した事項との関係を意味のある形で捉えます（事象5）。そして，学習活動【自分のものにする】として，身についたかどうかを確認するために練習の機会を作り（事象6），それにフィードバックをしながら（事象7），誤りを正します。最後に，まとめ【出来具合を確かめ忘れないようにする】として，練習と区別した形で評価の場を設け（事象8），忘れたころに再度触れたり応用したりする復習の機会を設けます（事象9）。

第3章 「学びやすさ」の道具

利用事例 ▶▶

ストーリー1

　小学校教師の天木さんは，算数の授業づくりをしています。図形の面積の単元の2回目として長方形の面積の授業展開を検討中で，ガニェの9教授事象にあわせた授業展開を考えてみました。授業は導入を10分，展開を25分，まとめ（事象8）を10分とし，事象9は単元の後半の授業で触れることにしました。

導入	事象1	縦と横のサイズが違う2冊の漫画本を見せてどちらが大きいかと問いかける。
	事象2	どちらの本も長方形であることに気づかせて，長方形の面積を計算する方法が今日の課題であることを知らせる。
	事象3	長方形の相対する辺が平行で，角が直角であることを確認する。また，前時に習った正方形の面積を思い出させる。
展開	事象4	長方形の面積の公式（面積＝縦×横）を提示し，いくつかの例に適用してみせる。
	事象5	正方形の面積の公式と比較させて，どこが違うのかを考えさせる。同じ所，違う所に着目させて公式の適用を促す。
	事象6	これまでの例で使わなかった数字を用いて，縦と横の長さの違う長方形の面積をいくつか自分で計算させる。
	事象7	正しい答えを板書し，答えを確認させる。間違えた児童には，あやまりの種類に応じてなぜ違ったのかを指摘する。
まとめ	事象8	簡単なテストで学習の達成度を調べて，できていない児童には手当てをすると共に次の時間の授業の参考にする。
	事象9	忘れたと思えるころにもう一度長方形の面積の出し方を確認する。また，平行四辺形や台形の面積の出し方を考えさせる。

出典：鈴木，1995，図Ⅱ-1を再掲

ストーリー2

　ある企業の研修担当者である岩永さんは，受講者側から「何をやっているのかわからなくなるときがある」「頭に残らない」と指摘された研修の改善を検討しています。そこで，この研修を9教授事象に照らし合わせて考えてみたところ，事象2と事象6・7が怪しいようでした。研修の目標を知らせずに進めていたため，受講者は何が重要かの判断がつかなかったと考えられました（事象2）。またそれ以前に，学習目標をしっかりと考えていないことがわかり，再度考え直すことになりました。

　さらに，この研修は一方的に伝えるだけの内容で練習の機会がありませんでした。そこで，内容の一定の区切りごとに，受講者に考えさせる機会を設けることにしました（事象6）。そして，受講者数が多かったため，チェックリストを用いて受講者相互で確認しあい，最後にインストラクタ側から全体にフィードバックを行うことにしました（事象7）。

➡ 学習プロセスを高める作戦〈付録〉，ガニェの5つの学習成果と学習支援設計の原則〈付録〉

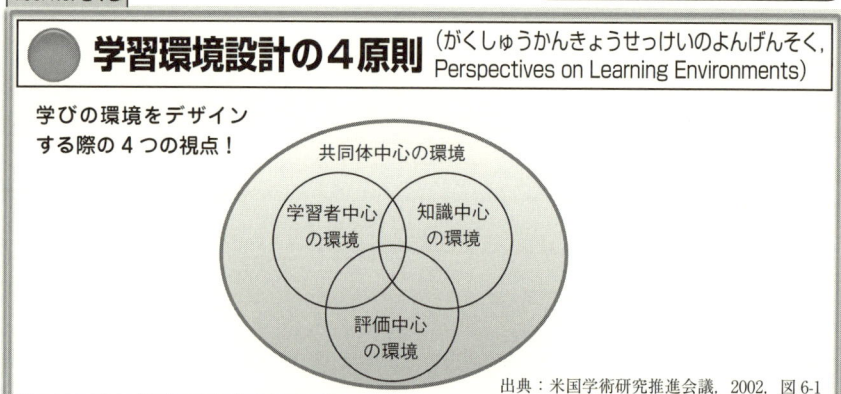

Tool No. 018　　　　　　　　　　　　　　　　　レベル2　学びやすさ

学習環境設計の4原則 (がくしゅうかんきょうせっけいのよんげんそく, Perspectives on Learning Environments)

学びの環境をデザインする際の4つの視点！

共同体中心の環境
- 学習者中心の環境
- 知識中心の環境
- 評価中心の環境

出典：米国学術研究推進会議, 2002, 図6-1

こんなときにオススメ！　あらゆる学びの環境を設計する際に参考になる視点です。

どんな道具か　米国学術研究推進会議（2002）は，学習環境のデザインには下表の4原則を当てはめるべきだと提言しました。近年のIDでも強調されています。

原則1 学習者中心	学習者が教室に持ち込んでくる既有知識・スキル・態度・興味関心などに細心の注意をはらう。個別学習と協同学習のどちらを好むかは個人差があること。自分の知能を固定的に捉えている学習者は学びよりも成績を気にすること。ある程度は挑戦的だがすぐに諦めてしまわないような「ほどよい難易度」の課題を与えること。
原則2 知識中心	何を教えるのか（教育内容）だけでなく，「なぜそれを教えるのか」や「学力とは何か」にも注意をはらう。体制化された知識を得るためには深い理解が必要で，薄っぺらい事実を幅広くカバーすることに終始しないこと。熱心に取り組んでいることと，理解しながら取り組んでいることの違いに敏感であること。
原則3 評価中心	教え手と学び手の両方が，学習過程の進歩を可視化してモニターする。評価をしないと気づかないような問題点を洗い出し，学習者相互が互いに良い影響を及ぼす効果を狙う。評価は点数をつけるためでなく，そのあとの探求と指導の方向性を探る道具として使う。
原則4 共同体中心	ともに学びあう仲間意識や規範の成立が必要。学校が地域に開かれている必要もある。「わからない場合は他人に知られないようにする」という社会規範ではなく，「難しい問題にも挑戦し，失敗したらやり直せばよい」とか「自分の考えや疑問を自由に表現しても構わない」という社会規範を共有する。

出典：鈴木, 2006, 表8-1

第 3 章 「学びやすさ」の道具

利用事例 ▶▶

ストーリー 1

　小学校教師の深見さんは，理科の「水溶液の性質」の授業において，単なる暗記ではない，深い理解を促す授業にできないか検討しています。学習環境設計の 4 原則の「学習者中心」の視点を参考に，児童たちが日常生活で感じている感覚や疑問を踏まえて授業を展開しようと考えました。水溶液の性質の初回の授業において，これまでは水道水に食塩を混ぜて塩を取り出していた実験を，学校の近くの海から汲んだ海水から塩を取り出す実験に変えてみました。

　海辺で育った児童たちは，海水を加熱すれば塩を取り出せることを経験的に知っており，実験はスムーズに進みました。水溶液を蒸発させて中に溶けている物質を取り出すことは，水溶液を仲間分けする方法の一つであることを伝えてほめると，児童は自分たちが教科書に書いてあることをすでに知っていて，うまくできることに初めて気づいた様子でした。その後，様々な水溶液を蒸発させることに熱心に取り組む児童が増えました。終盤では炭酸水などを与え，後に何も残らないことを確認させました。

　そして，蒸発後に何か残る水溶液と残らない水溶液の違いを一人ずつ書き出してもらった後で，「共同体中心」の原則を参考に，小グループ内で議論させました。議論の際には「間違ってもいいから自分の考えを自由に言ってみよう」と促しました。

ストーリー 2

　チームビルディングの企業内講師である西村さんは，受講者については研修で基礎的なスキルの獲得はできているものの，実務で生かすところまで至っていないと感じています。

　そこで学習環境設計の 4 原則の「知識中心」を参考に，「なぜチームビルディングを学ぶのか」を考える時間をとろうと思いました。研修時間の延長は難しいので，事前にチームワークを主題とした映画を指定し，「チームであることの価値」を考察するレポート課題を課すことにしました。そのレポートを踏まえて，研修序盤にグループでチームビルディングの必要性を議論し，発表してもらおうと考えました。

　また，「評価中心」の観点で考えてみると，これまでは研修途中で受講者の理解度をあまり確認していないことに気づきました。小グループ内で活発な議論がなされていた様子に安心し，一人ひとりには目が行き届いていなかったと思い，受講者の考え方の変化が確認できるワークシートを作成することにしました。演習において，折を見てワークシートへの記述を促し，気になる記述があった受講生には，講師とファシリテーターが積極的に声をかけることにしようと思いました。

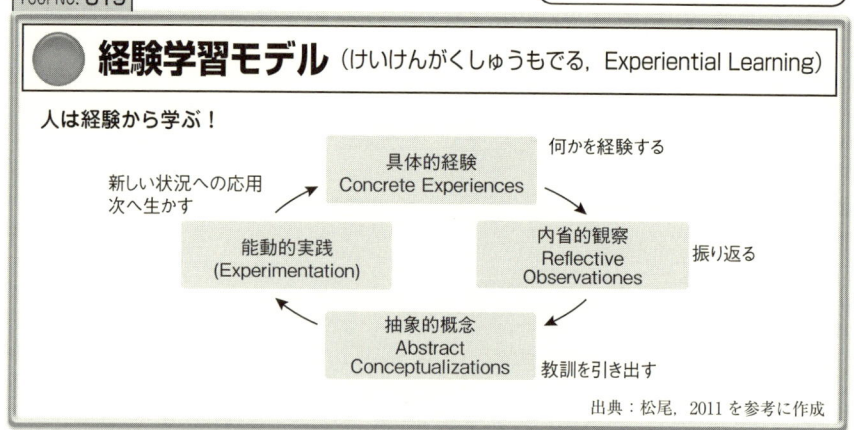

Tool No. 019　　　　　　　　　　　　　　　　　レベル2　学びやすさ

● 経験学習モデル (けいけんがくしゅうもでる，Experiential Learning)

人は経験から学ぶ！

具体的経験 Concrete Experiences ← 何かを経験する

新しい状況への応用 次へ生かす

能動的実践 (Experimentation)

内省的観察 Reflective Observationes ← 振り返る

抽象的概念 Abstract Conceptualizations ← 教訓を引き出す

出典：松尾，2011を参考に作成

こんなときにオススメ！
「何が成功の原因だったのか」「何が失敗だったのか」を考えさせ過去の経験や取り組んだ体験からの教訓を整理したいときに役立ちます。

どんな道具か
デイビッド・コルブが提唱したモデルです（Kolb, 1984）。学習経験プロセスは，単に経験さえすれば学べるというものではなく，経験から学習していくためには4つの活動に取り組み，それを繰り返すということで学習が進んでいくと考えるモデルです。その4つの活動とは，①具体的な経験をして，②その内容を「振り返り」，③その体験から得られた成果（学び）を概念化し，④概念化した成果を他の場面に応用することです。

一般的な学習モデルでは，外から新しい知識を得る段階とその学習成果を使用する段階を区別しますが，経験学習モデルでは，その両者を学習プロセスの中に組み込んであり，学習者自身が何を得られたのかを整理し概念化します。さらに概念化した成果を他の場面で活用することを繰り返すことで身についていくと考えられています。

利用事例 ▶▶

ストーリー1

高等専門学校の講師をしている山口さんは，プロジェクト型学習の科目を担当しています。地域で協力してくれるパートナーを探し，実際のプロジェクトに参加する経験を組み込んでいます。学生にはフィールドワークのような学外での体験が注目されますが，山口さんは体験だけでは，表層化した学びになってしまうと感じています。

そこで，本科目では，まず学内でのイベント企画・計画を立てるミニプロジェクトを体験し，そのあとに既存の地域プロジェクトに参加してプロジェクト活動に参加し，そのあとで新しい地域プロジェクトの立ち上げに参画してもらうサイクルを考えました。山口さんが授業設計のときに参考にしたのが，コルブの経験学習モデルです。単に体験するだけで終わらせないようにするために，各サイクルでプロジェクトの経験を振り返る時間を設け，失敗・成功の体験などから次の活動に必要な情報を整理する活動を追加しました。プロジェクトの中身や学生が果たす役割はサイクルごとに変わっていきますが，それぞれの経験を積み重ねて次に活用する姿が見られるようになり，山口さんは手ごたえを感じています。

ストーリー2

塚原さんは新卒の銀行マンです。配属から9か月が経ち，3か月ごとに実施されるフォローアップ研修の日が来ました。この企業では，配属されてからの1年間は，3か月おきに集合研修があります。同期の仲間に会えることだけを楽しみにしていた塚原さんでしたが，最近，なんとなくその気持ちが少しずつ変わってきたと，自分自身でも感じています。

このフォローアップ研修は，新しいことを詰め込むということではなく，同期同士で互いに3か月間の活動報告をし，それぞれのよかった点や改善点について議論します。回を重ねるごとに仲間の業務内容は深いものになってきますし，それぞれ良いことも嫌なことも経験しながら，自分なりの工夫をするようになってきます。研修では，先輩の経験談を聞いたり，相談タイムなども設けられています。毎回最後は個別レポートを書いて終わります。

塚原さんはこのレポートを読み返しながら業務に取り組むようにもなりました。研修が終了した1年後も，個別レポートのフォーマットをアレンジしながら，自分で定期的に振り返るようになりました。研修に組み込まれていた経験学習のサイクルを塚原さんは自分一人で回せるようになりました。

Tool No. 020　　　　　　　　　　　　　　　レベル2　学びやすさ

タスク中心型の教授方略
（たすくちゅうしんがたのきょうじゅほうりゃく，Task-oriented Instructional Strategy）

トピックではなく，問題やタスクを中心にして教えよう！

1. 新しい全体的なタスクを見せる
2. タスクに必要な構成要素を提示する
3. タスクに関する構成要素を演示する
4. もう1つの新しい全体的タスクを見せる
5. 学習者に，既習の構成要素を新タスクに応用させる
6. この新タスクに必要となる追加的な構成要素を提示する
7. これらの追加的な構成要素を演示する
8. 応用，提示，演示のサイクル（ステップ4から7）を続くタスクに関しても繰り返す

学習者はそれ以上のインストラクションなしで新しいタスクを遂行することができる

出典：ブランチ・メリル，2013，図2.5

こんなときにオススメ！　問題解決を目標とした授業や研修，教材の設計指針になります。

どんな道具か　タスク中心型の教授方略は，湖面の水紋IDモデルをベースにして，問題解決とそれに必要とされる知識やスキルを直結させて段階的に教える方法です。M・デイビッド・メリルが2007年に提唱しました。この方略では，初期段階で学習者を実際のタスク・問題に取り組ませ，スキルを適用する機会を与えます。そのタスクに必要なスキルは，進行する段階に応じて紹介されます。全体的なタスクの文脈の中で，構成要素となる個々のスキルを活用させ，新しい知識やスキルを実際に応用する機会を何度も与えながら，徐々に難しい問題に取り組ませます。

　また，タスク中心型の教授方略はID第一原理にも対応しています。上図の「2 提示する＝Tell」「3 演示する＝Show」「5 応用させる＝Do」という順序は，ID第一原理の「例示」（原則3）と，「応用」（原則4）に当たります。

第 3 章 「学びやすさ」の道具

利用事例 ▶▶

　Merrill（2007）はタスク中心型の教授方略に基づく起業家養成コースを開発しました。

1. 新しい全体的なタスクを示す：短い音声付きスライドで，最初のビジネス（養豚場）が説明される（図1）。
2. 現在の構成要素：ビジネスを始めるための6つのステップが，左のメニューにリストされる。導入を見た後，最初のステップをクリックするとそのステップの問いが左画面に，ストーリーの詳細が右画面に表示される（図2）。
3. 構成要素を示す：右画面の文章において，左の問いに該当する箇所を学習者がクリックすると強調表示される。これが6ステップ続く。
4. 別の新しいタスクを表示：最初のビジネスのプレゼン／デモを終えると，第2のビジネスのタブをクリックするように指示される（図3の①）。次の仕事（カーペットクリーニング）を紹介する音声付きスライドが表示される。
5. 取り組む：学習者はこれまで学んだことを新しいビジネスに適用させるように指示される（図3の②）。学習者の選択に応じて音声でフィードバックがある。
6. 追加の構成要素：新しいビジネスのために必要な知識が提示される（例：優良顧客発見の重要性）（図3の③）。
7. 追加要素の演示：デモンストレーションが音声で流れる。
8. 新しいビジネスを繰り返す：カーペットクリーニングビジネスの6ステップが終わったら，小売業，飲食業へと進む。最終的には詳細な例示なしですべてのステップを実行する応用タスクとして，5番目のビジネスが用意されている。

図1　5つのビジネスがタブに格納（タスクに相当）／ビジネスを始めるための6つのステップ（必要な知識・スキルに相当）

図2　問い（例：満たされていないニーズやウォンツがありますか？）／ストーリー（問いに該当する1段落目の文章が強調）

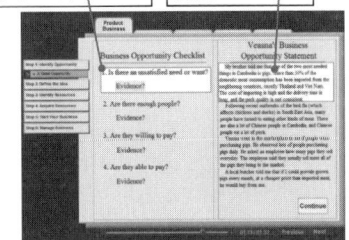

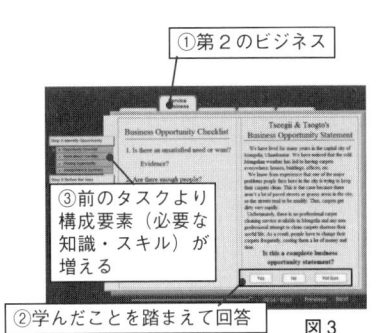

図3　①第2のビジネス／②学んだことを踏まえて回答／③前のタスクより構成要素（必要な知識・スキル）が増える

出典：Merrill, 2007, figure 8, 10, 11

➡ ID 第一原理〈015〉，湖面の水紋 ID モデル〈056〉

Tool No. 021　　　　　　　　　　　　　　　レベル2　学びやすさ

4C/ID モデル（よんしーあいでぃーもでる，Four-component Instructional Design Model）

複雑な学習課題には，この4つの構成要素で学習環境をデザインしよう！

①学習タスク　　④部分練習

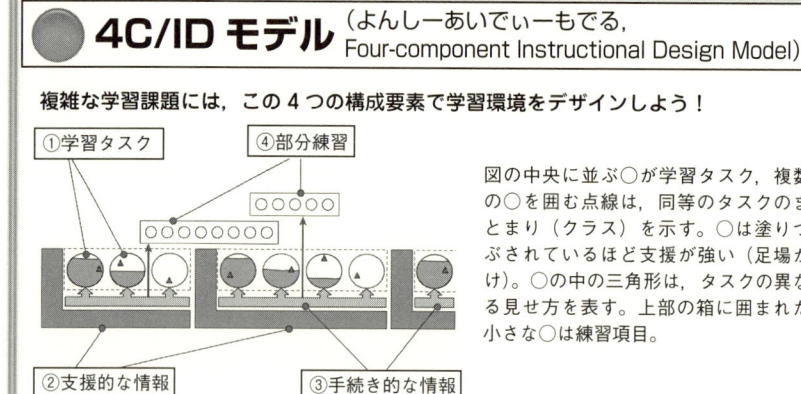

図の中央に並ぶ○が学習タスク，複数の○を囲む点線は，同等のタスクのまとまり（クラス）を示す。○は塗りつぶされているほど支援が強い（足場かけ）。○の中の三角形は，タスクの異なる見せ方を表す。上部の箱に囲まれた小さな○は練習項目。

②支援的な情報　　③手続き的な情報

こんなときにオススメ！　複雑なパフォーマンス（複合的なスキルの遂行）を学習課題として扱う場合に，どのような学習環境を用意すればよいのかがわかります。

どんな道具か　4C/ID モデルは，ファン・メリエンボアーらによって1992年に発表されました。複雑な学習課題を扱う学習環境には，4つの構成要素が必要であるとしています（van Merriënboer et al., 2002, 2007）。

　①**学習タスク**は，真正な全体的タスクです。全体的タスクは，要素となるスキルを断片的に学ぶのではなく，タスクの全体を常に見通しながら学習します。このモデルでは，同等のレベルの学習タスクの集合をクラスとし，クラスを単純から複雑への系列で配置します。クラスがスパイラル的に複雑さを増していくイメージで，その頂点がゴールです。クラスの中では，同等のタスクを異なる内容で，足場をはずしながら習得します。②**支援的な情報**は，クラスごとに新たに学ぶスキルについて，事例を提示するなどして学習課題の遂行を支援します。③**手続き的な情報**は，学習タスクを遂行するうえで必要となる習得済みの前提知識などを，ジャストインタイムで提供します。④**部分練習**は，必要とされる要素スキルの習得を促進します。なお，4C/ID をもとに学習をデザインするための手順が，「複雑な学習のための 10 ステップ」として提案されています（van Merriënboer et al., 2007）。

利用事例 ▶▶

　大学院教員のピーターさんは，研究指導の過程で，ゼミ生がまともに論文を探せないことに気づきました。他の研究室も同様の問題を抱えており，合同演習を企画しました。複雑な課題であるため，4C/ID モデルを採用し，最終的なゴールを「自分の研究課題に関連する論文をデータベース（DB）から検索して見つけられる」と設定しました。そして階層分析のように要素となる下位スキルを検討しながら，論文検索の学習タスクやクラスを洗い出しました。全体的タスクを意識し，単純なクラスであっても，論文を検索して見つけるという一連の基本的な流れを必ず入れるようにしました。洗い出したクラスを単純から複雑になるように並べ，4 つの構成要素の詳細な検討に移り，最終的に以下のようになりました。各クラス内の学習タスクは，異なる内容で，順を追うごとに支援が弱くなる（足場がはずれていく）ようにしています。

【学習タスクのクラス 1】
　研究課題に関連する論文が少ない状況で，1 つの DB で，タイトルを検索対象にして，参考になる論文を見つける。
- ●支援的な情報：論文検索の実演／論文検索の概念や 4 つのステップ（DB 選択，検索クエリ作成，実行，結果の厳選），DB の構造などの説明。
- ■学習タスク 1.1：3 種類の検索事例（検索クエリと結果）を示され，なぜその検索で研究課題に関連する論文が見つかったのかをディスカッションする。
- ■学習タスク 1.2：研究課題と不完全な検索クエリを示され，検索クエリの修正を求められる。◆手続き的な情報：検索の操作方法，シソーラスの利用方法。
- ■学習タスク 1.3：研究課題を示され，強く関係する論文を 10 件あげる。◆手続き的な情報：検索の操作方法（情報が少なめ），シソーラスの利用方法（少なめ）。

【学習タスクのクラス 2】
　研究課題に関連する論文が多い状況で，1 つの DB で，タイトルを検索対象にして，参考になる論文を見つける。
- ●支援的な情報：ブール演算子（AND/OR など）を用いた 3 種類の検索事例の提示／検索クエリと演算子の組み合わせのパターンについての問いかけ。
- ■学習タスク 2.1：検索事例（ブール演算子を用いた検索クエリと結果）が渡されて，それを真似しながら，似たような研究課題で検索を行う。◆手続き的な情報：ブール演算子の文法。◆部分練習：ブール演算子の適用。
- ■学習タスク 2.2：研究課題と検索語が提示されて，ブール演算子を用いて検索クエリを作成して検索する。◆手続き的な情報：ブール演算子の文法（少なめ）。
- ■学習タスク 2.3：研究課題を提示され，強く関係する 10 件の論文を見つける。

出典：事例は van Merriënboer et al., 2002 を参考に作成

Tool No. 022　　　　　　　　　　　　　　　レベル2　学びやすさ

● 精緻化理論 （せいちかりろん，Elaboration Theory）

はじめに学習者に最終的なゴールの全体像がわかる単純な課題（縮図という）を与えてから，徐々に複雑な課題に取り組ませる教え方！

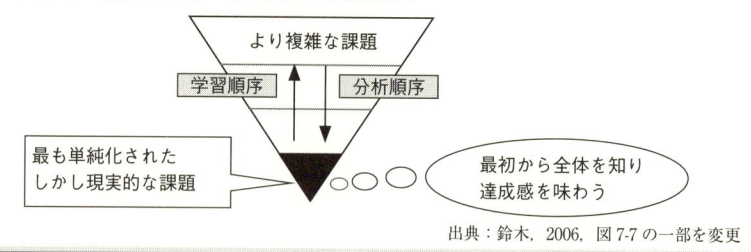

より複雑な課題
学習順序　分析順序
最も単純化された しかし現実的な課題
最初から全体を知り 達成感を味わう

出典：鈴木，2006，図7-7の一部を変更

こんなときにオススメ！　答えがはっきりしていて，構造が明確な問題解決学習に最適です。

どんな道具か　チャーリー・M・ライゲルース（Reigeluth, 1999; 日本語による説明は，小野，2005）は，全体像がわかる課題から始め，徐々に複雑な課題を提示するという精緻化理論を1979年に提案しました。最初に全体像を把握すると理解がしやすいと言われているからです（スキーマ理論）。階層分析ではゴール達成に必須の下位要素を洗い出し，下から順に積み上げて学習することを想定しますが，精緻化理論では最も単純な要素をいくつか組み合わせて，全体を俯瞰できる現実的な課題を作ります。その後，徐々に要素の幅を広げて複雑な課題を用意します。

　精緻化理論は，最初に広角レンズで全体を見て，詳細な部分へ焦点を当てる往復運動を繰り返すイメージから，「ズームレンズモデル」とも言われます。例えば，「ワープロソフトで図表の入った文書を作成できる」というゴールがあったとします。書式設定，表，図など，一つひとつの機能をしっかり学び，最後にそれらを統合してゴールとなる文書を作成し，印刷・保存する，というアプローチではなく，最低限の書式設定（フォントの変更だけ），保存，印刷を学べばできる単純な文書の課題（縮図）から始めます。学習者は一連の流れをつかむと同時に，一つの成果物を手にすることで達成感を味わいます。徐々に課題を複雑にすることで，最終的なスキルの獲得を目指します。

利用事例 ▶▶

ストーリー 1

大学教員の加藤さんは，学部1年生向けの経済学概論の授業において，学生に経済学の全体像をつかんでもらうために，授業の改善を検討しています。精緻化理論では「概念」の学習にあたるようです。これまでの授業は市場社会と経済学の成立の歴史を追って，時系列に教える構成になっていたのですが，精緻化理論によると最初に包括的な概念を教えたほうが，学生は理解しやすいのではないかと気づきました。

そこでまずは包括的な概念である「トレードオフ」を教えることから始め，徐々に諸理論を紹介して議論を進めていく構成にしようと考えました。例えば大学1年生なら誰でも悩んだであろう「大学選択」を最初の例にして，「何かを手に入れるために，何かをあきらめなくてはならない」というトレードオフの概念から教えてはどうかと思いました。

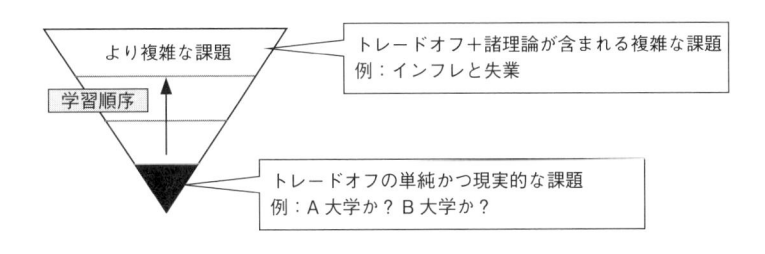

より複雑な課題 — トレードオフ＋諸理論が含まれる複雑な課題　例：インフレと失業

学習順序

トレードオフの単純かつ現実的な課題　例：A大学か？B大学か？

ストーリー 2

Webデザイナーの柴田さんは，知り合いの企業からWebデザインに関する実践的な研修の依頼を受けました。精緻化理論を参考にすると，「あるタスクについてどう行うのかという学習」に当たると考え，最も単純なタスクから，徐々に複雑な要素を含むタスクになるように，研修を設計しようと考えました。

具体的には，タスク1では1ページのWebページと1ページのスタイルシートで構成されるWebサイトを作成，タスク2では複数のWebページと2種類のスタイルシートで構成されるWebサイトを作成，タスク3ではブラウザごとに異なるスタイルシートを用意したWebサイトを作成，という構成にしました。これにより，タスク1でも単純なWebサイトが完成するので，受講者はWebデザインの流れをつかめると考えました。

▶ 先行オーガナイザー〈043〉，画面構成理論〈048〉，階層分析〈085〉

Tool No. 023　　　　　　　　　　　　　　　　　　レベル2　学びやすさ

● GBS 理論 （じーびーえすりろん，Goal-Based Scenarios Theory）

現実的なストーリーに沿って失敗しながら学ぼう！

GBS理論の7要素

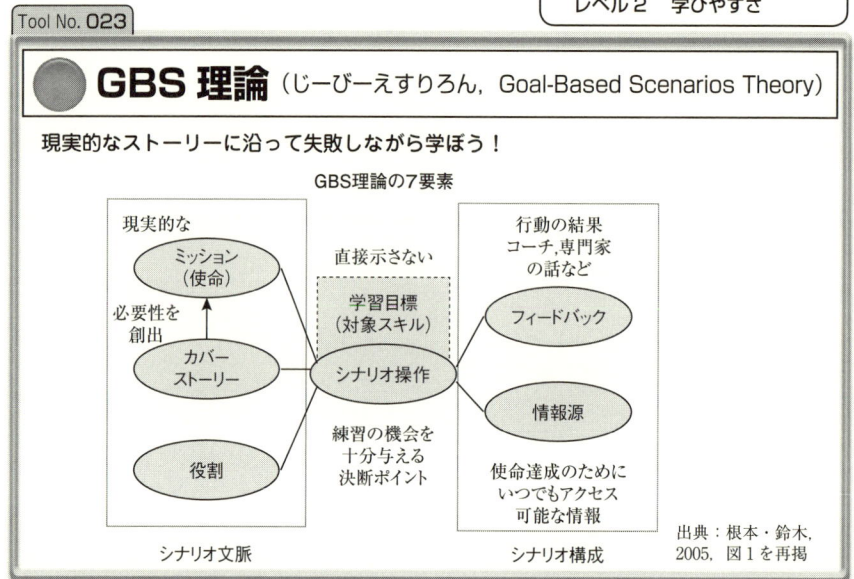

```
  現実的な                          行動の結果
                   直接示さない     コーチ，専門家
   ミッション                        の話など
   （使命）
                   学習目標
  必要性を          （対象スキル）    フィードバック
  創出
   カバー           シナリオ操作
   ストーリー                        情報源

                   練習の機会を      使命達成のために
   役割             十分与える       いつでもアクセス
                   決断ポイント     可能な情報
                                              出典：根本・鈴木，
   シナリオ文脈                     シナリオ構成    2005，図1を再掲
```

こんなときにオススメ！　行動することによって学ぶシナリオ型教材を作りたいとき。

どんな道具か　ロジャー・C・シャンク（Schank et al., 1999）は，人間は「予期せぬ失敗がなぜ生じたかを考えるときに学ぶ」という事例駆動型推論（CBR）理論に基づいて，現実的なストーリーを用いた学習環境を構築するための GBS 理論を提案しています。

　GBS 理論では，7つの要素を組み合わせて学習環境を構成します。学習開始時にシナリオ文脈として，学習者に役割を与え，カバーストーリーで「あなた」のミッションの必要性を表現します。実際にシナリオを構成しているのは連続する決断ポイントで構成されるシナリオ操作であって，そこに直接見えないゴール（学習目標となる対象スキル）があります。シナリオを操作することで多くの練習をさせます。シナリオを操作するために必要な判断材料である情報源（リソース）を準備しておきますが，学習者に参照するかしないかを決めさせます。そして決断の結末として，その決断によってどうなるのかを疑似体験するフィードバックを用意しておきます。

第 3 章　「学びやすさ」の道具

利用事例 ▶▶

ストーリー 1

　石井さんは，GBS 理論を活用したクレーム対応能力向上のための看護師育成 e ラーニング教材を開発しました（根本・鈴木, 2014, 第 5 章 5 節）。

【役割】あなたは大学附属病院救命救急センターに所属する看護師です。

【カバーストーリー】救命救急センターは，生命の危機的状態に陥っている重篤な患者が多く搬入されてきます。患者は，救命救急センターでの処置後，集中治療室（ICU）もしくは後方ベッドである 2 階東病棟に入院となります。2 階東病棟は，チームナーシングを取り入れており，あなたの他に ICU リーダー看護師などがいます。

【使命】患者・家族からのクレーム，患者・家族とのトラブルが生じた場合，患者・家族から納得してもらうためにあなたは看護師として適切に対応しなければなりません。

【シナリオ操作】家族の要求に対して，主人公が返答を選択する場。学習させたいスキルを使わせるようにする。

【学習目標】患者家族からのクレームに対し，適切な対応ができるようになること。

【情報源】「先輩の経験談」や「先輩からのアドバイス」

【フィードバック】選択した回答により，患者家族の反応，先輩のアドバイスも異なる。

ストーリー 2

　朴さんは，GBS 理論を取り入れた「情報リテラシー」の授業を設計しました（根本・鈴木, 2014, 第 5 章 4 節）。

【役割】あなたは大学 1 年生です。

【カバーストーリー】就職活動の一環として携帯電話事業者の「製品企画部」にインターンシップに行きます。

【使命】携帯電話の新製品企画に関する様々な業務が課されます。

【シナリオ操作】インターンシップ先の業務課題を作成するために応用ソフトを使う：①新製品の企画書（ワープロ），②アンケートデータの集計・報告書の作成（表計算），③企画書プレゼン資料の作成（プレゼンソフト）。学生 4 ～ 6 人でチームを構成し，相互評価を実施する。

【学習目標】プロセス知識：ビジネス現場で求められる文書作成やデータ集計，プレゼン資料の作成等の基本的なスキルを身につける。内容知識：ビジネス文書，データ集計，プレゼン資料の作成方法および各アプリケーションの操作スキル。

【情報源】教科書・配布資料・学生同士の相互コメント。

【フィードバック】担当者（科目の担当教員）と TA による個別サポートを受け，課題の添削結果が返却される。

　　　　　　　　　　　　　　　　　　　　　🔗 SCC: ストーリー中心型カリキュラム〈024〉

Tool No. 024　　　　　　　　　　　　　　レベル2　学びやすさ

● SCC：ストーリー中心型カリキュラム
（すとーりーちゅうしんがたかりきゅらむ，Story Centered Curriculum）

「作り込まない」シナリオ型eラーニング教材の設計指針！

- 原則はGBS理論（違うのは以下の点）
- フィードバックは人間（メンター）が行う
- 学習者に既存の資料を使ってもらう（リンク集，教科書など）
- 学習者はチームで学ぶ
- コンテンツは静的HTMLが基本

出典：根本・鈴木，2014，第1章4節を要約

こんなときにオススメ！
シナリオ型教材を作りたいが，開発費がないとき（でも運用時の人手はあるとき）におすすめです。

どんな道具か
GBS理論の精神を踏襲しながら作り込まないことでスケーラビリティを確保するという設計指針で大規模化を狙ったのがストーリー中心型カリキュラムです。コンピュータ上の仮想シミュレーションを現実世界に移し（動的コンテンツを作らない），フィードバックをコンピュータ内実装からメンター（人間）に移しました（ただし，開発コストを下げる代わりに実施コストが上昇することに留意が必要）。学習者に既存のツールや資料を使わせ（リンク集と既存の教科書），学習者にチームで作業をさせます（チームビルディングも学習目標の一つ）。パターン化したテンプレートを準備して，中身を流し込みます（静的HTMLが基本）。

このアイデアを世界で最初に採用して設立されたのがカーネギーメロン大学西校大学院修士課程ソフトウェア技術者（SE）専攻でした。また，同大学院の学習科学専攻もSCCを採用しました。どちらも，GBS理論の良いところ（learning by doingや失敗による学習）を継承しながらも安価に実現するためにSCCを採用しました。コスト計算をすると，SCCはGBS教材の10分の1以下にはなるそうです（根本・鈴木，2008）。

利用事例 ▶▶

ストーリー 1

　熊本大学大学院社会文化科学研究科教授システム学専攻（GSIS）では，2008年度から2014年度まで，SCCに基づいて設計されたカリキュラムを実運用しました。GSISに合格した学生は，合格直後（入学前）から始まる「オリエンテーション科目」の中で「SCCによる受講を選択するかどうか」を尋ねられます。SCCを選択すると，修士1年目の前期はeラーニング事業を行う企業の一社員として，後期では大学内でeラーニング教材を開発するチームの一員として活動するという架空のストーリーが与えられます。学生はそれらのストーリーに基づいて毎週メッセージ（業務指令など）を受け取り，メッセージで指定されている既存科目の学習を進めていきます。ストーリーが進むと徐々に高度な業務指令が与えられ，チームで取り組まなければ先に進めない展開になっていました（根本・鈴木，2014，第2〜5章）。

　ストーリーの進度に合わせてメッセージや情報源を提示するためにSCC専用のポータルサイトを開発しましたが，コンテンツ自体は静的HTMLなので，毎年の更新においてはパターン化した中身を微修正して流し込むだけになっていました。また，何か困ったことが起こったら，学生はいつでもメンターであるSCC担当教員・スタッフに相談できるようになっていました（根本・鈴木，2014，第7〜9章）。

ストーリー 2

　片野さんは，現実的な課題に直結させることで学習意欲を高めることを狙い，グローバルなプロジェクトマネージャ資格として知られているPMP®試験対策講座をSCCに基づいて改善しました。

　SCCのストーリーテーマは，海の家の建築としました。海の家を建築するストーリーの中で，プロジェクトマネジメント実務に必要となる書類の作成課題を10個用意しました。これらの課題で作成した書類は，学習者がテンプレートとして実務に反映させることができると考えました。

　実運用中のPMP®試験対策講座において，SCCオプションとして10個の自由選択課題を提供した結果，50名中34名が選択し，うち9名が全課題を修了しました。この9名は，より多くの学習を要したにもかかわらず，学習期間が平均より短く，しかも模擬試験の成績も良かったことから，片野さんはSCCによる改善効果がある程度認められたと考えています（根本・鈴木，2014，第5章3節）。

GBS 理論〈023〉

Tool No. 025 　　　　　　　　　　　　　　　　　　　　レベル2　学びやすさ

ジャスパー教材設計7原則
（じゃすぱーきょうざいせっけいななげんそく, Seven Design Principles of Jasper）

学びにリアリティを与える教材づくりのルール！

①ビデオ提示　　　　登場人物や場面の紹介，物語進行にビデオを使う
②物語形式　　　　　起承転結のある物語を用意する
③生成的学習　　　　学習者自身で問題の答えを導き出すまでは，物語の結末を見せない
④情報埋め込み設計　必要な情報はすべてビデオ（物語）に埋め込む
⑤複雑な問題　　　　意図的に複雑な問題を用意する
⑥類似冒険のペア化　2つの異なる物語で類似技能を扱う
⑦教科間の連結　　　同じビデオで他教科の情報を提供する

出典：鈴木, 1995の第4章を要約

こんなときにオススメ！
授業・研修と現実世界が隔離しすぎていると感じたときに参考になります。

どんな道具か
ジャスパー教材とは，1990年代に米国テネシー州バンダービル大学で開発された，小学校5，6年生の算数の問題発見と解決の技能育成を目標としたビデオ教材です。

　ジャスパー教材を成功に導いた設計原則は次の7つです。①ビデオ提示：登場人物や場面の紹介，物語進行にビデオ教材を使って学習者の興味を惹きつけます。②物語形式：教育ビデオにありがちな解説型ではなく，起承転結のある身近な物語を用意することで，獲得した技能を日常的な文脈でどう使うのかが明確になり，技能の有用性が意識されやすくなります。③生成的学習：学習者自身で問題の答えを導き出すまでは物語の結末のビデオを見せないことで，動機づけと能動的な参加を促していきます。④情報埋め込み設計：問題解決に必要な情報はすべてビデオ（物語）に埋め込み，学習者に推理小説の探偵気分を味わわせながら，情報収集・問題生成を促します。⑤複雑な問題：意図的に複雑な問題を用意し，論理的思考力や問題解決過程のメタ認知育成を目指します。ジャスパー教材ではどの物語も最低14段階以上を経ないと最終的な解決には至りませんでした。⑥類似冒険のペア化：2つの異なる物語で類似技能を扱うことで，獲得した技能の転移を促進します。⑦教科間の連結：同じビデオ（物語）で他教科の情報を自然な形で提供し，知識の統合化を狙います。

利用事例 ▶▶

　ジャスパー教材は全6話の冒険物語で構成され，各話では数学的な問題解決場面を含む日常的なエピソードが展開されます。設計7原則は次のように用いられています（鈴木，1995）。

① **ビデオ提示**　全6話のそれぞれが，14分から18分のビデオです。
② **物語形式**　第1話「シダークリークへ旅」では，主人公のジャスパーが新聞広告で知った中古ボートを見に，川をさかのぼってシダークリークを訪れます。物語の最後では，ジャスパーが購入したボートを操縦して「日暮れまでに燃料切れを起こさずに操縦して帰れるか」どうかを判断する問題が提示されます。
③ **生成的学習**　第1話の正解は「日没までに帰ることができる」です。解決編のビデオには問題の解決過程が主人公によって例示されていますが，子どもたち自身が自分なりの答えを出すまで視聴させません。
④ **情報埋め込み設計**　第1話のビデオには，ジャスパーのドックの位置，シダークリークの位置，気象情報，ガソリン残量などの情報が埋め込まれています。全部で44の数値情報が提示されますが，そのうち問題解決に有効なのは17の情報です（有効率39％）。
⑤ **複雑な問題**　第1話の問題「日没までに帰れるか」の答えを出すためには，時間とガソリン残量を求める下位問題を導き出し，それに必要な埋め込み情報を見つけ，立式し，計算していきます。その過程でガソリンが不足することを発見し，ガソリン補給の中間地点まで行けるかどうか，またそこでガソリンを購入するだけの所持金があるかどうかを求めます。下位問題が4つあり，それを解決するためには合計16の式を立てる必要があります。
⑥ **類似冒険のペア化**　第1話の問題（時間，距離，速度）の類似冒険として，第2話「ブーン草地でのレスキュー」が位置づけられています。第2話はキャンプ中に発見した傷ついた鷲を救出する物語で，鷲を病院へ運ぶための最も速い方法を導く問題が提起されます。
⑦ **教科間の連結**　教師マニュアルには他教科への拡張の提案が記載されています。例えば，第1話の物語は主人公が新聞広告を読むことから始まりますが，「新聞にはどんなセクションがあるか」を考えさせ，自分たちの新聞を作る活動が提案されています。

▶ STAR遺産モデル〈026〉

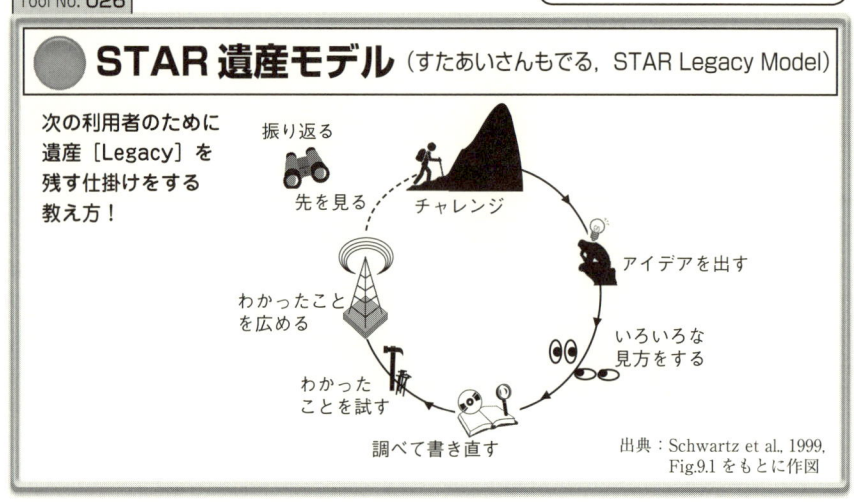

Tool No. 026　　　　　　　　　　　　　　　　レベル2　学びやすさ

●STAR遺産モデル（すたあいさんもでる，STAR Legacy Model）

次の利用者のために遺産［Legacy］を残す仕掛けをする教え方！

振り返る　チャレンジ　アイデアを出す　いろいろな見方をする　調べて書き直す　わかったことを試す　わかったことを広める　先を見る

出典：Schwartz et al., 1999, Fig.9.1をもとに作図

こんなときにオススメ！　深い理解と同時に，問題解決や協同学習，コミュニケーションスキルを向上させたいときにおすすめです。

どんな道具か　STAR遺産モデルは，バンダービル大学の研究チームが1990年代に提案したIDモデルです。STARは，Software Technology for Action and Reflectionの略です。

　ICTの活用により，利用者が次の利用者のために遺産［Legacy］を残せる仕掛けを9つのステップで提供し，柔軟に成長させる教材を実現しました。学習サイクル（ステップ2〜7）をメニュー画面に図示します。利用者に，学習過程の中で今どこに位置するかを思い出させ，次にやるべきことを示すと同時に，何回か繰り返すうちに複数のチャレンジの類似性に気づかせる効果を狙っています。学習サイクルを提示し，それを意識しながら教師や学習者が工夫を凝らして問題を解決していくことで，教材設計者が意図する学習プロセス自体を身につけていくことが期待されています。また，遺産を残すことが「次の利用者へ役に立つ」という実感になるため，学習者が動機づけられて活動の質が全体的に高まることや，サイクルを回す前に「見通し」を立てておくように誘導すると学習ステップについての自覚が増すことなどが報告されています（三宅・白水，2003, p.62）。

利用事例

国境検疫官「ボーダーブルー」

1. 先を見る・あとで振り返る「双眼鏡」：ショウジョウバエ，検疫官，人口成長曲線の図，タバコ等の静止画を見せ，「このチャレンジが終わると，今見た写真の一つひとつがどうつながって生態系を説明するのに役立つかが議論できるようになる」と解説し，「すぐにできることはやってごらん。わからないことは調べよう」と挑発。
2. 最初のチャレンジ（サイクルの始まり）：クリスが海外旅行から持ち帰った「蚊を追い払う効果があるとされる植物」を検疫で没収された動画を視聴。クリスが「どうして検疫官はあの植物を没収したの？」と問いかける。
3. アイデアを練る（問題と解決策）：「その植物は麻薬だったんじゃないの？」クラスノートに書き出されたみんなの意見を交換しあい，互いに意見を深めていく。
4. 多視点から眺める（モデルの提示）：ビデオ3本を提供。毒素を持つ植物を研究した生徒「身を守るために殺虫成分を含む植物がある」，害虫がいるから没収されたとの意見の生徒「ショウジョウバエの繁殖スピードの実験結果，捕食関係の差異によって個体増加率が変わる」，カズラの繁殖について調べた生徒「政府は農家に資金提供して植えさせたが，南部では繁殖しすぎて問題になった」
5. 研究と修正（学習者が挑戦）：提示された各モデルについて活動。地元の園芸店で，外来種を売っているか，地元の生態系破壊事例等を調査。政府のホームページで繁殖性の外来種についての情報調査。植物と害虫数変化のシミュレーション等。
6. 度胸試し（形成的なテスト）：クリスのケースの知見をバラ園での「マリーゴールドがアブラムシ除去に効果的か」で調査。必要な情報を提供し，決断理由についての小論文を書く。チェックリストを渡し，必要量や必要以上の繁殖の可能性について考えたかなどを確認，不足分を調べて小論文を修正。
7. 公開（サイクルのおわり）：クリスの問題について，ベストの解決策を公開。同時に将来の学習者に対して，取り組み方のヒントやアイデアを遺産として残す。
8. 徐々に深める：第2のチャレンジは，北米に繁殖した外来種「マスクアザミ」を減らすことができた事例で，どのように減らすかを提案。第3のチャレンジは創造課題として，生態系を崩さずに防虫剤を使わないですむ学校庭園をデザイン。
9. 振り返りと決断：「双眼鏡」を第3のチャレンジが終わったときに，再び見て，タバコの絵が持つ意味を考える。どの遺産が後輩にとって最も良いかを決め，その振り返りの過程をCDに焼く。

出典：鈴木，2005の表5を簡略化

ジャスパー教材設計7原則〈025〉

Tool No. 027

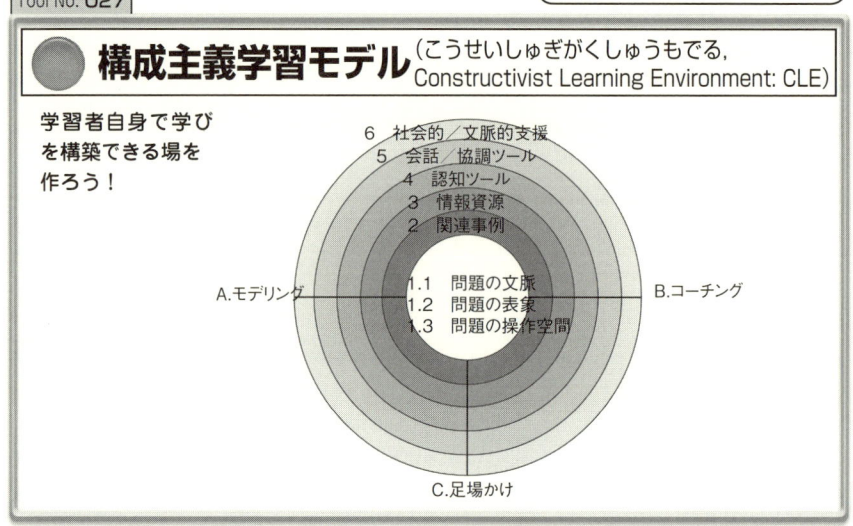

レベル2　学びやすさ

構成主義学習モデル（こうせいしゅぎがくしゅうもでる, Constructivist Learning Environment: CLE）

学習者自身で学びを構築できる場を作ろう！

- 6 社会的／文脈的支援
- 5 会話／協調ツール
- 4 認知ツール
- 3 情報資源
- 2 関連事例
- 1.1 問題の文脈
- 1.2 問題の表象
- 1.3 問題の操作空間

A.モデリング　B.コーチング　C.足場かけ

こんなときにオススメ！
具体的な課題に取り組んで，理解を深めさせたいと思うときに，有効です。

どんな道具か
構成主義学習モデル（CLEモデル）はデイビッド・ジョナセンによって提唱された構成主義的な学習（社会的な文脈に埋め込まれた学習）を支援するためのものです（Jonassen, 1999）。現在では，単に一つの学習課題を教えるというよりも，複数の事柄が一つの学びに含まれていることが多く，さらに，入り組んだ情報から問題を解決することが多く求められます。既有知識と新しい知識を組み合わせ，学習者の理解を構築しようとする知識構築や問題解決の場面に本モデルを活用することが可能です。個人でもグループ学習でも活用できます。

　本モデルでは，まず，学習者に考えてほしい「問題」，具体的には問題の文脈，その問題の提示方法（問題の表象），問題を考える活動の場を検討します。その上で学習者の前提知識・スキル等を踏まえて，どのような事例，情報，ツールを提供するかを検討します。現代らしいテクノロジを活用した学習環境のデザインを検討することも意識されたモデルです。

利用事例 ▶▶

ストーリー1 ....

　経営学部の教員を務める見館さんは，経営を学ぶには実践的でかつ学生が楽しんで学ぶ教材を提供することが必要であると感じていました。そこで，学会のFD研修を担当していた山崎さんに相談したところ，ジョナセンのCLEモデルについて紹介してもらいました。ジョナセンの事例をもとに，商品やサービスの提供を考えるオペレーションマネジメントを学ぶ活動をCLEで設計することにしました。

　この活動は，様々な情報を組み合わせて，企業に適した雇用計画を検討するというものです。「情報資源」として用意されていた企業の基本情報を取得し，必要に応じて販売・要求事項を追加し，専門家の意見や同僚との相談の機会（「会話／協調ルール」に相当）を活用して，表計算シートに書かれた費用情報を用いて雇用や解雇の決定を行う活動を用意しました。ジョナセンの事例では，ICTを活用したツールとして紹介されていましたが，初めての試みだったので紙や人を学習資源として提供する形で実施しました。積極的に活動する学生の姿を見て，見館さんは学生の意欲が高まっていることを実感しています。

ストーリー2 ....

　看護教育に携わる佐久間さんはクリティカルシンキングを意識した現場の問題解決アプローチを用いた研修を開発することにしました。CLEでは実際にあり得る複雑な問題を学習者に与え，必要に応じて学習者（実践者）が情報を収集して，判断を下していくことが求められます。クリティカルシンキングを学ぶには本モデルが適していると判断して，研修を作りました。その際，CLEを実施するに際して重要な支援活動であるモデリング・コーチング・足場かけの3点を意識することにしました。

　まず，患者との対話から症状を確認する事例を用意し，そのときの質問や判断に至るまでの流れをまとめた資料を複数用意しました（モデリング：うまくいった事例を見せる）。そのあと，異なる事例をグループごとにファシリテーターを配置し学習者に質問をしながら症状判断までのプロセスをたどる活動を用意しました（コーチング：学習者を観察し，ある一定方向へ進むように誘導する）。さらに，一人で一通り考える場面を設け，どうしても必要になったときは学習者から助けを求めるようにしました（足場かけ：できない部分に支援を施す）。これらの活動を組み合わせて研修を行うことにしました。

➡ 学びの第一原理〈016〉

Tool No. 028　　　　　　　　　　　　　　　　　　レベル2　学びやすさ

言語情報の指導方略 (げんごじょうほうのしどうほうりゃく, Strategies for Verbal Information)

9教授事象に基づいた「言語情報」の教え方のヒント！

評価（事象8）	あらかじめ提示された情報を再認または再生させる
前提事項（事象3）	関連する既習の熟知情報とその枠組みを思い出させる
情報提示（事象4）	すべての新出情報を類似性や特徴で整理して提示する
学習の指針（事象5）	語呂合わせ，比喩，イメージ，枠組みへの位置づけ
練習とフィードバック（事象6，7）	ヒント付きの再認，のちに再生の練習。自分独自の枠組みへの整理。習得項目の除去と未習事項への練習集中。

⇒全体像は「ガニェの5つの学習成果と学習支援設計の原則」〈付録〉参照
出典：鈴木，1995の表Ⅲ-2の一部を再掲

こんなときにオススメ！　「指定したものを覚える」ことを目指した教育の設計指針になります。

どんな道具か　言語情報は，「指定したものを覚える」という特性があります。よって，「覚えるべきものは学習者にすべて提示する」のが鉄則です。そのためには，クラスター分析に基づいて情報を整理しておきます。その上で，学習者が覚えやすいように情報を提示します。例えば，覚えるべき内容を類似性や特徴別に分けて見せます。適宜，図表を使うのもわかりやすいでしょう。あらかじめクラスター分析で整理しておけば，提示する枠組みはおのずと決まります。

　学習の指針としては，「語呂合わせ」「絵を使ったイメージ」「比喩（たとえ）」を使って暗記を促します。また，学習者がすでに知っているもののうち，似ているものと対比させて，類似点や相違点を説明することも有効です。

　練習においては，ヒント付きの再認問題（例えば○×テストや多肢選択式テスト）から始めて，徐々に再生問題（例えば穴埋め式テスト）を行います。そして，「すでに知っている／覚えたもの」と「いまだ知らない／覚えてないもの」とを区別できるように，正誤をフィードバックします。eラーニングシステムを用いた自動採点付き練習問題を用意して，学習者が繰り返し挑戦できるようにするのも効果的です。

利用事例

ストーリー1

　小学校教員の三井さんは，社会の授業で都道府県名と県庁所在地を暗記する教材を作ろうと考えています。まずは，クラスター分析で47都道府県を地方別に分類しました。さらに，「都道府県名」と「県庁所在地の市名」が同じ県と異なる県に分けました。この分類結果を一覧表にして児童に提示することにしました。

　覚え方の工夫として，「都道府県名」と「県庁所在地の市名」が異なる県について，「語呂合わせ」と「絵を使ったイメージ」の複合作戦を考えました。例えば，「岩手県，盛岡市」は「岩手でもりもりお菓子を食べる」という語呂を考え，「小学生がたくさんのお菓子を食べている絵」を添えることにしました。

　練習問題は，「岩手県の県庁所在地は宇都宮市である。（〇×問題）」「岩手県の県庁所在地は次のうちどれ？　①盛岡市，②花巻市，③北上市，④岩手市（多肢選択式問題）」「岩手県の県庁所在地は【　　】市である。（穴埋め問題）」の3種類を考えました。

ストーリー2

　製薬企業で新人営業（いわゆるMR）の研修講師を担当している大西さんは，自社製品（医療用医薬品）をある程度覚えてから研修に参加してほしいと考えています。そこで研修テキストの一部を，eラーニング教材化できないか検討することにしました。まずは，喘息用の製品を取り上げ，症状の重症度別にクラスター分析で分類しました（すでにテキストで表に整理されていたのですぐにできました）。

　次に，テキストに解説は書いてあるので，練習問題を優先して作ることにしました。具体的には，eラーニングシステムの小テスト機能を使って，特徴を読んで正しい製品名を選択する「多肢選択式問題」と，製品名と特徴の文章の「穴埋め問題」の2種類の問題を作ることにしました。最初に多肢選択式問題を解いてもらい，8割以上の得点で穴埋め問題に進めるようにしたいと考えました。また，誤答の際のフィードバックとして，テキストの該当ページと覚え方のコツを表示することにしました。練習問題は何度でも挑戦可能として，最終的には，研修参加要件として，「穴埋め問題」で8割以上の得点を獲得することにしようと思いました。

▶ 9 教授事象〈017〉，学習成果の5分類〈076〉，言語情報の評価方法〈077〉，クラスター分析〈084〉

Tool No. 029　　　　　　　　　　　　　　　　レベル2　学びやすさ

知的技能の指導方略 (ちてきぎのうのしどうほうりゃく, Strategies for Intellectual Skills)

9教授事象に基づいた「知的技能」の教え方のヒント！

評価（事象8）	未知の例に適用させる。ルール自体の再生ではない
前提事項（事象3）	新出技能の前提となる下位の基礎技能を思い出させる
情報提示（事象4）	新出ルールとその適用例を難易度別に段階的に提示する
学習の指針（事象5）	多種多様な適応例，ルールを思い出す鍵，誤りやすい箇所の指摘
練習とフィードバック（事象6, 7）	単純で基本的な事例からより複雑で例外的な事例へ。常に新しい事例を用いる。誤答の原因に応じた下位技能の復習。

⇒全体像は「ガニェの5つの学習成果と学習支援設計の原則」〈付録〉参照
出典：鈴木，1995の表Ⅲ-2の一部を再掲

こんなときにオススメ！　「ルールを未知の事例に適用する」ことを目指した教育の設計指針になります。

どんな道具か　知的技能は，「ある約束事を未知の例に応用する」学習なので，「一度使った例は二度と使わない」のが鉄則です。また，学習の順序性が明確なので，階層分析に基づいて「最終的な目標の前提となる要素技能」をはっきりさせておきます。その上で，順序に沿って教える際は，単純な例を使ってルール／概念を説明することから始めます。できれば多種多様な例を見せて，ルール／概念を思い出すきっかけを作ります。また，失敗例を提示して誤りやすい箇所を指摘するのも有効です。

　練習で注意したいのは，知的技能の練習問題はルールや概念自体を再生する問題ではないことです。また，あくまで「未知の例に応用する」練習が必要なため，説明で使っていない例の練習問題を用意します。最初は簡単な例を単純なルール／概念に基づいて場合分けする練習問題から始めて，徐々に複雑で例外的な事例の練習を実施します。低次の知的技能の練習問題ならeラーニングシステムを用いた自動採点化も可能ですが，高度な知的技能になると論文体（レポート形式）の練習問題も必要となり，自動採点は難しいでしょう。練習での誤答に対しては，つまずいた部分の下位技能を復習させるのが効果的です。知的技能は学ぶ順序がある程度はっきりしているため，下位技能を確実にできるようにしてから，本来のレベルの練習問題に取り組ませましょう。

利用事例 ▶▶

ストーリー1 ··

　中学校の数学教諭になったばかりの児玉さんは，連立方程式の文章題が苦手な生徒向けの指導方法を見直しています。児玉さんはこれまで実施した小テストの結果を見直して，連立方程式の文章題が苦手な生徒は，前提となる「文章から数量の関係を等式にする」ところで間違っていることに気づきました。例えば「○より△のほうが□だけ大きい」という文章を「△−○＝□」という式にできないようです。

　児玉さんは「A君のテストはx点で，B君の点数y点より10点高い。⇒ x − y ＝ 10」という例で説明した後，練習問題で「C君のテストはx点で，D君の点数y点より3点高い」というほぼ同じ状況の例を使っていました。しかし，練習とフィードバックのヒントを見ると，「練習には常に新しい事例を用いる」とあるので，練習問題を別の例にしたほうがよさそうです。そこで，「太郎の体重Xkgは，次郎の体重Ykgより8kg重い」というように状況を変えたり，文中の記号をxやy以外の記号に変えたりしようと考えました。

ストーリー2 ··

　コールセンターの研修を担当している徳村さんは，よくあるクレームはマニュアル化されている一方，特殊なケースに対応できる人材育成が急務であることから，中堅向けの新たな研修を検討しています。中堅は，話し方等の運動技能は十分であるため，高度な知的技能である「問題解決能力」を伸ばすことに着目しました。

　まず，過去の特殊なクレームとその対応事例を集め，取り急ぎ，解決できた事例について階層分析を行いました。その結果，解決の前提として，これまでマニュアル化されていなかったいくつかのルールが見出せました。

　そこで，研修では過去の事例を使って解決に導いたルールを紹介した後，別の事例についてチームで解決方法を討議する時間を設けようと考えました。「誤答の原因に応じた下位技能の復習」というヒントから，事例は難易度別に複数用意しておき，望ましい解決策が出ないチームには少しレベルを落とした事例を与え，できたら高度な事例に戻すことにしたいと考えました。さらに，研修終了後には研修では使っていない仮想事例を使って，解決方法を考える個別レポート課題を課すことにしました。

▶ 9 教授事象〈017〉, 学習成果の5分類〈076〉, 知的技能の評価方法〈078〉, 階層分析〈085〉

Tool No. 030　　　　　　　　　　　　　　　　レベル2　学びやすさ

● 認知的方略の指導方略 (にんちてきほうりゃくのしどうほうりゃく, Strategies for Cognitive Strategies)

9教授事象に基づいた「認知的方略」の教え方のヒント！

評価（事象8）	学習過程の観察や自己描写レポートなどを用いる
前提事項（事象3）	習得済の類似の方略と関連知的技能を思い出させる
情報提示（事象4）	新出方略の用い方を例示してその効果を説明する
学習の指針（事象5）	他の場面での適用例、方略使用場面の見分け方の紹介
練習とフィードバック（事象6, 7）	類似の適用例での強制的採用から自発的採用、無意識的採用への長期的な練習。他の学習課題に取り組む中での確認。

⇒全体像は「ガニェの5つの学習成果と学習支援設計の原則」〈付録〉参照
出典：鈴木，1995の表Ⅲ-2の一部を再掲

こんなときにオススメ！
「自分の学習過程を効果的にする」ことを目指した教育の設計指針になります。

どんな道具か
認知的方略は、「ある領域を学ぶ際の、学び方を学ぶ」という特徴があります。そこで、内容領域に関係のある前提知識を思い出すことが求められるため、学習課題分析に基づいて関連する言語情報や知的技能を明らかにしておきます。そして、ある領域の学習をするときに適した学習方法と、それを学ぶことの目的やその効果を説明します。学習者は、これまでの学習経験から自分なりの「学び方」を持っている場合が多いので、新しい学習方法を提示する際には、その目的や効果を十分に説明しないと採用してもらいにくいからです。その上で、学習方法を言葉で説明したり、実演して見せたり、一連のステップで学ぶ体験を与えたりします。この際に、他の場面での適用例や、新しい学習方法を使える場面の見分け方も紹介します。

　練習においては、新しい学習方法を使って学ぶ練習を繰り返す必要があります。強制的な採用から自発的な採用へ、そして無意識的採用に至るまでには、長期的な練習が必要だとされているからです。他の学習課題に取り組むときでも、新しい学習方法が使える場面ならば常に適用を促し、新しい学習方略を用いていることを確認して助言を与えます。学習者の学習過程を観察してフィードバックを与えるとともに、学習者自身に学び方を振り返るレポートを書いてもらう練習も有効だとされています。

第 3 章 「学びやすさ」の道具

利用事例 ▶▶

ストーリー１

　大学教員の大黒さんは，大学１年生を対象とした「学び方学習」の授業の改善を検討しています。これまでの授業では，ノートの取り方やレポートの書き方をテキストに従って教えてきました。大黒さんが気になるのは，学生の多くがやり方そのものは理解できるようになった一方で，自分の学び方がより効率的になったという実感までは持ってもらえていないことです。せっかく学んだスキルを，この授業の中だけではなく，他の授業での学びにも活用して効率のよい勉強をしてもらいたいのです。

　認知的方略の教え方をヒントに現状を分析すると，授業では学び方に関係するいろいろなアイデアを単に紹介しているだけになっていることがわかりました。「そういうやり方があることはわかった。でもそれを自分の勉強法として取り入れたと言えるまでに習慣化しているわけではない」というのが実態でした。強制的な採用から自発的な採用，さらには無意識的に採用するというプロセスを応援できていないからだと考えました。そこで，まず改善の第一歩として「この授業で習った勉強法を他の授業で使ってみた経験を報告する」という課題を設けてみようと思いました。授業で紹介したアイデアがどのような場面で活用できるかを考えて，実際にやってみることによって，勉強法としてのメリットを実感し，自発的な活用につながると期待しています。

ストーリー２

　ある中小企業の営業課長である浦底さんは，若手社員の仕事の進め方が気になっています。上司から指示された業務はそれなりにこなしますが，横入りの仕事など，複数の案件を抱えるととたんに効率が悪くなります。また，緊急性は低いものの今後重要になりそうな仕事を先送りにし続けている社員もいるようです。これは計画を立てて見通しをもって仕事をしていないのが要因だと考えた浦底さんは，「学び方を学ぶ」ための方略を応用して，時間管理の勉強会を開催しようと思いました。

　勉強会では，最初に自分の１週間の時間配分を振り返り，整理するワークから始めました。そして営業成績のよい社員に講師として協力してもらい，１週間のスケジュールを提示しながら時間管理がいかに重要かをプレゼンしてもらいました。勉強会の後半では講師が使っている道具（手帳など）を紹介してもらい，若手社員と一緒に使ってみる時間を作りました。この勉強会は，講師役を変えて何回か実施しました。その後，自分の好きな時間管理方法を選択して業務計画を立ててもらうことにしました。そして，毎週月曜日の朝に，先週の振り返りと今週の業務計画を発表する時間を作りました。若手社員が自然に計画を立てるようになるまで，しばらく続けるつもりです。

　▶ ９教授事象〈017〉，学習成果の５分類〈076〉，認知的方略の評価方法〈079〉，階層分析〈085〉

Tool No. 031　　　　　　　　　　　　　　　レベル2　学びやすさ

運動技能の指導方略 （うんどうぎのうのしどうほうりゃく, Strategies for Motor Skills）

9教授事象に基づいた「運動技能」の教え方のヒント！

評価（事象8）	実演させる：やり方の知識と実現する力は違う
前提事項（事象3）	習得済の部分技能やより基礎的な技能を思い出させる
情報提示（事象4）	新出技能を実行する状況を説明したのち手本を見せる
学習の指針（事象5）	注意点の指摘，成功例と失敗例の差の説明。イメージ訓練
練習とフィードバック（事象6, 7）	手順を意識した補助付き実演から，自立した実行へ。全手順ができたらスピードやタイミングを磨く練習を重ねる。

⇒全体像は「ガニェの5つの学習成果と学習支援設計の原則」〈付録〉参照
出典：鈴木，1995の表Ⅲ-2の一部を再掲

こんなときにオススメ！　「筋肉を使って体を動かす／コントロールする」ことを目指した教育の設計指針になります。

どんな道具か　運動技能を身につけるためには，思い通りに「筋肉を使って体を動かす」ことができるまで，練習をコツコツと積み重ねることが大切です。部分的な練習を何度も行い，最終的には一連の動作を素早く，正確に行う練習をすることになるため，あらかじめ手順分析に基づいて「一つひとつのステップ」をはっきりさせておきます。

　そして，最初は一つひとつのステップについて，実行する状況を説明した上で手本を見せます。実演を見せた後，適宜補助付きで実行させ，段階的に補助を少なくして一人でできるようにしていきます。ステップごとにチェックポイントを設け，各ステップが別々に実行できるようになったら，全手順を通して実行していきます。

　学習者が実行する際には，注意点を指摘し，成功例と失敗例の差をきちんと説明します。理想的な運動を見せて，それを学習者自身に置き換えてもらうイメージ訓練も有効です。一人で実行できるようになってきたら，スピード，正確さ，タイミング，スムーズさなどを磨く練習を重ねていきます。

利用事例 ▶▶

ストーリー1

　専門学校講師の堀田さんは，公務員系コースの生徒用に文書処理検定3級レベルの「タイピング」の自学自習教材を作りたいと考えています。「タイピング」は指の筋肉を使うので，「運動技能」にあたると考えました。「ステップごとにチェックポイントを設け各ステップが別々に実行できることを確かめてから全手順を通して実行させる」というヒント（左ページの解説部分）を参考にして，ビデオ教材を3つのステップに区切り，それぞれ「ステップ1」～「ステップ3」のポイントをテロップで表示してみることにしました。

　また，タイピング練習ソフトの「入力キーが強調表示されるモード」という「補助機能」は，「実演を見せた後必要ならば補助付きで実行させ，段階的に補助を少なくしていく」というヒントの「補助付き」の状態にあたるようです。あとは補助を外すタイミングが重要そうですが，これまでは自分が受講生の指使いを見てなんとなく補助機能を外すようにアドバイスしていました。そこで，3級は10分間に300文字以上の文字入力ができると合格なので，目標の半分の「10分間に150文字以上」を入力できるようになったら補助機能を外してみよう，と明確な基準を受講生に伝え，自分自身で補助機能をオフにしてもらうことで，適切なタイミングで補助を外すことを考えました。

ストーリー2

　中小の運送会社に勤務している松本さんは，新人にトラックに積んだ荷物を固定するときのロープの結び方を教えたいと考えています。

　「ステップごとにチェックポイントを設け各ステップが別々に実行できることを確かめてから全手順を通して実行させる」を参考に，ポイントを解説しながら一つひとつの手順を実演することから始めました。そして，新人に一つずつやってもらい，出来具合はロープを触りながら確認しました。たまに手を出しましたが，何度かやるうちに一人で結べるようになったので，トラックの荷台に荷物を載せてロープを結ぶ全手順を通してやってもらいました。

　一通りできることを確認した後，「理想的な運動の状態の実演を見せてそれを自分に置き換える，想像を通してイメージさせる」をヒントに，自分が短時間でスムーズに結ぶ様子を見せました。新人は，松本さんの様子を携帯端末で録画していました。そして，「たまに動画を見て，しばらく練習して，15秒以内にスムーズにできるようになったら声をかけて」と指示しました。

▶9 教授事象〈017〉, 学習成果の5分類〈076〉, 運動技能の評価方法〈080〉, 手順分析〈086〉

Tool No. 032   レベル2　学びやすさ

● 態度の指導方略 (たいどのしどうほうりゃく, Strategies for Attitudes)

9 教授事象に基づいた「態度」の教え方のヒント！

評価（事象8）	行動の観察または行動意図を表明させる場を設定する
前提事項（事象3）	選択行動の内容とその場面の情報を思い出させる
情報提示（事象4）	人間モデルが選択行動について実演／説明する
学習の指針（事象5）	選択行動の重要性についての解説，他者や世論の動向の紹介
練習とフィードバック（事象6, 7）	疑似的な選択行動場面（あなたならどうする）と選択肢別の結末の情報による疑似体験など

⇒全体像は「ガニェの5つの学習成果と学習支援設計の原則」〈付録〉参照
出典：鈴木，1995の表Ⅲ-2の一部を再掲

こんなときにオススメ！　「ある物事や状況を選ぼう／避けようとする気持ちを持つ」ことを目指した教育の設計指針になります。

どんな道具か　態度の学習には「自発的に選択する／避ける気持ちを持たせる」ために，学習者が選択しよう（避けよう）と思えるだけの材料を多角的に提供することがポイントになります。そこで「知ることは気持ちを変える第一歩」であると捉え，複合型分析に基づいて態度に関連する言語情報や知的技能，運動技能を明らかにしておきます。そして，学習者がこれらの知識・技能をどの程度持っているかを確かめ，不足しているのであれば学ぶ機会を提供します。基礎となる知識や技能の大切さを強調して説明します。

そのうえで，学習者にとって説得力のある人物・情報源が何であるかを調べ，その人物などに協力してもらい，ある場面での選択行動について実演や説明を行うのが有効です。この際に，良いとされている選択行動の重要性を解説します。また，他の人がその態度表明によって得られた良い結末を事例として紹介することで代理経験させること（人間モデリングという）も効果的だとされています。

練習においては，「この場合あなたならどうする」式の問題設定をして，良い結末／そうではない結末を疑似体験させます。異なる立場間で意見交換をして，ゆさぶりと深化を与えるのも有効です。

第3章 「学びやすさ」の道具

利用事例 ▶▶

ストーリー1

　小学校教師の三宅さんは,「物を大切に扱う気持ち」を持ち,「必要以上に新しい物を欲しがらないことを選ぶ」ような心を育てる授業をしたいと考えています。

　態度の学習に必要な分析方法は確立されていないようですが,複合型分析を参考に,目標とする「物を大切に扱う気持ち」に関連した言語情報や知的技能を洗い出してみることにしました。その結果,「物ができるまでに多くの人がかかわっていること」や「もったいない」という世界的な運動があるのを知ること,あるいは「ムダを出すことなく使い切ることができる」という技能を学ぶことが効果的ではないかと思われました。

　これらの知識や技能を教えるにあたり,「学習者にとって説得力のある人物／情報源が何であるかを調べ,それを活用する」というヒント（左ページの解説部分）を参考にしようと考えました。児童がよく知っている文房具店に協力してもらい,児童が使っている文房具がどうやって作られているか,昔の文房具と比べてどこが素晴らしいかなどを紹介し,その価値を伝えることができそうです。また,文房具の使い方の指導もできそうです。

　さらに,「他の人がその態度表明によって得られた良い結末を事例として紹介することで代理経験させる」を参考に,三宅さんが両親からもらった万年筆を大切に使おうと意識することで,字がきれいに書けるようになった話をしようと思いました。

ストーリー2

　保健師の横田さんは,地域の住民の健康診断の受診率が低いことに問題意識を持っています。「自分の体を大切に思う気持ち」を育て,「健康診断に来ることを選ぶ」ようになってほしいと考え,健康教育用の教材を作りたいと思いました。関連した知識や技能を分析してみると,「年齢によって変化する人間の体」に関する知識を学ぶことが良いのではないかと思えました。

　そこで,「学習者にとって説得力のある人物・情報源が何であるかを調べ,それを活用する」を参考に,地元出身の元プロ野球選手に協力してもらおうと考えました。元プロ野球選手の「年齢で変化する体」に関するエピソードに合わせて,専門家の立場から横田さんが解説を入れることができそうです。また,教材の最後には「この場合あなたならどうする」式の問題を作って,横田さんの解説に則った回答を続けると最後は健康になるシナリオにしてみたいと考えました。

➡ 9 教授事象〈017〉,学習成果の5分類〈076〉,態度の評価方法〈081〉,複合型分析〈087〉

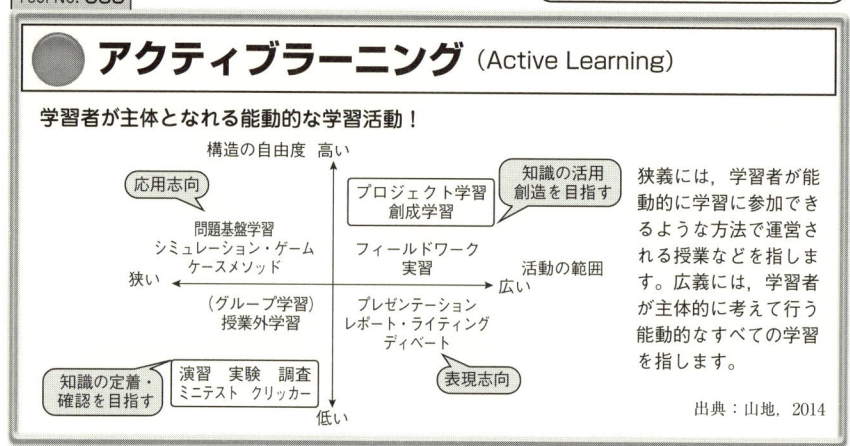

Tool No. 033　　　　　　　　　　　　　　　　レベル2　学びやすさ

●アクティブラーニング（Active Learning）

学習者が主体となれる能動的な学習活動！

```
                構造の自由度　高い
  ┌─────────┐                    ┌─────────┐
  │応用志向 │    │      プロジェクト学習  │知識の活用│
  └─────────┘    │      創成学習        │創造を目指す│
                │                    └─────────┘
       問題基盤学習
       シミュレーション・ゲーム
       ケースメソッド
           狭い                 フィールドワーク      活動の範囲
  ─────────────────────────実習─────────────────────→
                           広い
              （グループ学習）  プレゼンテーション
              授業外学習       レポート・ライティング
                              ディベート
  ┌─────────┐ ┌──────────────────┐         ┌─────────┐
  │知識の定着・│ │演習 実験 調査    │         │表現志向 │
  │確認を目指す│ │ミニテスト クリッカー│         └─────────┘
  └─────────┘ └──────────────────┘
                       低い
```

狭義には，学習者が能動的に学習に参加できるような方法で運営される授業などを指します。広義には，学習者が主体的に考えて行う能動的なすべての学習を指します。

出典：山地，2014

こんなときにオススメ！　学習者に，受け身ではなく，積極的・能動的に学習させたい場合に有効です。

どんな道具か　文部科学省の用語集によると，アクティブラーニングとは「教員による一方向的な講義形式の教育とは異なり，学修者の能動的な学修への参加を取り入れた教授・学習法の総称」とされています。汎用的能力の育成に効果があるとされ，その方法として，「グループ・ディスカッション，ディベート，グループ・ワーク等」があげられています。例えば，ペアになってお互いに話し合う「シンク・ペア・シェア」や，5〜6人で順に考えを述べていく「ラウンド・ロビン」などの汎用性の高い方法があります。

　構造化された技法としては，まず4〜6人でグループを作り，各メンバーが自分に割り当てられた学習内容を別グループで深め，元のグループに「専門家」として戻り，互いに教え合う「ジグソー法」や，賛成・反対の論拠の数を絞って行う「マイクロ・ディベート」などがあります。話し合いの技法だけでなく，お互いに書いたものを批判的に読み，コメントを交換し合う「ピア・エディティング」や，2〜3人が協力して一つの原稿を書き上げる「コラボラティブ・ライティング」などもあります。

　学習者を活性化させる学習方法はこれからも生み出されていくでしょう。見た目だけでなく，学習者の思考活動をアクティブにすることを目指すのが肝要です。

利用事例 ▶▶

ストーリー 1

　工業高等専門学校（高専）の英語教員であるキングさんは，学生たちが文系科目に根強い苦手意識を持っていることに苦戦しています。これまでもお互いに会話をさせたり，役割劇を取り入れたりなど，学生が能動的になれるような工夫（アクティブラーニング）を行ってきましたが，もう一つ興味を持って取り組めないようです。そこで，高専生が最も興味を持つアクティビティであるものづくりと英語とを組み合わせた授業を考えました。高専1年生の満足度が最も高い『ものづくり入門』の教員に相談し，その授業での会話の回数や誰と話をしているかなどを調べるため，授業を見学させてもらいました。その結果，ほぼ同じ内容の授業を英語で展開すると，実用的な英語力がつくと予想できました。

　そこでキングさんは，モノづくりをさせながら，それに関連する会話はすべて英語で行うというアクティブラーニング授業を行うことにしました。学生は授業で作成しているモノをどうしても作りたいと願っているため，モノづくりに必要な話は英語であっても積極的に行います。何よりも以前よりずっと楽しそうに取り組んでいます。

ストーリー 2

　大学教員の出口さんは，学内のeラーニング推進の動きを受けて，来年度よりeラーニングの実施を決めました。出口さんはこれまで，対面授業ではアクティブラーニングを実施してきています。通常は，4～5人で組になって話し合うグループ・ディスカッションという汎用的な手法を使うことが多いのですが，論理的な発言力を強めるためにマイクロ・ディベートを行ったり，書く力を高めるためにコラボラティブ・エディティングを取り入れたりもしています。これらの方法によって教育効果が上がっているため，これらのよさを損ねることなくeラーニング授業を展開したいと考えています。そこで，そのままeラーニングにできるかを検討しました。

　グループ・ディスカッションは，チャットまたは掲示板で実現できそうです。ただ，書くのが遅かったり，的確な表現が難しかったりする学生がいるため，スカイプ等によるディスカッションも選択肢に加えるとよさそうです。ディベートについては，素早い反論などの練習は難しそうですが，非同期のeラーニングでは逆にじっくり考えて取り組むことができるため，議論がより深まりそうです。コラボラティブ・エディティングは，そのままそっくりeラーニング化できそうですが，エディティング作業に伴う話し合いについては，別に掲示板を設けることにしました。

⇨ ジグソー法〈036〉，ブレンデッドラーニング〈046〉

Tool No. 034　　　　　　　　　　　　　　　　　レベル2　学びやすさ

● PBL （ぴーびーえる，Problem-based Learning）

PBL（問題解決型学習）は，以下の原理に従って設計しよう！

原理1	問題を選ぶ際には，真正であり，教科のカリキュラムに合致しており，その上で教科横断型の思考を促すものとすること。
原理2	チューターの役割は，学習者のメタ認知スキルと，問題解決者としての専門性とを伸ばすよう支援することである。
原理3	学習目的の達成を確かめる際には真正な評価を行うこと。
原理4	経験から学んだことを確かなものにするために，しっかりとしたデブリーフィング（報告会）を継続的に行うこと。

出典：サヴェリー，2016から抜粋

こんなときにオススメ！　PBLは，基礎的なスキルではなく，高次のスキルの学習（内容と思考方略の両方を学ばせること）に適しています。

どんな道具か　PBLは，1960年代から医学教育を中心に発展し，他の領域へ広がっていきました。カナダのマックマスター大学のハワード・バロウズがPBLの先駆者と言われています。ジョン・R・サヴェリー（2016）は，PBLの実践研究の知見を踏まえながら，PBLの設計原理を上記の4つに整理しました。PBLでは，学習者がグループで能動的に問題解決に取り組みます。問題解決を経験するだけでは何も身につかないので，継続的なデブリーフィング（報告会）や，真正な評価の機会を通して，学習成果を明確にします。

　提供される問題は多面的な視点から捉えられるもので，構造が明確ではない現実的なものがよいとされています。各グループにはチューターが配置されますが，このチューターの存在が重要です。チューターは，内容に関する熟達者である必要はありません。内容に関する問いには答えずに，問題解決に有効な方略を学習者に考えさせるようにします。グループの全員を議論に参加させるなど，チューターは一人ひとりに目を向けていく必要があります。また，学習者の様子を眺めながら，各自が成長したかどうかを判断するなど，評価者の役割を求められる場合もあります。

　なお，PBLという言葉は，プロジェクト型学習（PrBL）を示す場合もありますが，まったく別の手法なので，両者の区別を意識するようにしてください。

利用事例 ▶▶

ストーリー1

A大学では医学部1年生を対象にPBLを実施しています。取り組む問題は、56歳の女性患者が右足のしびれと散発的な目のかすみを最近訴えているという内容です。

この患者の症状について、学生たちは自分たちの知識をもとに判断して説明を求められます。患者についての情報が必要となるために、学生たちはチューターから聞き出すことができ、チューターはあらかじめ用意したケースファイルにあるもの（血圧、家族の症歴、投薬等）はすべて提供します。これは医療による診察と同じ手続きとなっています。学生がそれ以上の情報が必要になってくると、今度は各自が分担して責任をもって調べて、それを共有していきます。

この問題解決のサイクルは、この患者の診断結果と、一連の治療方針についてグループで合意がとれるまで続きます。チューターは、報告（デブリーフィング）の機会を設けて、グループが解決策にたどり着くまでにどのようなリソースを活用したか、個人やグループでたどったプロセスを自己評価させます。この報告の繰り返しを通して、今回の女性患者の事例から得られた学習成果が明確になり、得られた知識の定着がはかられます。

※サヴェリー，2016．p.161の事例を抜粋し一部変更した。

ストーリー2

A大学情報学部では、情報技術を活用して問題解決ができる学生を育てるために、3年後期にPBL科目があります。PBLの原理に従い、次のようにデザインしました。

原理1：実社会の問題に取り組ませるために、情報技術での解決を期待できそうな（ただし答えが1つに定まらない）現実的な問題を、企業から提供してもらった。情報技術の活用は学部の柱の1つであり、2年生までの必修科目が特に基盤となる。

原理2：各グループに1名ずつ院生チューターを配置した。チューターには事前に打ち合わせや簡単なロールプレイを行い、役割（情報提供者ではないこと）を意識させた。

原理3：途中に数回の小発表（形成的評価）の機会を設けた。その際に各メンバーが何に貢献したのかを明示させた。総括的評価として最終発表会の機会を設け、問題を提供した企業や問題解決の専門家などを呼んで、各グループの結果を評価した。

原理4：グループ内での報告会を隔回で設けた。自分たちの経験を振り返り、何を学んだのか、考え方は変わったかなどをチューターに報告し、みんなで考える会とした。

学生たちはこれまでにPBLの経験がほとんどなかったため、問題解決の考え方や進め方について足場かけを行う必要がありました。そこで、最初はチューターが主導をして進め、徐々にチューターからのサポートを少なくしていきました。

▶ ID 第一原理〈015〉，TBL〈035〉

Tool No. 035　　　　　　　　　　　　　　　レベル2　学びやすさ

● TBL （てぃーびーえる，Team-based Learning）

TBL（チーム基盤型学習）は，以下の4原則に従って設計しよう！

1	グループが適切に編成され，運営管理されること。
2	学習者は自分の学習とグループ学習の質を高めることに説明責任を負う。
3	教授者は，学習者に頻繁で即時的なフィードバックを与える。
4	チーム課題は学習を促し，グループの成長を促進するものにする。

出典：尾原，2009より抜粋して一部変更

こんなときにオススメ！　受講者の多いクラスでも，教員1名で（チューター無しで），グループ学習をさせることで，能動的な授業を実現できます。

どんな道具か　TBLは，1970年代に米国オクラホマ大学のラリー・K・マイケルセンが提案した，能動的な学習や知識を応用する学習に焦点を合わせた教育方法です（尾原，2009）。チューターの配置など人的コストの高いPBLに代わる方法として，医療専門職の教育に広まりをみせています。TBLは，基本的に5〜7名のチームで行われます。

進め方（尾原，2009；下図）は，まず授業の前に各自が予習をします。その後，予習内容に関する個人テスト（IRAT：Individual Readiness Assurance Test）を行います。基礎概念の理解を確認するテストですが，チーム内の議論が要求される難易度が必要になります。続いて，チームテスト（GRAT：Group RAT）として，IRATと同じ問題を今度はチームで解答し，メンバーの合意が得られるまで討論します。続いてGRATの結果について各チームからのアピールと，教員のフィードバックがなされます。そして，学習した知識を用いて問題を解決する応用課題にチームで取り組みます。最後に，経験したことの振り返りを行い，チームや各自に内省を促します。

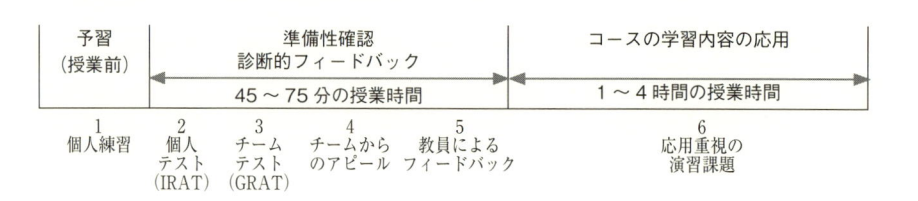

予習 (授業前)	準備性確認 診断的フィードバック 45〜75分の授業時間	コースの学習内容の応用 1〜4時間の授業時間
1 個人練習	2　　3　　4　　5 個人　チーム　チームから　教員による テスト　テスト　のアピール　フィードバック (IRAT)　(GRAT)	6 応用重視の 演習課題

利用事例 ▶▶

ストーリー1

A大学医学部では、2年前からTBLを導入しています。TBLの演習課題は、①学習者にとって重要で、②全チームが同じ問題に取り組み、③根拠をもった選択ができ、④その選択をチームが一斉に発表することが求められます。今回の課題は、高齢者へのチーム医療として、脳梗塞後の後遺症への対応としました。受講者は成績などを考慮しながら5名ずつの10グループに分け、90分授業を6回分割り当てました。

初回のガイダンスのあとで、次回までを予習期間としてeラーニングによる自習にしました。これまで学生たちが学んできた内容でしたが、全員が学習することを必須としました。2回目には、IRATをまず行い、そのあとでGRATに進みました。GRATの議論は盛り上がり、その後で各グループの結果を一斉に提示させました。ほとんど正解でしたが、少し誤解のありそうなところだけ教員が補足しました。3回目には、演習テーマを提示して、チーム内の議論がスタートしました。授業中には自由に図書館や情報端末にアクセスして調べられるようにしました。4回目と5回目は同様でしたが、4回目の時点でチームの取り組みや自分の成長に関する中間評価を行い、振り返って次につなげる機会を設けました。6回目には発表会を開催し、各チームがポスターセッション形式で成果を同時に報告しあいました。各チームはポスターを巡回して自分のチームになかった優れた点と質問したら答えにくいと思う点のメモを各チームにフィードバックしました。そのメモをもとにチームで振り返りをさせ、宿題として個人の振り返りを指示しました。

ストーリー2

M大学看護学部では、看護の実際と同様にチームで課題に取り組む経験をさせる目的を含めて、精神看護概論（2年後期、受講者80名）にTBLを導入しています。

チームは、TBLで提案されている「学生の背景調査に基づく」「無作為割り付けを行う」「能力の均一化をはかる」という条件を満たすように編成し、1チーム6～7名としました。前期の健康保健の科目や並行履修している病態論（精神疾患）の内容を予習内容とし、12問10分程度のIRATと、同様のGRATを用意しました。GRATではホワイトボードに書きながら協議して解答を合意させ、一斉に答え合わせしました。

演習課題は、神経症圏の不安状態にある看護大学生のケアをテーマにした800字程度の状況設定問題を提示しました。この演習課題に必要な知識が準備段階のテストに出題されています。各チームには、アセスメントを行い、ケア介入を具体的に考えて発表するように、模造紙を1枚配布しました。最後に、教員が用意したモデル解答も模造紙に張り出し、チームごとの答えと比較したレポートを課題としました。全部の模造紙をカメラで撮影し、Web上で閲覧できるようにしました。

※平上ら、2012、2014で紹介されている事例を参考に作成した。

PBL〈034〉

Tool No. 036　　　　　　　　　　　　　　　　　　レベル2　学びやすさ

ジグソー法 (じぐそーほう, Jigsaw)

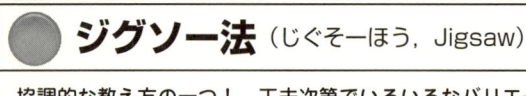

協調的な教え方の一つ！　工夫次第でいろいろなバリエーション！！

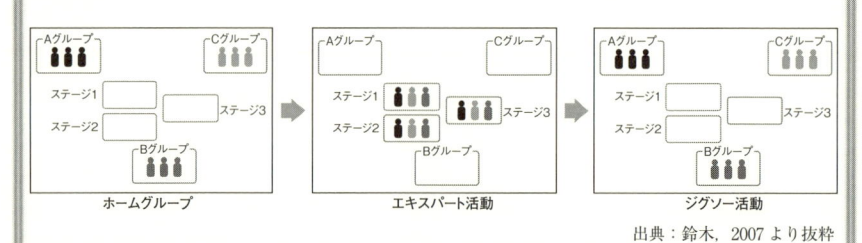

[図：ホームグループ → エキスパート活動 → ジグソー活動]

出典：鈴木, 2007 より抜粋

こんなときにオススメ！
対面研修・授業で知的な統合作業を促したいときにおすすめです。

どんな道具か
もともとは社会心理学者のアロンソンが人種融合政策に合わせて始めた教え方ですが，学習科学研究者のアン・ブラウンが，協調的な学習環境の中で知的な統合作業を促すために利用し，徐々に洗練され，広まった手法です（三宅・白水，2003, pp.74-75）。

基本的なやり方としては，一つの長い文章を複数のパーツに切り分けて，ホームグループ内の学習者一人ずつに配ります。学習者は同じパーツを担当する人同士で集まり，配られた資料を読み，勉強していきます（エキスパート活動）。一定時間後，元のホームグループへ戻って自分が担当した内容について紹介しあい，相互の共通性や相違点を比較検討していきます（ジグソー活動）。これにより文章全体の理解や，提示された高度な課題の解決に迫っていきます。ジグソー法は，最初に提示する資料の分割の仕方やグループ編成を工夫することでいくらでも応用ができるので，汎用的な協調学習の方法と言えます。

ブラウンは，学習科学の研究を進めるために現場に長く滞在し，その中で効果的な教え方を考案・実践し，ジグソー法の利用方法やタイミングを丹念に調べました。そのうちに次第に目の前にいる子どもたちに実力をつけることに関心がシフトしていったようです。

第3章 「学びやすさ」の道具

利用事例 ▶▶

ストーリー1

　中学校の社会科教諭の益川さんは、「江戸幕府の政治」について、生徒が多角的に考察する授業を展開したいと考えています。そこで、ジグソー法を取り入れてみることにしました。

　まずは「江戸幕府はなぜ260年も続いたのか？」という課題を提示しました。そしてクラスの生徒30人を3人×10班で構成し、各班に「武家諸法度」「士農工商」「鎖国」に関する3つの資料を配り、班員がそれぞれ1つの担当になるよう、指示しました。次に、「武家諸法度」「士農工商」「鎖国」それぞれのエキスパートグループに分かれてもらいました。なお、エキスパート活動を行うには1グループ10人は多すぎると思い、各資料2グループ（5人）に分けました。そして、エキスパートグループ内で資料を読み、ホームグループへ戻った時に説明するためのノートを作成させました。その後、班員がそれぞれ元のグループに戻って互いに説明しあい、知識をまとめて「江戸幕府はなぜ260年も続いたのか？」の答えを導き出してもらいました。グループの答えは、ワークシート1枚にまとめてもらうことにしました。

　最後に、グループでまとめた答えを発表する時間をとりました。1班ずつ発表させる時間は取れなかったので、2グループをペアにして発表しあう活動にしました。

ストーリー2

　大学教員の高木さんはゼミ生にもっと先行研究の論文を読んでもらいたいと思っています。指定論文を読むだけでなく、自分で先行研究を調査し、整理できるようになってほしいと考え、ジグソー法を参考にした論文講読活動を考えました。

　まず、高木さんが論文をいくつか選び、類似研究をまとめて4つのキーワードをつけておきました。次にゼミ生にくじ引きでキーワードを引いてもらい、同じキーワードを選択した学生同士でペア（またはトリオ）になってもらいました。そして次の対面ゼミの時間までに担当論文を読み、ペアごとに要約を作成する課題を課しました。なお、キーワードに該当する別の研究論文を、1人1編以上追加してもらうことにしました。

　以上の事前課題が終わっていることを前提に、対面ゼミの時間ではペアを解消して4人グループを構成し直し、各グループでお互いの担当論文を紹介しあい、相違点と類似点をまとめてもらう課題を出しました。

　この論文講読活動を3回ほど繰り返した後、先行研究を踏まえた自分の研究テーマの位置づけを、個人レポートとして提出してもらいました。

➡ アクティブラーニング〈033〉

Tool No. 037　　　　　　　　　　　　　　　　　　　レベル2　学びやすさ

● 認知的徒弟制 (にんちてきとていせい, Cognitive Apprenticeship)

師匠が弟子に教える「徒弟制」の良いところを応用しよう！

(1) モデリング	師匠が作業し，弟子は観察する
(2) コーチング	師匠が弟子に手取り足取り教える
(3) スキャフォールディング&フェーディング	弟子にやらせてみるが，一時的に師匠が手伝い，その後徐々に師匠は手を引いていく

出典：Collins, 2009, pp.43-44 を要約して表にまとめた

こんなときにオススメ！　熟達者のスキルや知識を効果的に教えたいときにおすすめです。

どんな道具か　ジョン・S・ブラウンらは，1980年代に認知的徒弟制を提唱し，学校における認知的な学習に徒弟制の良さを取り入れることが可能であるとしました（鈴木，2007）。その骨子は，以下の4点です。①学習目標について，今何を学んでおけば先に何ができるようになるか，因果的な関係を学習者がわかる工夫をする。②学習すべきことがらを学習者がすでに知っていることやできることに結びつけ，次に何をすればよいかを学習者の目からも見えやすくする。③できるかできないかをテストするのではなく，できたらなぜそれでできるのか，それができると次はどんなことができるはずかを考えるような習慣を持ち込む。④一人ではできないことには手助けを与え，まずできるようにしてから，その後で一人でもできるように導く。

認知的徒弟制では，次の段階を踏んで教えます。(1) **モデリング**：師匠は，徒弟に自分の技を観察させる。(2) **コーチング**：師匠は，徒弟に学んだ技を使わせ，その様子を観察し，アドバイスを与える。(3) **スキャフォールディング（足場かけ）&フェーディング**：徒弟が行っている作業が実行困難な場合に師匠は一時的支援（足場かけ）を行い，上達に伴って支援を徐々に取り除く（フェーディング）。学習課題によっては，「完全に自立した学習者」を目指さず，足場つきでできるようになればよい場合もあります。何のためにどんな足場を用意するか，足場をいつはずすのか（はずさないのか）の設計がポイントです。

第3章 「学びやすさ」の道具

利用事例 ▶▶

ストーリー1

　高校の国語教諭である川村さんは，小論文の指導方法を見直そうと考えています。これまでは，テーマを与えて小論文を書かせ，添削することを繰り返していました。認知的徒弟制の骨子をヒントに，4つの改善を考えてみました。

① 小論文では，芸術的な物語を書く力ではなく，論理的な思考力が試される。長い課題文を読ませ，その理解に基づいて論じさせるものも多い。そこで，小論文を「書く」スキルを身につける前に「読む（読解）」スキルを学んでおくとよいと伝える。

② 小論文の課題でよく使われる新聞の社説を渡し，筆者が主張したい箇所に線を引き，要約文を書く練習を勧める。線を引く際は，国語の授業で紹介した3色ボールペン方式が使えることを思い出させる。

③ 要約文には，「なぜそこが重要だと思ったのか」の理由も添えてもらう。

④ 要約文の添削指導を行う。要約ができるようになったら，著者の主張と照らして自分の意見を簡潔に書く練習に進む。最後にテーマを与えて小論文を書かせる。テーマを変えて添削指導を繰り返し，十分書けるようになったらやめる。

ストーリー2

　ある企業の企画部門で働いている北村さんは，新入社員のプレゼンテーションスキルを向上させたいと考えています。新入社員は，直接話してみると面白いアイデアを持っているのに，それを企画書としてまとめ，上司や幹部へわかりやすく説明するスキルがまだ不足していると感じています。そこで，認知的徒弟制の教え方を踏まえて，3段階の指導を考えました。

(1) モデリング	企画部門でプレゼンがうまい何人かの社員のプレゼンテーションを動画に撮影し，新入社員に繰り返し見せる。プレゼンに用いた資料も自由に閲覧できるようにする。
(2) コーチング	新入社員にプレゼン資料を作成してもらい，実際にプレゼンテーションをさせる。BさんおよびベテラН社員がアドバイスを与える。
(3) スキャフォールディング＆フェーディング	部門内で，新入社員に商品企画のプレゼンテーションをしてもらう。質疑応答などで新入社員が戸惑った際は，「君はこういう点を主張したいのかな？」などと助け船を出す。徐々に助言を減らし，最後は一人でプレゼンテーションをさせる。

Tool No. 038

レベル2　学びやすさ

● 学校学習の時間モデル (がっこうがくしゅうのじかんもでる, Model of School Learning)

学習に必要な時間が，一人ひとり異なるという前提で何が工夫できるかを整理したモデル！

$$学習率 = \frac{学習に費やされた時間}{学習に必要な時間} = \frac{学習機会 \times 学習持続力}{課題への適性 \times 授業の質 \times 授業理解力}$$

出典：鈴木, 1995, 第1章

こんなときにオススメ！　同じ学習課題でも，学習者によって成績の差が大きいときに活用します。

どんな道具か　ジョン・B・キャロルは，1963年に成績の差は学習者の能力差ではなく時間差であると発想を転換することを提案しました。課題達成の度合い（テストでの成績＝学習率）は，ある学習者がその課題を達成するのに必要な時間に対して，実際にどれだけ勉強に時間を使ったかの割合で表現できるとして，上述の式を定義しました。必要な時間をかければ誰でも学べるというこの考え方は，完全習得学習の基盤となり，飛び級・落第という制度につながりました。また，学習率を高めるためには，学習に必要な時間（分母の3要因）を減らす工夫と，学習に費やされる時間（分子の2要因）を増やす工夫ができることから，IDの前提となるモデルです。

学習に必要な時間を左右する要因	課題への適性	理想的な学習環境において，ある学習者が課題達成にかかる所要時間。短時間なら適性が高い。
	授業の質	教師自身が実施する授業だけでなく，教科書，問題集，コンピュータ教材などにも当てはまる。質が高い授業は短時間。
	授業理解力	授業の質の低さを克服する学習者の力。一般的な知能と言語能力が高いと，授業理解力も高い傾向がある。
学習に費やされる時間を左右する要因	学習機会（許容された学習時間）	ある課題を学習するためにカリキュラムの中に用意されている授業時間。
	学習持続力（学習意欲）	与えられた学習機会のうち，実際に学ぼうと努力して，学習に使われた時間。使われた時間の割合が高ければ高いほど学習持続力が高いとみなす。

出典：鈴木, 1995, 第1章を要約して表にまとめた

利用事例 ▶▶

ストーリー1

小学校教師の影戸さんは，児童の成績に差がある算数の授業改善を検討しています。算数が得意な児童と不得意な児童がいるので，バラツキがあるのは仕方がないと思っていたのですが，これはキャロルの時間モデルで言えば「課題への適性」にあたる問題のようです。つまり，苦手意識があってこれまで算数の勉強をあまりやってこなかったことが次の学習に必要となる時間を増やしているようです。

そこで，算数が不得意な児童は，わかっていることとわからないことがはっきりしない傾向があると感じていたので，個人差への対応例〈付録〉を参考に，授業の始めに前の時間の確認テストをしてはどうかと思いました。また，確認テストをすることはあらかじめ児童に伝えておき，前の時間の終わりに宿題として類題のプリントを渡すことで「学習機会」を増やすことにつなげようと考えました。さらに，「課題への適性」をある程度そろえた授業でも，よりわかりやすい授業づくりで「授業の質」を高め，「授業理解力」が低い児童でもついてこられるよう工夫しようと決意しました。

ストーリー2

ある病院で新人看護師研修を担当している荒井さんは，集合研修の時間をもっと短時間にして，効率よく学べないかと考えています。時間モデルによると，「授業の質」が高いと短時間で終えられるようです。そこで授業の質を高めるためのヒント集〈付録〉を参考に，研修の骨格を整理し，新人研修で本当に教えたい内容だけに絞ることから始めました。その結果，これまでの研修には新人には不要な内容がかなり含まれていることに気づきました。次に厳選した内容について，1回分の学習が次の学習の導入になるように，研修全体を順序立てて構成していきました。研修の全体像が見えてきたので，研修で使う教材も整理しました。それまでは担当講師ごとにそれぞれ資料を配布していたのですが，今回整理した研修の全体概要とすべての教材・資料を研修開始前に渡し，全体的な見通しをもって研修に参加してもらおうと考えました。

また，時間モデルによると学習に費やされる時間を増やすことも効率化につながりそうです。そこで，集合研修時間外に「学習の機会」を用意するため，eラーニング教材を用意しました。基礎的な内容に関するクイズを用意し，自動採点と解説のフィードバックで事前に自己学習をしてきてもらいます。また，eラーニング上の掲示板で質問を受け付け，集合研修で補足説明をしようと考えました。

▶ 完全習得学習〈039〉，PSI方式：個別化教授システム方式〈041〉，キャロルの時間モデルに基づく個人差への対応例〈付録〉

Tool No. 039　　　　　　　　　　　　　　　　　レベル2　学びやすさ

● 完全習得学習 (かんぜんしゅうとくがくしゅう, Mastery Learning)

一人ひとりが基礎的な知識・技能を完ぺきに習得するための方法！

1. その学習単元において達成されるべき目標群を明らかにする。
2. すべての子どもたちが達成すべき最低到達基準（マスタリー基準）を定める。
3. 各目標のどれがすでに達成され，どれが未達成であるかを明らかにし得る形成的テストを作成し，使用する。
4. 各目標が未達成である場合に与えるべき教材や治療的指導について準備し，形成的テストの結果が明らかになった各学習者の課題達成状況に応じてそれを与える。

出典：鈴木，2007 から抜粋

こんなときにオススメ！　一斉授業において，クラス全員に，最低限の学習目標をクリアしてほしいときにおすすめです。

どんな道具か　ベンジャミン・ブルームやその弟子たちは，<u>学校学習の時間モデル</u>に基づいて，一斉授業であっても個人の学習ペースに合わせて基礎学習を完全にマスターしてから次に進むための方法を考えました。まずは事前に学習目標と最低限の到達基準を明確に決めておきます。そして一斉授業の適当な時期に，診断的な目的でテストを行い（このテストのことを「形成的テスト（Formative Test）」と呼びます），形成的テストの結果によって，学習者の目標達成状況に応じた治療的な指導をするというやり方です。なお，形成的テスト後には下表の4種類の指導が考えられるとされています。一区切りの学習単位のレベルによって，適したモデルが違う点に注意しましょう。

機能モデル	特徴	授業	単元	学期・学年
A. 再学習	同じ課題をもう一度学習させる。再学習を必要としない者には深化学習を組み合わせる。	○	○	
B. 補充学習	個々の学習者が目標到達の不十分な部分について補充的な学習を行わせる。不必要な者は A. と同じ。		○	
C. 学習調整	教授・学習活動の展開のテンポや方向を調整する。	○		○
D. 学習分岐	個々の学習者の適性や前提能力等によりグループ分けして異なった学習課題（発展学習）を与える。		○	○

出典：梶田，2010 の表 3-1 を 4 つのモデルにまとめて特徴を追加

第3章 「学びやすさ」の道具

利用事例 ▶▶

ストーリー1 ···

　小学校教師の影戸さんは，少なくとも最低限の基準を全員がクリアして次の単元に進むことができる授業づくりを目指し，まずは個人差が大きい算数の授業改善を検討しています。算数の学習単元ごとに達成されるべき目標群は明らかなので，各目標における最低の合格基準を定めることから始めました。具体的には，毎回の授業で使うテスト問題を見直し，どのテストも60点で合格になるように調整しました。そして，60点未満の児童に渡す，再学習のための補助教材を作ることにしました。

　また，60点以上を獲得すると次のステップに進めることを可視化するため，児童一人ひとりにスタンプラリーのような進捗確認カードを作ろうと考えました。進捗確認カードは1単元につき1枚用意し，単元の区切りがわかるようにしました。進捗確認カードによって，児童が最終的なゴールと自分の進度をいつでも把握し，やりがいを持って取り組んでもらうことを狙いました。同時に，教師も児童の進捗を把握しやすいので，補助教材に取り組んでもなかなか次に進まない児童には個別指導をしようと考えました。一方で，進捗確認カードのゴールに達した児童には，深化学習として応用問題を与えようと思いました。

ストーリー2 ···

　ある飲食店でアルバイト教育を担当している山田さんは，繁忙期に採用する臨時アルバイトに，最低限のスキルを身につけて現場に立ってほしいと考えていました。そこで，完全習得学習モデルを参考に，アルバイトが担当する「皿洗い」の業務で最低限必要なスキルを洗い出しました。その結果，洗浄機を正しく使えることと，皿の種類と置き場所を覚えて洗い終わった皿を確実にしまうことの2つに絞ることができました。

　次に，形成的テストとしてチェックリストを作成し，洗浄機は手順を1つも間違えないこと，お皿は少々違う場所に片づけてもよいとして10種類中8種類を正しく片づけること，を合格ラインとしました。その後，新しく採用した5名に対して，説明と練習の時間を少しとった後，形成的テストを実施しました。その結果，4名は合格だったので早速現場に入ってもらいました。1名は皿の片づけが不合格だったので，再学習の時間を作り，皿と片づけ場所をもう一度覚え直してもらうことにしました。

➡ 学校学習の時間モデル〈038〉，PSI方式：個別化教授システム方式〈041〉

Tool No. 040　　　　　　　　　　　　　　　　　　　レベル2　学びやすさ

● プログラム学習の5原則
（ぷろぐらむがくしゅうのごげんそく, Five Principles of Programmed Learning）

行動主義心理学を踏まえた学習支援の原則は今でも使える！

原理	内容
積極的反応の原理	学習者がどの程度理解したかは，問題に答えさせて判断する。外に出してみることではじめて学習の程度が判明すると考えよ。
即時確認の原理	学習者の反応の正否をすぐ知らせる。学習者は，自分の反応が正しかったかどうかを知った上で，次の反応を要求されるようにせよ。
スモールステップの原理	学習者がなるべく失敗しないように，学習のステップを細かく設定する。失敗をするとそれが定着する危険性があると考えよ。
自己ペースの原理	学習者個々が自分のペースで学習を進められるようにする。適当なスピードは学習者それぞれによって異なると考えよ。
学習者検証の原理	プログラムの良し悪しは，専門家が判断するのではなく，実際に学習が成立したかどうかで判断する。そのためには，未学習の協力者に開発中のプログラムを試用してもらい，必要に応じて改善せよ。

出典：鈴木，2004，第4章，表4-4を再掲

こんなときにオススメ！　自己学習・個別学習用のeラーニング教材を作るときに参考になります。

どんな道具か　行動主義心理学では，整えられた条件の中でどのぐらいの数だけ反応練習をしたかが学習効果を規定していると考えます。正しい反応には必ずそれを「強化」するためのフィードバックが与えられるべきであり，その学習のプロセスを保障するためには個別学習が基本となるという考えが，1～4番目の原則に表れています。最後の「学習者検証の原理」は，現在でもIDプロセスにおける「形成的評価」ないしは，「フィードバックと改善」の考え方に継承されています。スモールステップの原理は「失敗から学ぶ」ということを重視する近年の学説ではその適用範囲が限定的だとみなされるようになりましたが，それ以外の原則は今でも使えるものです。

第3章 「学びやすさ」の道具

利用事例 ▶▶

ストーリー1

中学の英語教師の羽田さんは，英単語暗記用のeラーニング教材を作ってみたいと考えています。プログラム学習の5原則に当てはめて，教材を設計してみました。

原理	内容
積極的反応の原理	日本語を表示して英単語を入力する問題と，音声を流して英単語を入力する問題の2種類を作って，ライティングとリスニングの理解の程度を測る。
即時確認の原理	問題は1単語ずつ表示させ，入力後に「解答」ボタンを押すと，すぐに正誤判定結果と正答が表示されるようにする。
スモールステップの原理	中学1年生で覚えるべき英単語（英検5級レベル）は約600語。1回につき5問×2種×120回で構成する。だいたい教科書に登場する順番に並べて，無理なく少しずつ学べるようにする。
自己ペースの原理	1回分が終わったら「次の回」と「終了」の2つのボタンを表示し，進むこともやめることもできるようにする。1日1回を目安として示すが，もっとやってもよいことをアドバイスする。全120回のどこまで終わったかがわかるような目次を用意する。
学習者検証の原理	教材の試作品ができたら，協力してくれる生徒を募って試しにやってもらう。生徒の意見を踏まえて改善する。

ストーリー2

看護専門学校講師の三宮さんは，学校で導入した看護師国家試験対策用のeラーニング教材が学びにくいような気がしています。プログラム学習の5原則を参考にして改善点を探ってみようと思いました。

教材には，過去8年分の試験問題（全1,920問の多肢選択式問題）が用意されていて，「年度別」「科目別」で問題を解くことができます。年度別を選択すると午前120問・午後120問が一気に表示されます。科目別でも同様に100問程度が表示されます。「スモールステップの原理」に基づくと，科目別をさらに細かい領域に分け，10問程度ずつ解く反復練習モードもあるとよいと思いました。

また，解答後に○×判定と全体的な解説が表示されます。学習者が選択した選択肢に「なぜ正解か」「なぜ間違いか」という解説もあれば，きめ細かいフィードバックになると思いました。これは「即時確認の原理」に当てはまりそうです。

➡ ドリル制御構造〈050〉，形成的評価〈065〉

Tool No. 041　　　　　　　　　　　　　　　　　　レベル2　学びやすさ

● PSI方式：個別化教授システム方式
（ぴーえすあい：こべつかきょうじゅしすてむほうしき, Personalized System of Instruction）

完全習得学習の発展形で，全員に最低限の学習目標をクリアしてほしいときの教え方！

1　綿密に設計した独習教材とテストを用意する
2　独習教材を使って，学習者個人が自分の学習ペースで学習を進める
3　各単元の内容を完全にマスターしたことを，＜プロクター（学習指導員）＞がテストをして確認する
4　講義は主として動機づけのために行う

出典：向後，1999を要約

こんなときにオススメ！　一斉授業において，クラス全員に，最低限の学習目標をクリアしてほしいとき。独習教材，テスト，プロクターが準備できるとき。

どんな道具か　PSI方式は，完全習得学習の発展形です。1960年代にF・S・ケラー（ARCSモデルのケラーとは別人）によって提案され，主に高等教育機関で実践されてきました。

　教員のメインの仕事は，教材とテストの準備です。独習教材は既存のものでも結構ですが，適切な教材が見つからなければ作ります（作り方は，『教材設計マニュアル』（北大路書房　2002年）を参照）。現在であれば，紙の教材ではなく，eラーニングコンテンツを用意してもよいでしょう。テストは最後に1つだけまとめのテストを用意するより，単元ごとに用意することで学習者の進捗の度合いをこまめに確認します。

　教材とテストが準備できたら，学習者に自分のペースで学習をしてもらいます。学習者が「できるようになった」と思った時点で，プロクターのところに来てもらい，テストを実施します。プロクターは教員が担当してもいいですが，（学習者の）先輩学生や，クラスの中で先に合格した学生でもいいでしょう。テストに合格なら次へ進ませ，不合格だった場合は，もう一度教材に取り組むように指示するか補習教材（または指導）を与えます。そして，合格するまで何度でもテストに挑戦してもらうことで，完全習得学習となります。一斉講義は動機づけ目的で行います。教材がメインであり，講義はあくまで補助的な位置づけです。

利用事例

ストーリー 1

　早稲田大学の向後千春先生は，統計学や C 言語の Web 教材を開発し，実際に PSI 方式で授業実践を行いました（向後, 2006）。ここでは統計学の授業を紹介します。

　統計学 PSI コースは，教育学部 1, 2 年生を対象とした統計学の入門コースです。大学生の卒業論文で使うことが予想される基本的な検定手法（t 検定，分散分析，相関など）を 15 週で学習します。1998 年度から 2002 年度までの 5 年間で実施され，毎年の受講生はおおむね 40 名程度でした。

　授業はパソコン教室で行われ，すべての授業で CD-ROM 教材を使用しました。教材は 2016 年 2 月現在でも閲覧できます（http://kogolab.chillout.jp/elearn/index.html）。

　プロクターは 4〜5 人用意しました。教材は単元ごとに通過テストが用意されており，個別に通過テストを受け，合格すると次の単元に進むことができました（プロクターが合否判定）。また，決められた日に中間テストと最終テストを実施しました。これは受講生の自己ペースを尊重しつつも，学習を先送りにしてコースを最後まで終えられない事態を防ぐためです。

　教員の主な役割は，コース全体の設計，独習用教材の開発，通過テストや中間・最終テストの作成でした。これらは授業前にほとんど完成していました。教員は，授業中は動機づけ目的の短い講義と，プロクターのケアを行いました。また，進度表やシャトルカード（大福帳）を使って，学生の進捗を把握し，必要に応じて学生を励ましたそうです。

ストーリー 2

　ある企業で新商品の導入研修を担当している伊藤さんは，PSI 方式を参考に，これまで対面で行っていた研修をオンライン化したいと考えています。そこで，これまで対面研修で使っていた教材を LMS（Learning Management System）に掲載するコンテンツとして作成しなおし，ある期限内ならいつでも利用可能にすることとしました。また，商品知識に関する「通過テスト」も作成しました。最後に，各部署で 1 名ずつプロクターを用意してもらい，プロクターに「通過テスト」を渡し，テストだけは対面で実施することを考えました（カンニング防止のため）。加えて，受講者およびプロクター向けの「実施ガイド」を作成することとしました。PSI 方式に慣れていない受講者やプロクターは，戸惑うと思ったからです。特にプロクター向けの実施ガイドには，テストに不合格だった場合に答えを教えるのではなく，これまでの関連商品と新商品の類似点・相違点など，ポイントをアドバイスしてほしいことなどを明記し，誰がプロクターになっても確実に完全習得学習が成立するように配慮しました。

➡ 学校学習の時間モデル〈038〉, 完全習得学習〈039〉

Tool No. 042

レベル2　学びやすさ

● シャトルカード(大福帳) (しゃとるかーど(だいふくちょう), Shuttle Card)

受講者・講師間をシャトルのように行き来するコミュニケーションツール！

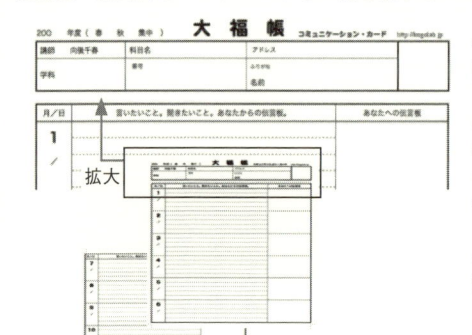

毎回授業の終了直前に受講者が授業に関する意見や感想について記入するカード。回ごとに別のカードを使用するのではなく、15回（大学の一般的な授業の場合）のすべてが一覧できる1枚のカードを使うことが特徴。受講者が記入した内容について、講師はコメントを書く、あるいは、「見た」という印の印鑑を押すなどのフィードバックを返す。

出典：向後, 2006

こんなときにオススメ！
特に連続した学習講座において出席への動機づけに有効です。受講者は自分自身の出席状況を把握できます。

どんな道具か
主に講義型の授業において、講師・受講者間のコミュニケーションのために使われるツールの一つです。受講者・講師間を行き来するという特徴からシャトルカードと呼ばれています。あるいは、江戸時代の金銭出納帳の順次記入という特徴から織田揮準が大福帳と命名しました。受講者は授業の終了直前に150字程度の感想などを書きます。書いてもらう内容は、クイズや問題でもよいし、講義の重要点でもかまいません。講師はフィードバックを記入し、次回に返却します。

「講義の終わりには、シャトルカードに記入する」という意識を持つことによって、受講者はカードに何を書くかを考えながら聞くため、結果として講義内容をよく聞くという効果が生じます。また、欠席した回は空欄のまま残るので受講側は自分の出席状況をモニターでき、休んだ回の内容を復習しやすくなるというメリットも生じます。シャトルカードは代理記入のコストがかかりすぎるため（同じことを書くと簡単に見破られるなど）不正にくくなり、出席確認にも使えます。講師側は、受講者の多くが記入した疑問点などを使って次回の授業を展開することもできます。

利用事例 ▶▶

ストーリー1

　大学教員の根本さんは，初めて大人数の講義を担当することになりました。これまでの少人数講義では，学生一人ひとりとしっかりコミュニケーションが取れており，学生の反応を次回の授業に役立てることができていました。しかし，大人数では一人ひとりと話ができるわけではありません。積極的に発言をする少人数の学生の反応だけを頼りに次回の授業の準備をしてよいのかどうか，迷いを感じています。他の授業を見学したところ，授業の終了間際に小さな紙を配り，感想などを書かせていました。そのやり方を見て，いろいろなツールを調べた結果，広い範囲の学生からの反応を集めるためにシャトルカードを導入することにしました。

　そこで，毎回の授業内容についての簡単な理解度チェックの質問を用意しておき，その答えをカードに書かせることにしました。授業の最後の5分程度で済むこともわかりました。シャトルカードを確認することにより，次の回の授業展開が容易になりました。また，簡単ながら毎回フィードバックを返すことにより，学生が熱心に授業を聞くようになりました。学生のほうも，自分の欠席した回が目に見えるようになり，復習をするようになりました。さらに嬉しいことに，シャトルカードは全回を一覧できるようになっているため，皆出席を目指す学生も出てきました。

ストーリー2

　大学教員の後藤さんは，学生とコミュニケーションを取るため，毎回，出席カードを書かせています。授業の終了直前に学生にA5大の紙片を配り，感想や疑問を書かせ，回収しています。しかし，感想は「おもしろかったです」「新しいことを知れました」など，言わば，その場に存在していたことを示すだけのものがほとんどで，コミュニケーションの効果を感じられません。回収した紙片にコメントを書いて返したこともありますが，授業終了後，それが教室の床に落ちていることもしばしばです。

　そこで，シャトルカードを取り入れることにしました。書かせる内容は授業の感想・疑問と，内容は以前と変わりませんが，15回のどこまで進んでいるか，前にどんなことを書いたかを，学生自身が毎回確認できるため，感想・疑問がより具体的なものになりました。また，シャトルカードは授業時間以外，いつも後藤さんの手元にあり，授業の進め方を考えるときに学生の感想・疑問をさかのぼって参照しやすくなりました。後藤さんは，15回全回が終わったらシャトルカードを学生に返却するつもりですが，学生がこの授業での学びを他の科目の学びと統合して役立てるような仕組みが作れたらなあと考えています。

Tool No. 043　　　　　　　　　　　　　　　　　　レベル2　学びやすさ

● 先行オーガナイザー (せんこうおーがないざー, Advance Organizer)

新しいことを教える前に，枠組みを示そう！
- 説明オーガナイザー・・・新しく教える内容の全体的な要約や概念構造
- 比較オーガナイザー・・・学習者がすでに知っている知識や概念

こんなときにオススメ！　親しみがある内容で，なおかつ正解があることを教えたいときにおすすめです。

どんな道具か　先行オーガナイザーとは，学ばせたい知識を整理したり対象づけたりする目的で，当該知識に先立ち（先行して）提供する枠組み（オーガナイザー：組み立てを助けるもの）を指します（鈴木，2007）。心理学者デイビッド・オーズベルによって提案された教授法で，最も有名な例は，仏教を学ぶアメリカ人学生に対して，より身近なキリスト教についての知識を想起させ，仏教の○○はキリスト教では△△にあたる，という具合に比較して説明したものです。ここでは，学ばせたい知識＝仏教のことに対して，あらかじめ思い出させたキリスト教の枠組みを「先行オーガナイザー」と呼びます。

　岸（2000）によると，先行オーガナイザーには2つのタイプがあります。説明オーガナイザーとは，新しく教える内容の全体的な要約や概念構造を先に示すことで，学習者は見通しをもって学ぶことができるとされています。一方，比較オーガナイザーとは，学習者がすでに知っている知識や概念を改めて示すことで，新しい学習内容と比較・対照させることによって学習を促進します。前述のキリスト教の例は，比較オーガナイザーと言えます。

　先行オーガナイザーは，「有意味受容学習(Meaningful Reception Learning)」といわれる種類の学習において効果を発揮するとされています。「無意味」なことを機械的に記憶するのではなく，自分にとって親しみが持てる内容を扱う場合（すなわち「有意味」）で，かつ，様々な事例を与えられて「ああでもない，こうでもない」と自分で枠組みを探し，創り出していくタイプの学習（発見学習と呼ばれる）ではなく，正解を整理した形で「受容していく学習」です。

利用事例

ストーリー1

　中学校で英語を教えている新人教師の荒川さんは，長文読解の授業をもっとわかりやすくするために，先行オーガナイザーを利用してみようと思いました。

　これまでの長文読解の授業では，一文ずつ順に解説をしていました。しかし，順を追って解説をする前に，最初に全体のストーリー展開を示す絵を5〜6枚見せてはどうかと考えました。この授業の最初に示す「絵」が先行オーガナイザーであり，特に説明オーガナイザーにあたると考えました。生徒は最初にストーリーの全体像をつかむことができるため，その後に各文や単語間の関係が把握しやすくなり，理解が進むのではないかと思いました。

　さっそく次の授業に向けて，ストーリー展開を示す絵を作成してみようと思いました。

ストーリー2

　中堅看護師の星野さんは，職場で新人の山下さんの指導担当になりました。山下さんは少し人見知りのところがあって，新しい患者さんの担当になると緊張してミスを重ねてしまうようでした。星野さんは，山下さんのミスを見つけるたびに丁寧に指導していましたが，あまり効果がないようでした。そこで，先行オーガナイザーの考え方を参考にして，指導の仕方を変えてみました。

　山下さんが担当する病室に新しい患者さんが入ることが決まったら，以前担当した似たような病状の患者さんを例にあげ，山下さんにその患者さんがどのような様子だったか，どんなケアをしたかついて思い出してもらい，星野さんが話を聞く時間をとるようにしました。その上で，星野さんは以前の患者さんと，新しい患者さんの違いを説明し，新たに起こりそうな問題を示しました。そして，以前と同じケアでよさそうな点，異なる点を一緒に整理しながら，山下さんに看護計画を立ててもらいました。その後，何回かこの方法を繰り返してみると，山下さんのミスが減ってきたように感じています。

　星野さんは，「山下さんが以前に担当した患者に関する知識」が，先行オーガナイザー（比較オーガナイザー）にあたると考えました。山下さんはすでに知っている知識を冷静に思い出すことで，新しい内容と比較しながら学ぶことができたため，以前より慌てずにケアできるようになったのではないか，と星野さんは思いました。

Tool No. 044

レベル2　学びやすさ

多重知能理論 (たじゅうちのうりろん：Multiple Intelligence)

人の知能は一つのIQテストで測れるものだけではない！

1	言語的知能	話しことば・書きことばへの感受性，言語学習・運用能力など（作家や演説家，弁護士など）
2	論理数学的知能	問題を論理的に分析したり，数学的な操作をしたり，問題を科学的に究明する能力（数学者や科学者）
3	音楽的知能	リズムや音程・和音・音色の識別，音楽演奏や作曲・鑑賞のスキル（作曲家や演奏家）
4	身体運動的知能	身体全体や身体部位を問題解決や創造のために使う能力（ダンサーや俳優，スポーツ選手，工芸家）
5	空間的知能	空間のパターンを認識して操作する能力（パイロットや画家，彫刻家，建築家，棋士）
6	対人的知能	他人の意図や動機・欲求を理解して，他人とうまくやっていく能力（外交販売員や教師，政治的指導者）
7	内省的知能	自分自身を理解して，自己の作業モデルを用いて自分の生活を統制する能力（精神分析家，宗教的指導者）
8	博物的知能	自然や人工物の種類を識別する能力（生物学者や環境・生物保護活動家）

出典：http://sky.geocities.jp/society_of_mile/page007.html

こんなときにオススメ！　教え方のパターンが偏っていると感じたとき，8種類の知能から教育方法を見つめ直してみましょう。

どんな道具か　1983年に心理学者ハワード・ガードナー（2003）によって提唱された理論で，知能には「いろいろな」知能があり，人間はそれぞれに，そのいずれかに優れていたり苦手だったりするのだというものです。多くの教育者たちが注目してきた理論です。

　人は問題解決をするための異なるレパートリーを複数持っているという考え方は，一つの解を得ようとするときに複数のルートがあると考えるインストラクショナルデザインの考え方との共通点があります。学習者のおかれた環境などにもよりますが，一方向だけのアプローチではなく，複数の知能を用いた教え方を提供することも考えられそうです。レイヤーレベル0のツールとして考えるのであれば，学習者の得意・不得意をこの8つの知能で検討し，それぞれに合った学びを提供するための現状分析のツールとしても活用できそうです。

第3章 「学びやすさ」の道具

利用事例 ▶▶

ストーリー1

　リンカーン小学校の4年生担当教師で構成されたチームでは，社会科のカリキュラムの中で学習した「社会構造」に関する知識を活用する真正の問題の学習として，子どもたちが「会社を経営する」課題を開発しました。この学習では，すでに社会科のカリキュラムで学習した複数の知識を活用することが意図されています。

　会社経営の課題の中では，「経営」「広報と販売」「グラフィックアート」「会計」「監査と開発」の5つの役職が設定され，それぞれの役職に求められる資質や能力の基準や，内容の説明などが用意されています。子どもたちはその基準や説明を踏まえてどの役職になるかを申請し，最終的には教師らが面接等を通じて割り当てました。学習は4週間継続され，子どもたちは自分の役職に求められた活動に必要な専門知識や技能を習得しながら取り組みました。一人ひとりの子どもが自分の才能や特徴，興味に即して会社の経営に貢献する機会が与えられているのが特徴です。

　ガードナーは，知能は文化的な場面で活性されるものと考え，自然な場面での学習環境と評価が重要だと説いています。本ストーリーはそれぞれの知性を伸ばすための文脈を生かした学習と評価の良い事例でしょう。

＊中野・柴山, 2012を参考に作成

ストーリー2

　企業研修担当の前田さんは，これまでの研修のやり方を打破したいと苦しんでいました。内容は充実していても知識注入型の研修そのものが現場にとってどれだけ役に立つか疑問だったからです。そのような折にネットで書籍を検索していると，MI（多重知能）理論について書かれているページを見つけました。人には複数の知能が存在し，それらを個人ごとに駆使して活用することで成果を得ることができるとのこと。人の多様性を受け入れて教育やその評価を考えていく必要があることについて再認識しました。これまでの研修は，効率的な業務プロセスや重要知識の定着に焦点化され，参加者は与えられたやり方をマスターすることが大事だとされていました。そのため，個人の能力を最大限に生かすという考え方は重視されていませんでした。

　とりあえず前田さんは研修の改善案を一つ考えました。新人研修でのプロジェクト体験です。本研修では企業での製品販売を体験しますが，これまでは3タイプの販売方法を現場で体験してもらうものでした。先輩社員の指導のもと，その指示通りに活動をしていました。それを，販売の企画から実際の販売までをプロジェクトとして新人自ら取り組む内容に変え，求められる役割を複数用意し，期限までに販売までの計画を立ててプレゼンさせるように変更しました。チーム力なども問われますが，それ以外にも社員個々の特徴が際立ち，人事配置の検討にも使われるようになりました。

Tool No. 045　　　　　　　　　　　　　　　　　　レベル2　学びやすさ

学校の情報技術モデル
（がっこうのじょうほうぎじゅつもでる，Information Technology Model of School）

情報活用力を育てる学校教育のモデル！

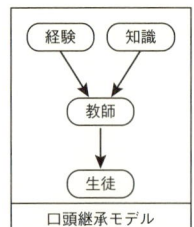

口頭継承モデル	現在のモデル	情報技術モデル
経験・知識→教師→生徒	経験・知識→経験→生徒⇔生徒	経験⇔知識データベース・エキスパートシステム⇔生徒⇔生徒
教師の口頭による，のちに教科書等の使用を含めた，限られた知識，経験の一方的な伝達；生徒の活動は評価されるため	情報の伝達者及びゲートキーパーとしての教師；過去60年余の社会的要請に応えてきた；生徒間の相互作用は二次的なもの	応答的環境での生徒間，対機械，対人間教師の相互学習；教師による基礎情報の提示を回避し，機械にできない部分を担当

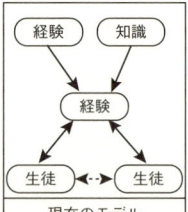

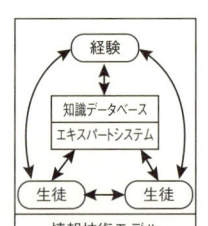

出典：鈴木, 1995, 図IX-1

こんなときにオススメ！　講義をやめて，活動的な授業を展開する際の教師の位置づけとして参考になります。

どんな道具か　フロリダ州立大学教育工学センター長（当時）のロバート・ブランソンは，1990年に情報社会における学校のあり方として，学校の情報技術モデルを提案しました（鈴木, 1995）。現在の学校モデルで中心的な「情報コントロールタワー」としての教師は姿を消し，代わりに情報技術で実現した「知識の貯蔵庫（データベース）」とコンピュータ上に実現した種々の「専門家（エキスパート）システム」を子どもと教師が取り囲んでいる姿が描かれています。教師によって設定された問題をめぐって，子どもたちは自分に必要な情報を「専門家」からアドバイスを受けたり，「貯蔵庫」から自分であるいは仲間と探りながら，加工し，自分たちなりの情報を作り出していきます。

　ブランソンは，「情報技術モデルの学校では，機械システムからまず学ぶ経験を可能な限り子どもたちに持たせる。教師は教科内容の情報提供を反復的に繰り返すためではなく，例外や問題点に対処するために待機する。黒板とチョークを使って，年間を通して一日中講義することを強いるやり方は，教師の創造力を最大限に生かしている姿とは思えない」と述べています。

利用事例

ストーリー1

ブランソンの情報技術モデルを知った小学校教師の菅原さんは，「知識の貯蔵庫（データベース）」とは，現在の技術で言えば「電子教科書（デジタル教科書）」のことだろうと思いました。電子教科書には従来の紙の教科書にある文章や図表だけでなく，動画や音声などの情報も含まれており，まさに知識の貯蔵庫と言えそうです。インターネットに接続できるようにすれば（不適切サイトへのアクセス制御などの課題もありますが），教科書以上の知識も利用できそうだと思いました。

一方で，現在の電子教科書には「専門家（エキスパート）システム」のような，子どもたちが専門家に質問する機能は含まれていないと思いました。強いて言えば，近隣校に導入されたという「遠隔ビデオ会議システム」を使うと，離れた場所にいる大学教員などの専門家に質問ができるのかもしれません。しかし，学校の中で子どもたち一人ひとりが専門家に自由に質問し，アドバイスを受けられるようになるのは，少し未来のことのように思いました。

ストーリー2

大学教員の渡辺さんは，大学1年生向けの統計学の授業で，いわゆる反転授業を実践しています。これがブランソンの情報技術モデルに当てはまりそうだと思いました。

まずは学生に事前課題として，JMOOC（http://www.jmooc.jp/）で開講されている統計学のコースを履修するように指示しています。JMOOCのコースには動画による解説もありますし，小テスト形式の練習問題もあります。また，必要に応じて専門家や一緒に受講している仲間に質問できる掲示板機能もついています。これにより，渡辺さん自身は，授業で基礎的な講義はしません。JMOOCは，ブランソンの情報技術モデルの「知識の貯蔵庫（データベース）」と「専門家（エキスパート）システム」に当たると考えました。

一方，対面授業で渡辺さんが行っていることは2つあります。1つ目は質疑応答です。JMOOCのコース上で専門家に質問できる機会はありますが，うまく質問ができなかったり，専門家からの回答を理解できなかったりする学生がいるので，補足説明をしています。2つ目は，学生に課題を出し，添削することです。課題は基礎から発展まで何パターンか用意し，学生全員が合格点（6割）以上に達することを最低限の目標にしています。渡辺さんは個別指導が増え，講義形式の授業より忙しいと感じていますが，これがブランソンが示した教員の新たな役割かもしれないと思っています。

Tool No. 046　　　　　　　　　　　　　　　　　　レベル2　学びやすさ

● ブレンデッドラーニング (Brended Learning)

オンラインと対面を組み合わせてブレンド型の授業を！

<u>オンライン部分</u>では，ビデオが用いられることが多い。これまで行ってきた講義をビデオにすることもあれば，他の人が作った公開ビデオを活用することもできる。ビデオを見たあとで理解度をチェックするためには，eラーニング標準機能の自動採点型クイズが便利。事前調査結果の報告や意見の聴取には掲示板が使える。

<u>対面部分</u>では，学習者が主体的に行う活動を実施する。オンライン学習を踏まえたグループ討論や資料を深く掘り下げた分析など，集まったときに行うことが効果的な活動を中心に据えたい。さらに，学習者自身が学ぶ内容を決めるというアプローチと組み合わせることもできる。

こんなときにオススメ！　学習者の個別のニーズ・理解度に合わせた学習を行いたいときに有効です。

どんな道具か　ブレンデッドラーニングとは，オンラインと対面とを組み合わせた（ブレンドした）授業のことです。従来型の授業の講義部分をオンラインにすると，学習者は一斉講義の進度に自分の理解を合わせることなく，自分の理解に合わせて何度も視聴したり，飛ばしたりすることができます。対面授業では，個別指導が可能になります。それだけでなく，練習をすることによって知識の定着を図ったり，応用問題を解いたり，グループでディスカッションを行ったりして応用力を養うこともできます。このように，オンラインと対面，それぞれの特性を生かした授業をデザインできることがブレンデッドラーニングの利点と言えるでしょう。

オンラインビデオによる事前学習を取り入れて従来の対面授業と家庭学習とを入れ替えた授業方式が「反転授業（Flipped classroom）」として世界的に注目されています（バーグマン・サムズ，2014）。反転授業は，ブレンデッドラーニングの一形態です。ブレンデッドラーニングでは，個人のニーズや理解度に合わせた展開ができるだけではなく，<u>完全習得学習</u>と組み合わせて学習者の「自らの学びに責任を持つ姿勢」を養うこともできます。学習者は「ただ座って話を聞いている」だけではすまされません。何を，どのように，いつ学習すればよいのか，学んだことをどのように証明すればよいのか，これまでは教師任せだった学習プロセスに主体的，能動的に関わる必要が出てきます。

102

利用事例

ストーリー1

　太平洋沿岸に位置するA中学校では普段から近い将来に必ず起こるとされている大震災に備えています。取り組みのかいあって，避難訓練などではいざというときの動きはできるレベルに達しています。このほど全学で，より多方面から防災に備える必要性が確認され，尾崎さんがそのプログラム作成を担当することになりました。尾崎さんは早速，どのような内容がふさわしいかをリストアップしはじめました。しかしよく考えてみれば，防災に必要なのは全方向からの継続的な取り組みです。

　そこで内容を絞り込むのはやめ，この地方のテレビ番組として毎日放送されている「大震災一口メモ」を利用したブレンデッドラーニング（反転授業）を考えました。この番組は2～3分程度の短いものであり，内容は非常に多岐にわたり，朝，夕と数回放送されています。そこで，生徒には毎日この番組を見てもらい，その番組に沿って自分自身や，自分の家庭での備えを確認した結果を持ってきてもらいます。防災の授業は週に2回なので，授業では複数回の番組を扱います。授業では，番組を見て確認した結果に基づき，グループになり，備えが十分でない場合はどうすればよいのかなどを話し合ってもらいます。新たに教材を作ることなく実際に役立つ授業が展開できています。

ストーリー2

　大学教員の山村さんは，来年度からリメディアル教育を担当することになりました。勤め先の大学ではリメディアル教育は通常の大学授業の倍の時間を当てるという取り決めがあります。しかし，成果は時間によって保証されるわけではありません。そこで完全な理解に焦点を当て，半分をオンライン学習，もう半分を対面というブレンデッドラーニングによる授業とすることにしました。

　教材は，インターネットで公開されているNHKの高校講座を使うことにしました。高校レベルの教育内容が保証されていますし，すでにインターネットですべてが公開されているため，こちらの授業進度に合わせるのも容易です。また，この講座には確認のための選択式のクイズが付いているので，これらクイズに全問正解してから，対面授業に参加してもらうことにしました。さらに，大学での文章作成を意識して，記述式の確認クイズを付け加えることにしました。必ず記述してきてもらい，その結果を持って対面授業に臨んでもらいます。対面授業では，記述内容をグループで説明しながら，さらに理解を深めていきます。記述問題は，単元での学習内容が実生活のどこに応用できるか，関連のあるものは何か，というような問いにしており，誰もが活発に話ができるようにしています。

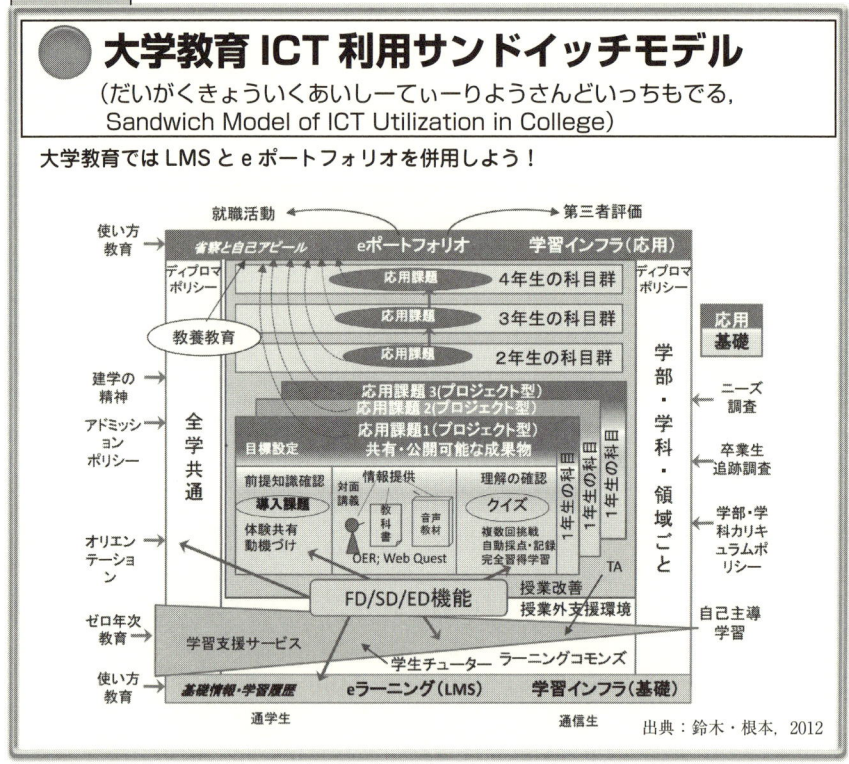

Tool No. 047　　　　　　　　　　　　　　　　　レベル2　学びやすさ

大学教育ICT利用サンドイッチモデル

（だいがくきょういくあいしーてぃーりようさんどいっちもでる，
Sandwich Model of ICT Utilization in College）

大学教育ではLMSとeポートフォリオを併用しよう！

出典：鈴木・根本, 2012

こんなときにオススメ！　大学教育の抜本改革の視座となります。

どんな道具か　鈴木・根本（2012）は，大学教育の学習インフラとして，応用課題用のeポートフォリオシステムと，基礎知識習得用の学習管理システム（Learning Management System：LMS）の2つを用意するサンドイッチモデルを提案しました。大学の授業時間の多くを応用課題に取り組む時間にするため，基礎情報の提供とその理解の確認は授業時間外にLMSで行うこと（いわゆる反転授業）を勧めています。そして，応用課題への取り組みはプロジェクト方式やシナリオ型課題で行い，対面授業はグループ活動を教員などが支援する時間に当てることが推奨されています。応用課題の成果を集約・公開するインフラとして，eポートフォリオシステムが位置づけられています。

利用事例 ▶▶

ストーリー1 ....

　大学の情報センターにて，教員兼システム管理者である久保田さんは，次期学習システムの仕様を検討しています。10年前に全学的にLMSを導入し，近年になってやっと全科目の4割程度でLMSが利用されるようになりました。次期学習システムにおいては，LMSの更新とともに，最近よく耳にするeポートフォリオシステムを導入してみたいと考えています。

　サンドイッチモデルを参考にすると，反転授業とセットで推進することで，LMSの利用率が上がりそうだと思いました。LMSには録画された講義だけでなく，基礎知識確認クイズや外部の学習資源へのリンクなど，学生が自己ペースで学べるコンテンツを用意するとますます利用率が上がりそうです。実際にコンテンツを用意するのは授業担当教員ですが，クイズのひな形を用意したり，すでにあるものを重複して作らなくてもすむようにMOOCsなどを紹介することができそうだと思いました。また，eポートフォリオシステムは応用課題の成果の集約・公開に最適のようです。そこでプロジェクト型授業の成功で著名な工学部の大崎先生に相談しようと考えました。まずは大崎先生の授業で試用してもらい，自大学に合ったシステム仕様を検討したいと思いました。

ストーリー2 ....

　大学間連携教育事業の公募へ申請しようと考えている林先生は，連携する他大学と共通で用いる学習インフラとして何が最適か考えています。

　サンドイッチモデルによると，まずは基礎知識の獲得用にLMSをするのがよさそうです。実際に使用する動画や演習問題は，林先生が自分の授業で使ってきたコンテンツを流用できると思いました。ただ，eラーニングによる自己学習は離脱率も高いと聞きます。自大学の学生はともかく，他大学の学生の学習をサポートできるか不安に思いました。そこでサンドイッチモデルの図内にある「学生チューター」による学習支援サービスが必要だと考えました。学生チューターの養成も，本事業に加えようと思いました。

　一方で，応用課題用にeポートフォリオシステムも導入してみたいと考えました。本事業では，最終的に現実社会の問題に対するソリューションを提案できる学生を育てたいからです。学生のプレゼンテーション動画や，最終レポートなどの成果物を外部に公開するところまで持っていければ，本事業の大きなPRにもなると思いました。

Tool No. 048

レベル2　学びやすさ

画面構成理論 (がめんこうせいりろん，Component Display Theory)

eラーニング教材の設計原則！

	提示	問題
一般形	Tell 一般形を提示 RULE	Ask 一般形を出題 (不採用)
事例	Show 事例を提示 EXAMPLE	Do 事例を出題 PRACTICE

出典：鈴木，2006，図 7-6 を再掲

こんなときにオススメ！　どのような e ラーニングのコンテンツを用意するべきか迷っているときに参考になります。

どんな道具か　M・デイビッド・メリルが 1980 年代のコンピュータ支援教材の開発プロジェクト（TICCIT）のために作った ID モデルで，教えたい内容一つにつき「一般則の提示」「事例の提示」「(事例の) 練習問題の出題」の3種類の e ラーニング教材を用意し，学習者が好きな画面を選んで学べるようにしておくことを提案したものです。

　画面構成理論（CDT）では，教えたい内容を「抽象化された一般形」と「具体的な事例」に，教え方を「提示する」と「問いかける（出題）」に分けて 2 × 2 の表にして考え，教材に最低限必要な要素は「一般形を提示」「事例を提示」「一般形を出題」「事例を出題」の4つとしました。このうち，「一般形を出題」は必須の要素からははずしています。三角形の面積の例で言えば「○○×□□÷2　空欄に入る語は？」と一般形（公式）を出題し，「底辺」「高さ」と暗記した内容を答えさせても意味はないと考えたのです。つまり，具体例を用いた事例（Show）と練習問題（Do）を用意することを重要だと考えたモデルで，のちの ID 第一原理にその精神が引き継がれています。

　なお，上記は CDT の一部にすぎず，本来は学習課題を課題タイプ（事実，概念，手順，原理）とパフォーマンス（記憶する，利用する，発見する）の二次元に整理し，必要となる画面の種類（上記の4要素など）を特定した理論です。

第 3 章 「学びやすさ」の道具

利用事例 ▶▶

ストーリー 1：TICCIT

1980 年代には，画面構成理論の考え方を実装した TICCIT（ティキット：Time-shared, Interactive, Computer-Controlled Information Television）というコンピュータ教育システムが開発されました。TICCIT には構造化された学習内容のマップが組み込まれていて，学習者はマップから学びたい学習内容を選択します。そして 1 つの学習内容につき「一般則」「事例」「練習問題」の 3 種類の画面を「上中下」3 段階の難易度で学ぶ 9 つの教材が用意されていました。学習者がマップや 9 つの教材を専用キーボードで自由に行き来して学ぶことができる一方，「ADVICE」キーでいつでもヒントが得られたり，必要に応じてシステム駆動のアドバイスが提示されたりする仕組みも備わっていました。

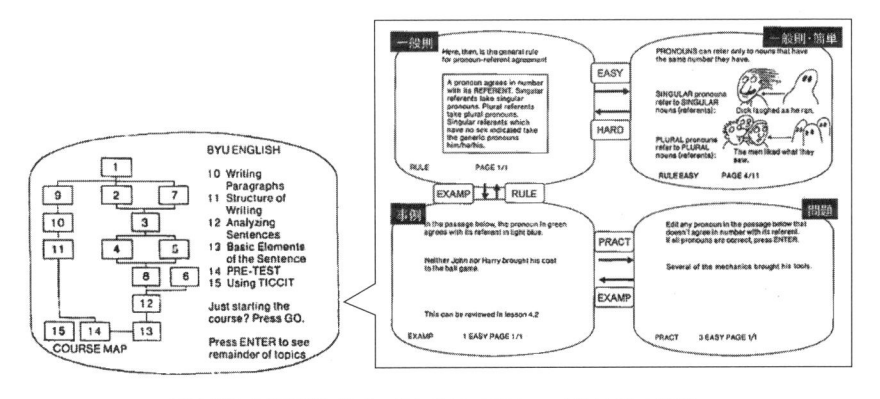

TICCIT の画面例（出典：鈴木 2006，図 7-4 の一部と図 7-5 を再掲）

ストーリー 2

ある企業で Web プログラミング基礎研修を担当している田中さんは，研修の事前学習用に用意した e ラーニング教材の評判が悪く，改善を検討しています。メリルの画面構成理論に照らして e ラーニング教材をチェックしてみたところ，関数などについて簡潔かつ網羅的に説明してある一方で，具体的なサンプルが少ないことに気づきました。また，自動採点付きの練習問題も組み込まれていたのですが，関数名を入力させるなど，暗記したかどうかを確認する問題になっていました。そこでまず，特に重要な関数から具体的なサンプルを紹介するページを追加することにしました。また，関数を使った具体的なプログラムの練習問題をいくつか用意しました。ただし自動採点にはできず，また受講者が多くて 1 人ずつコメントするのは難しかったので，学習者がプログラムを提出した後に模範解答を提示しようと考えました。

▶ ID 第一原理〈015〉，精緻化理論〈022〉，教授トランザクション理論〈049〉

Tool No. 049　　　　　　　　　　　　　　　　　レベル2　学びやすさ

教授トランザクション理論
（きょうじゅとらんざくしょんりろん，Instructional Transaction Theory: ITT）

学習者と学習環境とのインタラクションの種類に応じた方略！

■同定（IDENTIFY）
目的：部品の名前・場所・機能の理解

方略：

提示	カーソルの下にある部品名を表示する クリックした部品の機能説明を表示する
練習	部品名から部品を選択させる（locate parts） 部品を強調表示して部品名をリストから選択させる（name parts） 機能説明から部品を選択させる（identify function）

■実行（EXECUTE）
目的：手続き（手順）の理解

方略：

レベル1	Hands-off 見るだけのデモンストレーション（提示）
レベル2	Simon Says 指示通りに実行していく（提示＋練習）
レベル3	Do the next step 次のステップをやれとだけ指示（練習）
レベル4	Do it yourself 何の助けもなしに実行（練習）

■解釈（INTERPRET）
目的：予測とトラブルシュートができる

方略：

レベル1	行動後に何がなぜ起こったかの説明を提示する。属性値を自由に変更して試せるコントロールパネルを提供する。
レベル2	予測：ある状況を提示し，次に何がなぜ起こるのかについて，条件と結果のリストから選択させて，確かめる練習。
レベル3	トラブルシュート：トラブルが入った実行の様子を見て，誤った条件を変更させて，正しい動きになるかを確認する練習。

こんなときにオススメ！　学習者が個別に自由に探索できるシミュレーション教材構築の参考になります。

どんな道具か　ITTは，M・デイビッド・メリルが提案した，教材設計の自動化を目指した理論です（Merrill, 1999）。学習オブジェクトの概念を取り入れ，教授内容（データ）を指定すれば，教授モデル（アルゴリズム）に基づいた学習環境が自動的に構築されることを目指しています（鈴木, 2006；市川, 2009）。学習者と学習環境のインタラクションの種類に応じた方略が提案されていますので，ここではそれを紹介します。上記の3種類は，同定→実行→解釈（実行の前提条件が同定など）のような関係にあります。

第3章 「学びやすさ」の道具

利用事例 ▶▶

ストーリー1

大学教員の宮澤さんは，研究の一環として，高低差のある運河を行き来するための閘門(こうもん)の仕組みを学ぶ教材（Merrill, 2001）をITTに基づいて開発しました。まず，自由に探索できる環境として，学習者はいつでも船を左右に動かしたり（図中の矢印画像をクリック），門の扉や水位を制御するスイッチ（2つ縦に並んだ丸の画像）をクリックして，動きを確認することができます。

IDENTIFYの方略として，船や運河やスイッチの画像（部品）にカーソルを合わせると名前や説明が出現します。練習では，部品がハイライトされて，部品名リストから答えを選択すると正解・不正解や，正答が表示されます（下図）。EXECUTEは，高低差のある運河の行き来の操作を4つのレベルで練習できます。INTERPRETは，例えば，水位を制御するボタンのON／OFFや，水位が上／下などの状態を確認（変更）できるパネルを表示できます。また，運河の状況が提示され，例えば放水バルブを閉じるボタンをクリックしたらどうなるかを，予測する練習などにも挑戦できます。

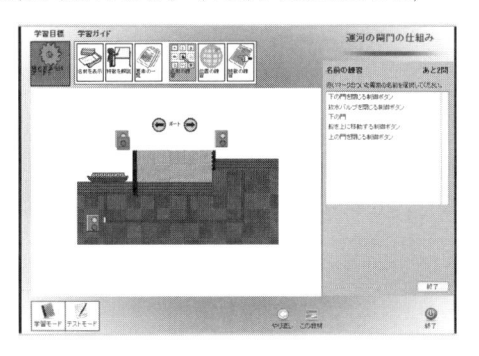

ストーリー2

ある回転寿司店では，臨時アルバイトの指導のためにベテラン従業員の作業が滞るという問題が起こっていました。そこでITTを参考に自学自習用のeラーニング教材を開発し，新人や臨時アルバイトに事前に利用してもらうことにしました。

教材は業務の中の「皿洗い」だけに特化し，IDENTIFY（皿洗いに必要な物品の名前や配置）は理解できているという前提で，EXECUTE（洗い方の手順）を学習してもらうことにしました。皿洗いは，①水槽に皿をつける→②食洗器に入れる→③皿の種類ごとに所定の場所に片づけるという手順です。皿洗い教材では，レベル1として皿洗いの手順を見せるだけ，レベル2では次に行うステップを1つずつ選択してもらうことにしました。すぐに現場に立ってほしかったため，レベル4は行わず，レベル3で一通りステップを実行できたら終了としました。

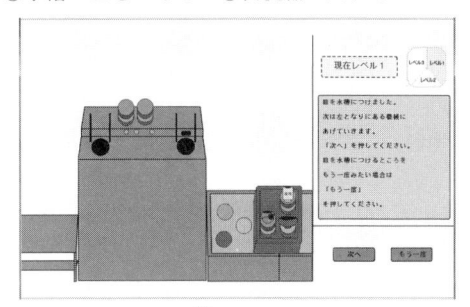

▶ 画面構成理論〈048〉

Tool No. 050 　　　　　　　　　　　　　　レベル2　学びやすさ

● ドリル制御構造 (どりるせいぎょこうぞう, Drill Control Structures)

目的に応じたドリル型教材を選ぼう！

導入画面 → 練習サイクル → 終了画面

◆主なドリル制御構造の種類

単純なドリル	出題するすべての問題は「ワーキングプール」に入り，1つずつ順番に出題（正誤にかかわらず，次回も最初から全部出題）
2プール型	正解した問題は「ワーキングプール」から「レビュープール」に移動される。次回から不正解の問題だけ繰り返し出題。
項目間隔変動型	2プール型の変形。正解した問題は「レビュープール」へ格納。不正解問題は何問か後に再出題。さらに，徐々に間隔をあけながら再出題を繰り返す。
3プール型	すべての問題はいったん「アイテムプール」に格納。一度に覚えられる分量（10問程度）だけ「ワーキングプール」に抽出して出題。正解した問題は「レビュープール」に格納される。不正解問題＋「アイテムプール」から補充された問題が「ワーキングプール」に入り，繰り返し出題。
復習機会増加3プール型	原則は3プール型と同じ。レビュープールに日付の概念を与え，正解してから一定期間が経過した問題は再出題される。
状態前進型	復習機会増加3プール型の発展形で事前テスト（既知の問題を削除）とリハーサル機能（問題と答えを提示して学ぶ機会）を追加。さらに，レビュープールを3つ用意し，正解した問題も1日後，3日後，7日後などに再出題される。

出典：市川, 2009, 第3章を要約して表にまとめた

こんなときにオススメ！　基礎知識を学んで覚えるためのドリル型eラーニング教材を作りたいときにおすすめです。

どんな道具か　ドリル型教材は，導入画面，練習サイクル，終了画面の3つで構成されます。主要部分は「練習サイクル」で，効果的に学べる工夫（ドリル制御構造）が必要です。

市川ら（2008）によると，代表的な練習サイクルの種類は6つあります。出題数が7問程度までなら「2プール型」，15問程度で覚えにくそうな項目が多いなら「項目間隔変動型」，15問以上あっても1日で覚えられそうなら「3プール型」が推奨されています。また，問題数が非常に多く，数日かけて学ぶ場合は，学習者が内容をまったく知らないなら「復習機会増加3プール型」，学習者が一部の内容を学習済みなら「状態前進型」がよいとされています。

第3章 「学びやすさ」の道具

利用事例 ▶▶

ストーリー1

佐野さんは，慣用句を暗記するドリル型eラーニング教材の開発を検討しています。覚えるべき慣用句は約60個で，1日で覚えるのは無理な分量です。また，学習者が知っている慣用句も含まれるため，ドリル制御構造として「状態前進型」を採用し，次の設計を考えました。

①事前テスト状態	②リハーサル状態	③ドリル状態	④復習状態
すでに知っているかを確認するために，まず問題を提示し，解答を入力させる。正解ならその問題は習得済みとし，不正解なら次へ進む。	問題を知らないので，問題と答えを一緒に提示する。覚えたら次の状態へ進む。	問題を提示し解答を入力させる。不正解ならやり直す。正解なら次に進む。	一定期間をおいて，また問題を提示し，解答を入力する。不正解ならやり直す。正解なら次の復習状態（より期間があく）に進む。

ストーリー2

一戸さんはITパスポート試験用のドリル型eラーニング教材の開発を検討しています。10年分の過去問題を集め，同一問題を除くと，全500問程度になりました。これを領域ごとにまとめると，1領域10問程度に整理できたので，領域ごとに集中して学ぶドリルにします。問題には計算問題など暗記では答えられないものも含まれるので，「項目間隔変動型」にしようと考えました。不正解だった問題は，2問後，4問後，8問後に再出題することにしました。また，計算問題は暗記しても意味がないので，類題を作って追加したいと思いました。

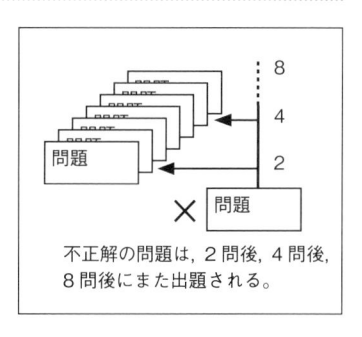

不正解の問題は，2問後，4問後，8問後にまた出題される。

➡ プログラム学習の5原則〈040〉

Tool No. 051　　　　　　　　　　　　　　　レベル2　学びやすさ

設計レイヤー（せっけいれいやー，Design Layer）

建築学などのデザイン領域のアイデアをIDに応用する！

レイヤー	特徴
コンテンツ	教える抽象的な内容の構造と分割する単位，他のレイヤーでどのように内容の構成要素を利用できるのかを記述
方略	学習スペースの物理的な構造，参加者の社会的な組織・役割と責任，学習のゴール，学習者との間の相互作用パターン
メッセージ	内容から派生した情報を，学習者に対話形式で伝えて教育経験とすることができるような方策的メッセージ言語の構造
管理	学習経験の源に対して発するメッセージやアクションを通じて学習者が行う管理構造
表現	メッセージ要素を可視・可聴化する方法，メディアの表現チャンネルと割り当てルール，表現形式および文法，同期方法
メディア論理	設計または計算された順序で表現が駆動されるようにするメカニズム
データ管理	どのようなデータを捉え，記録し，分析し，解釈し，報告するのかを規定

出典：ギボンズ・ロジャーズ，2016

こんなときにオススメ！　新たな学習活動の設計にはもちろんのこと，作ろうとしている授業や教材に何か不足している点がないかを確認するための道具としても有用です。

どんな道具か　建築物を敷地・構造・外装・サービス・空間計画・什器等のレイヤー別に捉えるという建築設計で用いられているモデルを参考にして，アンドリュー・ギボンズが2003年にIDの機能的な特徴を，レイヤーで示したモデルです。建築学やコンピュータとソフトウェア設計等の多くのデザイン領域において，設計内容をレイヤーに分けて整理する考え方が普及しており，それを適用したものです。

設計レイヤーは学びについて検討する際に必要な構成要素が何かを示しています。作りたい授業や教材によって，どのレイヤーを強調したいか，または順番なども変わる場合もあるでしょう。また，各レイヤーの詳細も求めるものによって変化することもありますが，そのことをギボンズ自身も受け入れて教え方（教授設計）を考える方法として提案しています。

利用事例 ▶▶

ストーリー1

　大学の教務担当職員として働いている竹下さんは、アクティブラーニングのための教室整備を担当することになりました。アクティブラーニングは講義型の一斉授業を転換して学生に学ぶ喜びを感じてもらうために有効だと聞いていました。大学当局が急に熱心になったのは、文部科学省の施策に謳われたことも影響しているようです。新しい教育方法を実現するためにはそれにふさわしい施設・設備が必要ですよ、と業者からの提案もいろいろ届いています。でも図書館はラーニングコモンズというキーワードで大幅に改修したばかりなのに、利用率は伸び悩んでいるようです。さて、どうしたらいいのでしょうか。

　「新しい酒は新しい革袋に」という格言もあるし、この際思い切って校舎の一部を改築して専用教室を割り当てようか？　気分も変わって新鮮な気持ちで学習できるでしょう。でも、全部丸ごと取り換える必要が本当にあるのだろうか？　設計レイヤーの考え方を当てはめれば、設備の改装は「方略」の一部に当たります。しかしアクティブラーニングで求められているのは、むしろ受け身の学習を改めて学習者にもっと自由度を与えるという意味で「管理」の在り方を変えたり、あるいは教室における教員と学生との位置関係を見直すために「メッセージ」レイヤーを見直すことかもしれません。大人数教室でも前の二人が後ろの二人とグループを組んでディスカッションをしているという事例もあると聞きますし、設備投資の前にまだ考えることがいろいろありそうです。

ストーリー2

　研修会社でこれまでの対面研修をもとにeラーニングを作成している福島さんは、コストを抑えて短期間でeラーニング教材が作れないものか思案してきました。eラーニング化といっても単に講師の映像をプレゼンテーション資料とともに撮影してそれを視聴してもらう方法には限界を感じていますし、そうかといってアニメーションを作成するにはコストも作成期間も長くなります。eラーニング教材の終わりに、申し訳程度についている多肢選択式のクイズだけでは受講者ができるようになったかどうか確信が持てませんが、クイズを作る手間を考えると数問程度が限界とも感じています。

　そんなときに、設計レイヤーのことを耳にしました。なるほど、全部丸ごと考えるのではなく、部品化して、機能別に考えるというアイデアはアリかもしれません。今まで作ってきたものを寄せ集めて組み合わせ、必要に応じて公開されている情報も活用すれば、短期間にeラーニングならではのものができるかもしれません。そういえば、以前、「再利用可能な学習オブジェクト」という言葉を耳にしたことがあります。部品化して組み合わせるという発想には共通点がありそうなので、福島さんはもう一度調べてみようと思いました。

第4章

レベル1
「わかりやすさ」の道具

- レベル3　学びたさ
- レベル2　学びやすさ
- ▶ レベル1　わかりやすさ
- レベル0　ムダのなさ
- レベル-1　いらつきのなさ

Point

　レイヤーモデルのレベル1「わかりやすさ」は，道具だけを見るとIDとは思えないものが含まれているかもしれません。しかしながら，学習者に情報がわかりやすく伝わらないと，学習の妨げになりますので，このレベルもまた重要です。また，このレベルにはわかりやすくしていくための評価方法やプロセスも含まれています。注意したいのは，学びが成立するためには，見た目は必要な要素ではありますが，それだけでは十分ではないという点です。そこに学びを促進するための方略が入っていなければ，効果的な学びは提供できません。そのためにはより上位のレイヤーを参照する必要があります。

▶▶ IDのプロセス〈No.052〜057〉
- ADDIEモデル
- 教材のシステム的開発モデル
- 教材開発の3段階モデル
- ラピッドプロトタイピング
- 湖面の水紋IDモデル
- OPTIMALモデル（最適化モデル）

▶▶ 使いやすさを高める〈No.058〜060〉
- ユーザビリティ
- ペーパープロトタイピング
- ペルソナ手法

▶▶ 評価技法〈No.065〜068〉
- 形成的評価
- ヒューリスティック評価
- 認知的ウォークスルー
- ユーザビリティテスト

▶▶ 情報提示の工夫〈No.061〜064〉
- 教材の見やすさ・わかりやすさを高めるポイント（文字情報，イメージ情報，レイアウト）
- マルチメディア教材設計7原理

Question
- IDの流れはどのようになりますか？（→ ADDIE，教材のシステム的開発モデル）
- 作っている教材の効果を高めるにはどうしたらよいですか？（→形成的評価）
- 使いやすくするにはどのような点に配慮すればよいですか？（→ユーザビリティ）
- いつも読みにくい教材になってしまうのですが？（→教材の見やすさ・わかりやすさを高めるポイント）

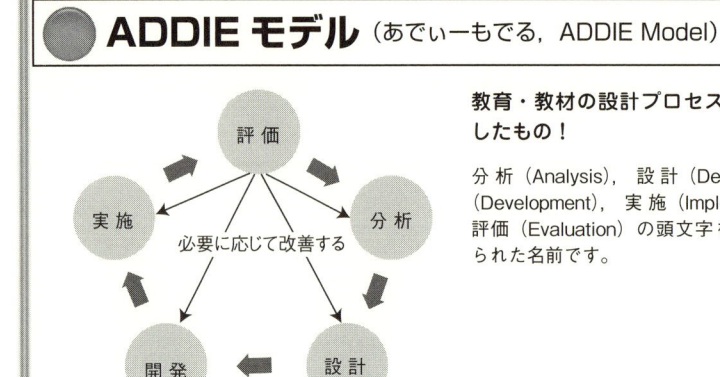

Tool No. 052 　　　　　　　　　　　　　　　レベル1　わかりやすさ

●ADDIE モデル （あでぃーもでる，ADDIE Model）

教育・教材の設計プロセスの手順を示したもの！

分析（Analysis），設計（Design），開発（Development），実施（Implementation），評価（Evaluation）の頭文字をとってつけられた名前です。

（図：評価→分析→設計→開発→実施→評価　必要に応じて改善する）

出典：ガニェら，2007の図をもとに作成

こんなときにオススメ！　今自分が何をしているのか，どこに問題があるのか迷ったときに，この基本プロセスを振り返って活動全体を見直すことができます。

どんな道具か　IDの手順を示すプロセスモデルで，「IDを学ぶにはADDIEから」というのが一般的になっています。1980年代半ばには広く知られるようになり，システム的な手続きであるPlan-Do-Check-Action（PDCAサイクル）をIDに当てはめたものです。うまくいっているかどうかを確かめるためには最初に目標を明確に設定していくことと徐々に繰り返し改善していくことが大事であることを示しています。一方で，ADDIEモデルに従うと時間がかかる上に定型的な教育しか設計できないという非難を浴びることにもなり，近年ではラピッドプロトタイピングの考え方をより強く反映したプロセスモデル（例えば，3段階連続接近法；鈴木，2005）も提案されています。

　ADDIEモデルはIDの手順を示すものですが，このプロセスに従っただけでは効果的で魅力的な教育が実現できるとは限りません。効果的で魅力的な教育に必要な要素を示し，青写真を描くためにADDIEモデルの最初のD（設計段階）で参照する理論やモデルこそがIDだという立場では，ADDIEモデルはIDモデルには含まれません。

第4章 「わかりやすさ」の道具

利用事例

ストーリー１

　人文系の学部を中心とした私立大学勤務の野田さんはグローバル人材の養成を目指した科目を経営的な科目として提案するように言われました。そこで，卒業生でグローバル企業や海外で勤務している人たちのうち数名にインタビューをすることにしました。すると，「大学時代には国際社会というものを意識したことがなく，理解に時間がかかった」という意見をかなりの人から聞きました。その理由を野田さんなりに考えてみると，ビジネスにおける日本のポジションから世界を俯瞰できるような科目があると自大学の学生が将来的に活用できる科目となるのではないかと考えました（分析）。

　次に，科目内容の検討時には，他の科目との関係性を確認し，学習目標や評価方法を確定しました。併せて，グローバル経済や戦略などの専門科目が用意されているものの，導入系の科目が少ない印象があったので，身近な企業を例にグローバル社会での活動をケーススタディとして取り上げることとしました（設計・開発）。実施前に，学内のグローバルカリキュラムに関与する専門の先生や担当事務員からの意見を集めました（形成的評価・評価）。毎年少しずつ改善するサイクルを作ることで，授業に自信が持てるようになりました。

ストーリー２

　ある大学院のインストラクショナルデザインに関する講義の中で，ADDIEモデルに関する議論が盛り上がりました。教育コンサルタントを目指す学生が，「ADDIEを知っていても，だからといって何かがうまくできるわけではないよ」という意見を述べました。これに対して，コンサルタントとしての経験を持つ教員が次のように応えました。「確かに実践では，ADDIEモデルの順に沿って開発を行うことは少ないだろう。業務によっては，一部のプロセスに焦点化することもあるだろう。将来的には業務によって，組み合わせたり，プロセスを飛ばしたりすることができる。しかし，教育をこの手順で開発した経験が一度はあるからこそ，その場面に応じて，必要な活動を組み合わせることができるようになる。場面に応じた使い分けができるのはその基本を理解しているためではないか」。

　このやりとりによって，ADDIEモデルそのものが良い・悪いという議論だけではなく，この方法は授業設計に関する知識の一部であり，その上で，実践でどのように活用していくかには，工夫が必要なんだと受講していた学生たちは改めて認識しました。

➡ 教材のシステム的開発モデル〈053〉，ラピッドプロトタイピング〈055〉

| Tool No. 053 | レベル1　わかりやすさ |

教材のシステム的開発モデル
(きょうざいのしすてむてきかいはつもでる, Systems Approach Model for Developing Instruction)

短期間のコースをデザインする場合はこの流れを意識しよう！

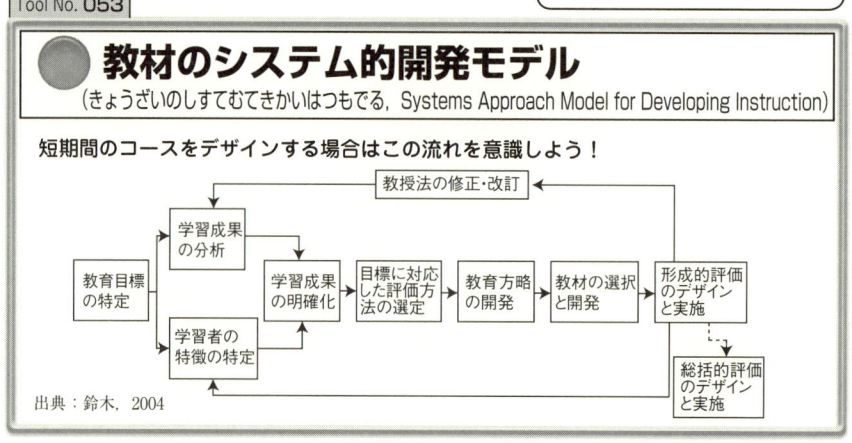

[図：教育目標の特定 → 学習成果の分析／学習者の特徴の特定 → 学習成果の明確化 → 目標に対応した評価方法の選定 → 教育方略の開発 → 教材の選択と開発 → 形成的評価のデザインと実施 → 総括的評価のデザインと実施／教授法の修正・改訂のフィードバックループ]

出典：鈴木, 2004

こんなときにオススメ！　ID初心者が，比較的短期間のコース向けの教材や授業（研修）を設計する場合に，このプロセスに従ってデザインすることで，やるべきことがおさえられます。

どんな道具か　ウォルター・ディックらによって1978年に提案された教材開発のプロセス（手順）を示したモデルです（鈴木, 2004）。ディック&ケアリーモデルとも呼ばれます。どこを目指すのか（教育目標＝ゴール）が決まっている場合で，短期間コースの教材や授業（研修）をデザインする場合にとても参考になります。米国のID専門家養成大学院において，ID初心者を対象とする場合に広く用いられているモデルです。一方で，これは手順を示してはいますが，各段階で何を行うのかは，該当する道具（IDの知見）を把握する必要があるので，関連する道具を参照してください。

　このモデルでは，まず，教育目標と目標の性質（学習成果の5分類），および授業開始時に学習者ができること（前提行動）を確認し，ギャップが何かを見定めます。次に，学習目標の順序立てや各目標に対する教授方略をデザインします。そして教材設計案に基づいて教材や指導案を開発し，実際に効果的かどうかを評価の過程を通して確かめます。なお，このモデルは改訂を重ね，近年では教育目標を定めるためのニーズ分析などを含むより複雑なモデルへと発展しています（ディックら, 2004）。

第 4 章 「わかりやすさ」の道具

利用事例 ▶▶

ストーリー 1

　IT 企業でエンジニアをしている牧野さんは，知識の豊富さから目をかけられ，社内研修を担当することになりました。この企業では，実力のあるエンジニアが，社員研修を行うという伝統がありました。研修はすべて講師のオリジナルです。牧野さんは研修開発の経験はありませんでしたが，自分が教えたい内容をあげていけば，なんとか形になりそうだと考えていました。そのようなとき，研修のうまさが評判の同僚とたまたま話す機会があり，教材のシステム的開発モデルを紹介されました。
　牧野さんは，自分の教えたいことを順番に説明していくつもりでしたが，モデルを見るとどうもそうではありません。学習者がどのようになってくれればよいのか，すなわち学習目標を明確に定める必要がありました。テストも研修の後半で考えればよいかと思っていたので，評価の検討が設計の前半にあることに最初は違和感がありました。しかし評価を考えることで，何をどこまで教えたいのかがさらに明確になりました。牧野さんはさらに設計を進めており，研修の実施が楽しみになってきました。

ストーリー 2

　大学 2 年生の天野さんは，教職課程を履修中で，塾で中学 2 年生を相手に講師のアルバイトもしていました。「教育方法」の授業で教材のシステム的開発モデルを学び，練習として塾の授業で利用する教材を作成してみることにしました。塾ではやるべきことはだいたい決まっていて，予習が中心で学校で習っていることの少し先を進めていました。
　対象としたのは，数学の連立方程式の単元で，まず学習目標明確化 3 要素に従って学習目標を立てました。また，学習成果の 5 分類から知的技能の目標であることを確認しました。学習者分析の内容を踏まえ，前提行動（条件）を中学 1 年で学習した方程式と直前に行った式の計算ができることとしました。次に評価方法については，知的技能の評価方法なので，テストでは学習者にとっては未知の連立方程式の問題を数種類出題することにしました。また，学習すべき内容を洗い出すために，学習課題分析（知的技能なので階層分析）を行いました。そして，洗い出した項目ごとに，知的技能の指導方略を検討しました。これでだいたい教材の設計ができました。あとは，実際に教材を作成し，ちょうど対象者と同じくらいの中学生の従兄弟が近くにいるので，形成的評価を行ってみて，その結果をもとに改善することにしました。

➡ 形成的評価〈065〉，学習者分析〈069〉，学習目標の明確化 3 要素〈071〉，3 種類のテスト〈072〉，学習成果の 5 分類〈076〉，言語情報・知的技能・認知的方略・運動技能・態度の評価方法〈077 〜 081〉，学習課題分析〈083〉，クラスター分析〈084〉，階層分析〈085〉，手順分析〈086〉，複合型分析〈087〉

Tool No. 054　　　　　　　　　　　　　　　　　　レベル1　わかりやすさ

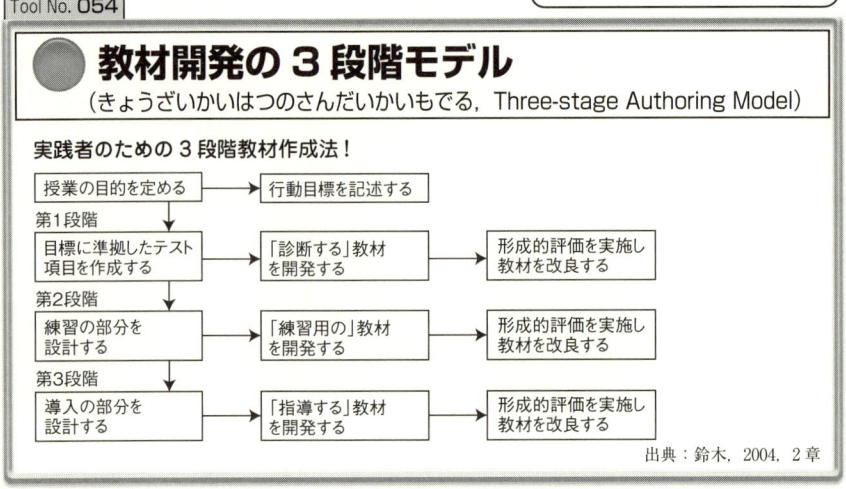

教材開発の3段階モデル
（きょうざいかいはつのさんだいかいもでる，Three-stage Authoring Model）

実践者のための3段階教材作成法！

```
授業の目的を定める → 行動目標を記述する
第1段階
  目標に準拠したテスト → 「診断する」教材 → 形成的評価を実施し
  項目を作成する      を開発する       教材を改良する
第2段階
  練習の部分を       → 「練習用の」教材 → 形成的評価を実施し
  設計する         を開発する       教材を改良する
第3段階
  導入の部分を       → 「指導する」教材 → 形成的評価を実施し
  設計する         を開発する       教材を改良する
```

出典：鈴木，2004，2章

こんなときにオススメ！　IDプロセスによる教材開発に不慣れな人が，段階的に作成するときにお勧めです。

どんな道具か　教材開発の3段階モデルは，教材の設計から完成までの過程を3つに分け，より少ない時間で段階的に完成するためのモデルで，鈴木が1987年に米国の雑誌に発表したものです。ラピッドプロトタイピングの考え方に基づいていますので，段階ごとに作成した教材は次の段階で活用できるためムダがありません。9教授事象で考えれば，事象8をまず作り，次に事象6と7，最後に残りを作成することになります。

　第1段階ではテスト項目を作ります。これが「診断する」教材です。第1段階の形成的評価は学習内容をよく知っている人にしてもらい，テストそのものに問題がないことを確かめます。第2段階では，先に作成したテストに匹敵する項目を練習用に増やし，誤答に対する治療的なフィードバックを加えます。これが「練習用の」教材です。評価は学習教材について説明を受けた人とまだまったく学習していない人にしてもらいます。第3段階では導入と解説を加えたチュートリアル的な教材，つまり「指導する」教材を作成します。診断・練習の問題点はすでに洗い出されているので，この段階の評価では，説明が十分かどうかを確認します。

利用事例 ▶▶

ストーリー1

　語学研修を専門にしているA社は，海外赴任前の語学研修を主力商品としています。研修は1～2か月程度で講師を派遣します。マーケットは主に大企業です。ここ数年，中小企業の海外進出が増えていることから同研修を売り込んでみましたが，コストがかかりすぎると相手にされません。そこで，新たな研修を開発することにしました。講師派遣タイプではなく，コンピュータによるドリル形式のものを企画しました。海外赴任前に必要な語学レベルや各国で知っておくべき基本知識などのノウハウを学ぶにはこれで十分だと考えたからです。

　教材開発の3段階モデルに従い教材作成を始めました。第1段階のテストには今まで使用していたテストを流用しました。第2段階もこれまでのテストを流用すれば十分だと考えていましたが，形成的評価の結果，練習量が不足していたという情報が得られました。対面研修では知らず知らずのうちに練習ができていたようですが，ドリル形式ではもっと多くの問題が必要でした。第3段階では，思い切って該当項目のテキストのページを読んでもらうだけにしました。形成的評価の結果，問題点は見つかりませんでした。これで作成コストも下げることができました。

ストーリー2

　B大学では，学生に対し3週間程度の企業インターンを推進しています。期間が比較的長いため，学生は企業の日常業務も行います。お客様からの電話対応などが含まれるのですが，最近の学生は電話といえば，携帯電話やスマートフォンしか使ったことがなく，電話対応の事前教育に苦慮しています。そこで，教材開発の3段階モデルを参照し，電話対応ドリルを作成することにしました。ドリルは音声認識機能を使って行われます。まず，電話の取り方の事例を集め，基本編と業種編に分けて分類しました。今回は基本的な電話対応を目標としました。

　第1段階として，テスト項目を作成しました。形成的評価は，よく大学に顔を出す卒業生にお願いしました。働き始めて数年経つ公務員です。が，これはよくなかったようです。評価の後で，実は電話対応をほとんどしたことがないと言われました。改めて，企業で働く卒業生にお願いし，評価を終えました。間違いはありませんでした。第2段階として練習問題を作成，インターンを予定している学生に形成的評価をお願いしました。あらかじめ教材について説明を受けた学生から，練習の機会がもっと欲しいという意見が寄せられました。第3段階では，どういう場面で使うのかという状況の説明を入れ，よい評価を受けました。

▶ 9 教授事象〈017〉，ラピッドプロトタイピング〈055〉，形成的評価〈065〉

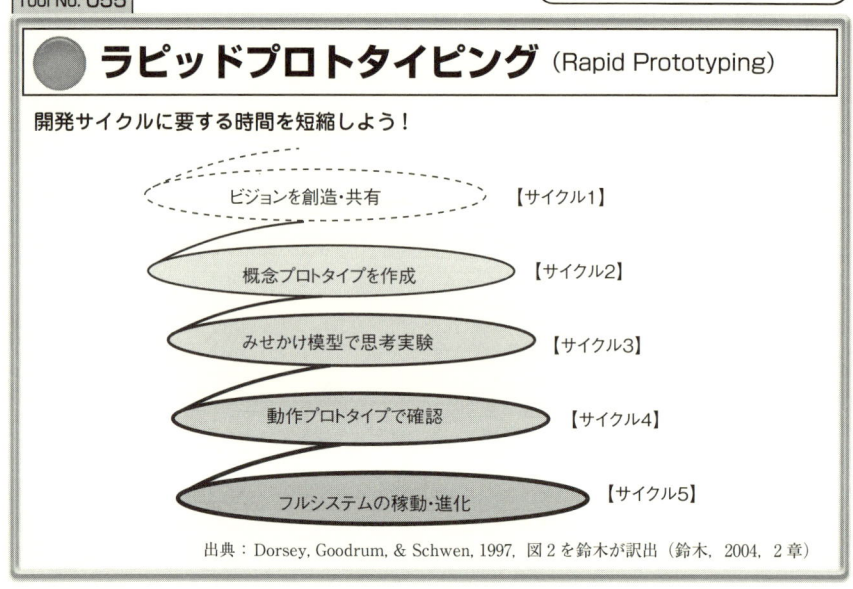

Tool No. 055　　　　　　　　　　　　　　　　　　レベル1　わかりやすさ

● ラピッドプロトタイピング（Rapid Prototyping）

開発サイクルに要する時間を短縮しよう！

- ビジョンを創造・共有　【サイクル1】
- 概念プロトタイプを作成　【サイクル2】
- みせかけ模型で思考実験　【サイクル3】
- 動作プロトタイプで確認　【サイクル4】
- フルシステムの稼動・進化　【サイクル5】

出典：Dorsey, Goodrum, & Schwen, 1997, 図2を鈴木が訳出（鈴木, 2004, 2章）

こんなときにオススメ！
チームを組んで，作業時間を短縮しながら実施したいときは，徐々に仕様を発展させていくことを目指すとよいでしょう。

どんな道具か
ラピッドプロトタイピング（早くプロトタイプをつくること）とは，もともとソフトウェア設計で用いられている手法ですが，それをIDプロセスにも応用し，開発サイクルに要する時間を短縮しようとするものです。期間の短縮のみならず，関係者へのフィードバックをこまめに行うことで関係者からの要求を開発工程に取り入れやすくしたり，あるいは，さらに一歩進んで，発注者と受注者の共同作業的な開発工程を目指すこともできます。変化の激しい現在では，各工程を確実に進めるよりは，ラピッドプロトタイピング的な考え方が有用で，広い分野で活用されています。

第 4 章 「わかりやすさ」の道具

利用事例 ▶▶

ストーリー 1 ....

　NPO で生涯学習研修を担当している小野さんは，対面型に加えて ICT を活用した学習スタイルを提供することを検討しています。単発の研修だけではなく長期間の研修を提供することで，参加者の満足度やリピート率を上げようという試みです。そこで学習管理システム（LMS）を用いたブレンド型の教材を作ることにしました。NPO の研修のなかで LMS を用いた学習教材を提供することは初めてだったので，仲間たちとミニプロジェクトを立ち上げて，開発途中段階で意見をもらいながら進めました。

　「簡単な操作・継続的なつながり」をテーマに掲げ【サイクル 1】，小野さんが LMS に必要な機能をリストにし【サイクル 2】，標準機能を用いて LMS に実装できることを紙の上に表現してみました【サイクル 3】。この段階で仲間から意見をもらうと，自分では気づかなった内容の漏れや，説明がないと初心者には操作できない部分があることに気づくことができ，何度もやり取りをしながら LMS を用いたプロトタイプ完成させました【サイクル 4】。このおかげで今回作成した家庭教育に関する研修は，参加者同士の課題や取り組みを LMS で共有しながら進められる充実したものになりました【サイクル 5】。

ストーリー 2 ....

　人材開発コンサルティング会社の新米インストラクショナルデザイナーの千葉さんは，ある顧客の新規研修開発を任されました。上司からは千葉さんが主担当となるけれど，自分一人で完璧に作るのではなく，適宜同僚や顧客からの意見を取り入れて，限られた時間や予算の中で最善の研修を作るようにアドバイスを受けました。

　そこで，早い段階で相談したほうがよいと思い，経験豊富で実力もある先輩の橋本さんに相談しました。すると，新しい研修の開発ということもあり，ラピッドプロトタイピングの手法をイメージして段階的に開発してはどうかという意見が出ました。話し合った結果，大きく 3 段階のサイクルを経て研修を作ることにしました。

　第一サイクルでは，千葉さんが研修の全体設計を目的に合わせてラフスケッチします。その後プロジェクトの支援役の橋本さんがレビューをし，内容が固まるまで二人でやり取りをします。橋本さんから OK が出ると，プロジェクトの自社メンバーに見てもらいます。全体設計とスケジュール，さらに成果物の一覧表を用意しました。内部からの細かいチェックで修正を繰り返し，第三サイクルとして，顧客レビューに進みます。いくつか要望が出て修正が入りましたが内部でのレビューが功を奏して満足してもらう研修案ができました。全体の進め方を橋本先輩に相談してよかったと感じています。

▶ ADDIE モデル〈052〉，教材開発の 3 段階モデル〈054〉

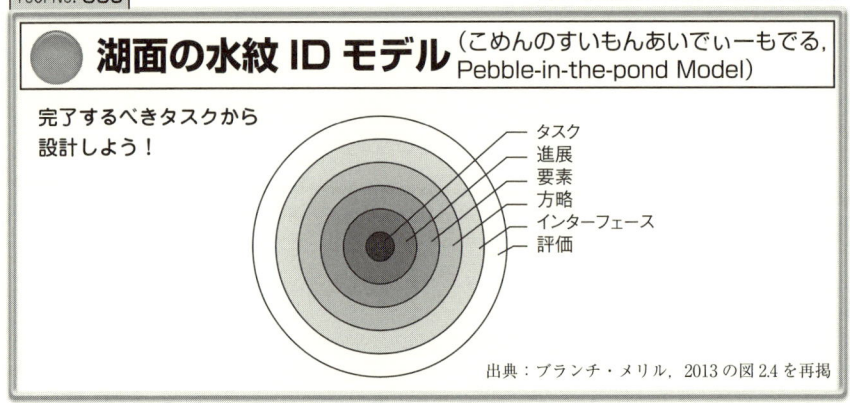

| Tool No. 056 | レベル1　わかりやすさ |

湖面の水紋 ID モデル (こめんのすいもんあいでぃーもでる, Pebble-in-the-pond Model)

完了するべきタスクから設計しよう！

- タスク
- 進展
- 要素
- 方略
- インターフェース
- 評価

出典：ブランチ・メリル，2013 の図 2.4 を再掲

こんなときにオススメ！

教材設計において，最初に学習目標を明確に記述することが難しい場合におすすめです。

どんな道具か

湖面の水紋 ID モデルは，全体的なタスクや問題を中心において教材を設計していくというアプローチです。伝統的な ID では，学習目標を明確にすることから始めますが，設計初期の段階で明確な目標を記述することが難しく，抽象的であいまいな説明にとどまることもあります。目標の記述があいまいだと，教材を開発していくうちに，目標を破棄したり，修正したりすることもしばしば起こります。そこで湖面の水紋 ID モデルでは，学習目標そのものの記述ではなく，「完了するべき全体的なタスク」から設計を開始することで，この問題を回避します。

M・デイビッド・メリルは ID 第一原理を拡張し，小石を池に投げたときに広がる水紋をイメージしてこのモデルを提案しました。最初にタスクまたは問題を特定した後，第2の波紋でタスクの難易度や複雑さの進展を特定します。第3の波紋では徐々に複雑化するタスクの遂行のために必要な知識やスキルを特定します。第4の波紋では学習者が知識やスキルを修得する支援に使う教授方略（教え方）を特定します。第5の波紋では，学習者を引き込むための作戦を立て，学習場面，教材の構造，配信システムを検討し，具体的なコンテンツ（インターフェース）の設計を行います。

第 4 章 「わかりやすさ」の道具

利用事例 ▶▶

　Merrill（2002）は湖面の水紋 ID モデルに基づいて，表計算ソフト（Microsoft Excel）を教えるコースの設計例を示しています。ここでは 1 〜 4 の波紋に沿って紹介します。

　最初に設計するのは 1 番目の水紋「完了するべき全体的なタスク」です。以下のような典型的な問題文を用意し，問題に合わせてアウトプットとインプットを考えます。

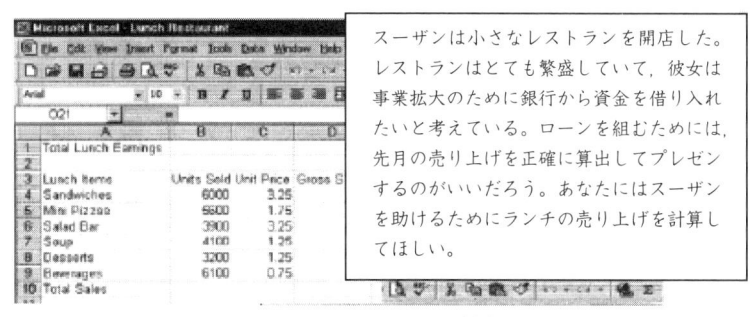

（出典：Merrill 2002, Fig.3 の一部を翻訳）

　2 番目の水紋では，典型的なタスクを元にして，難易度や複雑さを増したタスクを考えます。ここでは，タスクの問題文，インプット，アウトプット，インプットからアウトプットに至る手順のすべてを一通り分析して，タスクのセットを完ぺきに作ります。ここで，タスクセットをすべて解くと，コースの目標としたいスキルや知識をすべて使うことになっていることが重要です。

　3 番目に，2 番目に考えたタスクを解決するために必要な要素（知識やスキル）を明らかにします。Excel のコースで言えば，コマンドや操作方法の学習が該当します。

　4 番目に教え方（方略）を考えます。徐々に複雑なタスクを与えるように並べ，それぞれのタスクを解決するのに必要な知識やスキルを紐づけます。また，タスクが複雑化するのに合わせて，ガイダンスを減らし，最終的には学習者が一人でタスクに取り組むように仕組みます。Excel の例で言えば，最後に白紙のワークシートから自分で式を作って為替レートを計算させるなど，本当にありそうなタスクを与えます。

▶ ID 第一原理〈015〉，タスク中心型の教授方略〈020〉

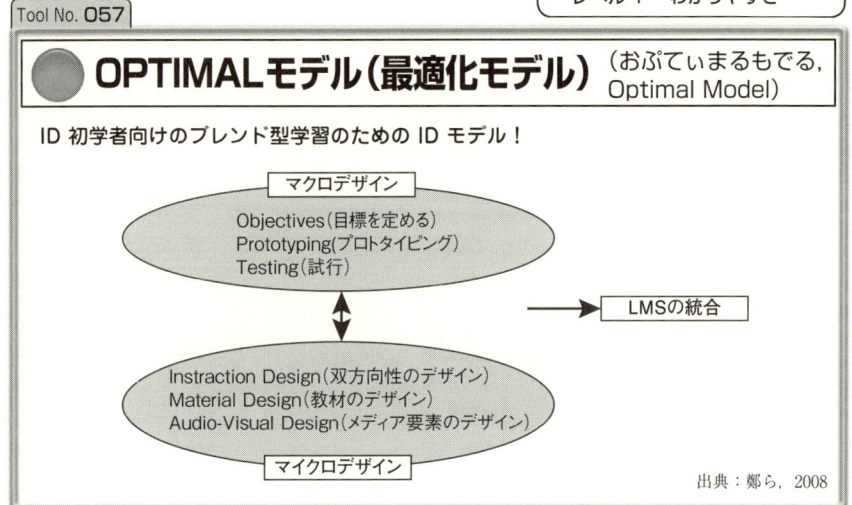

Tool No. 057　　　　　　　　　　　　　　　　　レベル1　わかりやすさ

● OPTIMALモデル（最適化モデル）（おぷてぃまるもでる, Optimal Model）

ID初学者向けのブレンド型学習のためのIDモデル！

```
          マクロデザイン
      ┌─────────────────┐
      │ Objectives（目標を定める） │
      │ Prototyping（プロトタイピング）│
      │ Testing（試行）          │
      └─────────────────┘
              ↕              →  LMSの統合
      ┌──────────────────────────┐
      │ Instruction Design（双方向性のデザイン）│
      │ Material Design（教材のデザイン）      │
      │ Audio-Visual Design（メディア要素のデザイン）│
      └──────────────────────────┘
          マイクロデザイン
```

出典：鄭ら, 2008

こんなときにオススメ！　ブレンド型の学習（ブレンデッドラーニング）をどのように作ってよいのか迷っているときに，全体設計を俯瞰するのに役立ちます。

どんな道具か　OPTIMALモデルはアメリカでIDを学んだ日本の教育工学者3名によって2008年に提唱された開発モデルです（鄭ら，2008）。ADDIEモデルは各プロセスを順に沿って教材や授業案を作りますが，OPTIMALモデルには上図で示したように，大きくマクロ，マイクロ，LMSへの統合の3つのタスクに分けて進めやすい順に取り組んでいくことで，ブレンド型学習に必要な要素を漏らさず組み入れられることを狙っています。3つのタスクはさらに7つの小タスクに分割されており（7つの頭文字がOPTIMAL＝最適化を意味しています），少しずつ授業コンテンツを作り込んでいく（あるいは改善できる）ようになっています。

　対面では学生との対話や活動の観察によって理解を深める働きかけを自然と行っていても，オンラインの活動が入ると，授業全体をあらかじめどのように構成すればよいのかわからず，授業の良さが消えてしまう可能性もあります。そのようなときには，OPTIMALの7つをカバーしながら授業を準備するためにこのモデルが使えます。プロタイピングを使って，授業イメージを可視化している点も特徴の一つです。

第4章 「わかりやすさ」の道具

利用事例

ストーリー1

　大学教員の久保田さんは学部2年生以上向けの「AVメディア制作論」授業を毎学期200人から300人の学生を対象に実施しています。TAがいるものの，メディア制作の理論や知識と技術を大規模人数に実施することに苦労していました。そこでOPTIMALモデルの7つのタスクに沿って，ブレンド型の授業を設計しました。

　まず，マクロデザインについて整理しました。「授業の目標」を整理し，参加型の授業をするためにグループ活動を入れる，発表場面を設ける，LMSの掲示板を用いて全員の意見を共有する，そして授業での議論をWebで行うことに決めました。「プロトタイピング」では忙しい時間を割いてとても簡単なサンプルを作り，学生に利用してもらいました。学生が短編動画を作成するための自学自習のサイトとしてのわかりやすさに焦点を当て，少しずつ修正しました。「試行」として，授業後の議論を継続させるために作成した掲示板が上手く利用できるか，事前に数名の学生に利用してもらい反応を見ながら修正しました。

　大枠が決まったので，マイクロデザインとして授業の中身をデザインしました。「双方向のデザイン」では，TAの活動内容を明記し円滑な授業運営への支援ができるようにしました。「メディア要素のデザイン」では，本授業では動画を保存するため大容量のサーバーとネットワーク環境を確保しました。「LMSによる統合」として授業とその後でのLMS掲示板の活動を交互に実施し，掲示板の内容を授業で取り上げるなどの工夫によって，つながりを持たせました。

ストーリー2

　デジタル教材作成会社に勤務する西尾さんは，独自のeラーニングを初めて開発したいと思っている顧客の相談に乗ることになりました。話を聞くと，「eラーニングをどのように利用するかのイメージもついていない」ということでした。迷った結果，顧客には直接提示しないけれども，OPTIMALモデルを用いて，相手の要望を確認することにしました。インタビューは何とか成功し，eラーニングで学ばせたいこと，つまり目標は明確であり，受講者間での情報交換（双方向性）の場を作りたいという要望も出てきました。一方，具体的に目標達成に必要な情報（内容）は未検討で，全体像がないことが明らかになり，教材デザインが不足していると判断しました。

　OPTIMALモデルの「教材のデザイン」部分に集中するために，eラーニングだからという点よりも，顧客の持っている既存の教材や情報を引き出し，科目内容を具体化する作業を優先することにしました。ブレンド型教材を作るときに検討すべき要素を自分で洗い出さなくても，OPTIMALモデルに沿って確認していくことで，全体像を整理できると西尾さんは思いました。

→ ブレンデッドラーニング〈046〉

Tool No. 058

レベル1　わかりやすさ

● ユーザビリティ（Usability）

使いやすさはこの5つの視点で捉えてみよう！

① 学習しやすさ	何ができるかがすぐわかり，使い方を学ぶ時間をあまりかけずに，すぐに活用できるかどうか。
② 効率のよさ	使い方を身につけたら，効率よく仕事ができるかどうか。
③ 覚えやすさ	たまにしか使わない場合でも，使い方をすぐに思い出せるかどうか。
④ 間違えにくさ	使っている途中にエラーを起こさずにすむかどうか，また起こしたエラーを回復できるかどうか。
⑤ 満足度	心地よく使えるかどうか。嫌がらずに使え，好きになれるかどうか。

こんなときにオススメ！　教材を開発するときやコンテンツを選ぶときなど，学習者にとって使いやすい学習環境となっているかの判断材料として活用できます。

どんな道具か　単に「使いにくい」と言っても要因はいろいろあります。ヤコブ・ニールセン（2002）は，使いやすさ（ユーザビリティ）には5つの側面があるとしています。「学習しやすさ」は内容の学習ではなく，使い方をどれだけ簡単に学べるかどうかを指します。初めてそのデザインに触れたユーザが，どれくらい容易に基本的なタスクを達成できるようになるかの観点です。達成レベルを設定してそこまでにかかった時間を測定します。「効率のよさ」は，いったんそのデザインを学習したユーザが，どれくらい迅速にタスクを達成できるようになるかを指します。期間を空けて使わせる，利用直後に記憶テストをするなどで測定します。「覚えやすさ」は，しばらく使用しない期間をはさんだ後に，再びそのデザインに戻ってきたユーザが，どのくらい容易に習熟度を取り戻すことができるかです。「間違えにくさ」は，エラーの発生がどれだけ少ないかです。エラーの回数（発生率）を測定します。「満足度」は，使うことがどれだけ楽しいのかの指標で，アンケートなどで測定します。

なお，ユーザビリティの標準的な定義がISO9241-11に示されており，ニールセンの定義はスモールユーザビリティと呼ばれる場合があります。

第4章 「わかりやすさ」の道具

利用事例 ▶▶

ストーリー1

　ある企業でeラーニングシステムの開発を担当している鐘ヶ江さんは，システムの全体構成図と画面デザインができた段階で，ユーザビリティの観点を踏まえて，使いやすさの程度を検討してみることにしました。開発中のシステムは，企業や大学など多様な組織で活用してもらえるように，インタビューを積み重ね，学習者の様々な状況を想定して，多くの機能を盛り込もうとしていました。

　画面デザインをユーザビリティの5観点で眺めてみると，①学習しやすさに難があることがわかりました。ユーザのログイン後の画面には，各機能へアクセスするためのメニューが多く並び，どれを選択すればよいのか混乱を生む原因になるのではないかと思い至りました。よくあることではありますが，自分たちのシステムもこの傾向にあることがわかりました。ほとんど使わないような機能が常に表示されていることは，⑤満足感の心地よさにもマイナスの要因になるとも思いました。また，各機能の中心となる画面に行くためのステップ数が大きく，仮にメニューを選べたとしても，②効率の観点からも問題がありそうなことがわかりました。開発メンバーを呼び出して議論し，よりシンプルに提供することを模索していくことになりました。

ストーリー2

　高校教員で日本史を教えている藤岡さんは，プリント教材を用いた授業を得意としており，数枚のプリント教材を配布して毎回の授業を進めています。プリント教材は，解説とワークを埋め込んだもので，こだわりのお手製です。藤岡さんは先日ユーザビリティという概念に触れて以来，ユーザビリティの観点をプリント教材に援用して，教材の見やすさ・使いやすさを向上できるのではないかと考えていました。そこで，自分のプリント教材をユーザビリティの5つの観点で点検してみたところ，いくつかの問題点が見えてきました。

　これまで，藤岡さんが作成していたプリント教材は，例えば，プリントのレイアウトが一貫しておらず，①学習しやすさや③覚えやすさの点で難があると考えました。せっかく毎回配るのだから，利用方法にある程度一貫性を持たせることで，学習者の余計な負荷を減らしていけるのではないかと思いました。これまでも自然と行っていたことでしたが，5つの視点で見たことで，自分にとってもより明確に意識化できるようになりました。④間違えにくさという点では，よく生徒たちが，内容ではなく使い方のレベルで藤岡さんの意図しない形で解答している場面があることを思い出しました。今後はその点も意識して教材を作っていこうと考えました。

➡ ヒューリスティック評価〈066〉,認知的ウォークスルー〈067〉,ユーザビリティテスト〈068〉

Tool No. 059　　　　　　　　　　　　　　　レベル1　わかりやすさ

● ペーパープロトタイピング (Paper Prototyping)

手軽にユーザビリティテスト（ユーザテスト）ができる手法！

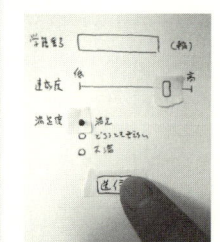

鉛筆と紙を使って画面遷移とインタラクションを表現し，実際にユーザに操作をしてもらい，コンピュータ役が操作に応じて紙を動かしていきます。

こんなときにオススメ！　eラーニングの画面等を設計する際に，コンセプトに自信がなくて開発まで進むことを躊躇している場合や，設計開発の後戻りを減らしたいときなどに活用できます。

どんな道具か　ペーパープロトタイピングは，画面デザインを評価するためのユーザビリティテスト手法の一つです（Snyder, 2004）。ユーザを代表する人物が，現実に想定される課題を「紙製の」インタフェース上で実行します。比較的手軽にユーザビリティの改善点を見つけることができます。プログラミングなどの専門技術も必要としませんので，メンバー全員の参加と意識合わせにも利用できます。

　画面は基本的にフリーハンドで，鉛筆と消しゴム，白紙を使って描きます。一人で作る必要はありません。画像やアイコンは簡略化します。テープを使って貼ったり，付箋を使ったりもします。プルダウンメニューやダイアログボックスなどは小さな紙片を用意して動きを再現します。実際にユーザビリティテストを行う際には，コンピュータ役を用意して画面（用紙）を変えながら，ユーザに提示していきます。入力が必要な場合は鉛筆で書き込みます。代表的な画面だけでなく，ユーザの個別の操作に対応して表示されるすべての画面を再現します。多機能のシステムである場合は，どのようなタスクを評価するのか，あらかじめ決めておきます。設計がある程度進んだ段階では，パワーポイントなどで作成する場合もあります。

第 4 章 「わかりやすさ」の道具

利用事例 ▶▶

ストーリー 1

　情報系の大学に通う学部 3 年の赤平さんは友人の岩淵さんと一緒に，自主的にプロジェクトを組んで，企業が主催するスマートフォンアプリの開発コンテストに挑戦することにしました。大学生のためのモバイル型の教育サービス（学習教材）を提供するシステムをテーマにして，コンセプトを固めていきました。コンテストではシステムのデモが必須であったことから，アイデアと合わせて実用性（使い勝手）に配慮することで完成度を高める作戦にしました。そこで，画面イメージが固まってきた設計初期の段階で，ペーパープロトタイピングを行いました。まず 2 人で共同しながら，鉛筆と白紙や付箋を用いて，下図のようなプロトタイプを作成していきました。そのとき，どこまで忠実に再現し，どこは大雑把でよいのかを考えながら，できるだけ手軽に作成できるように心がけました。ここでは台紙に機体を描き，画面を付箋に描くことで，ユーザの操作に応じて付箋を貼り替えられるようにしています。

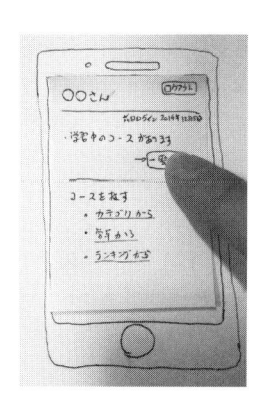

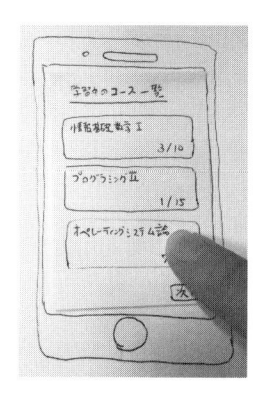

　完成後は，実際の利用者として想定できそうな，友人の高久さんにユーザ役を依頼しました。そして，赤平さんがコンピュータ役となって画面を切り替えながら，ユーザ役の高久さんにプロトタイプを操作してもらいました。高久さんには，そのつど思ったことや考えことを口にしてもらいながら進めました。また岩淵さんは，その様子をメモにとりながら観察し，ビデオカメラによる録画も行いました。テスト終了後に，プロジェクトメンバーで結果を振り返りながら分析を行い，操作面だけでなくコンセプトにかかわるいくつかの問題点が見つかったので，今後検討して改善することにしました。作成にあまりコストをかけていないので，改善も気軽に検討できました。さらに副次的な効果として，ペーパープロトタイプを作成しているうちに新しいアイデアも生まれていました。

▶ ユーザビリティテスト〈068〉

| | レベル1　わかりやすさ |

Tool No. 060

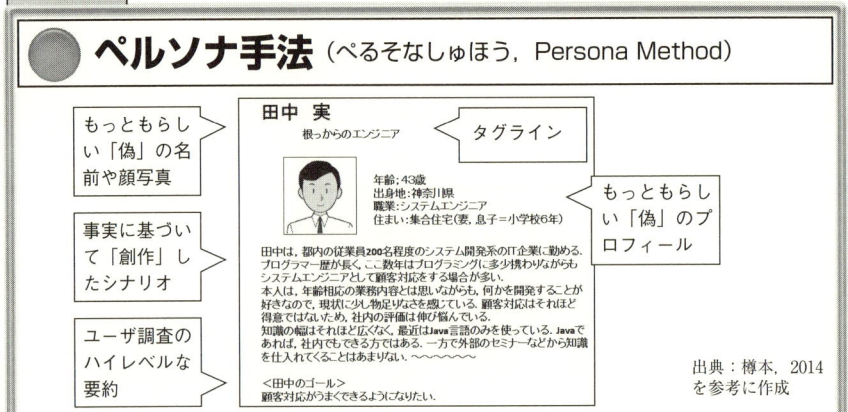

● ペルソナ手法 （ぺるそなしゅほう，Persona Method）

- もっともらしい「偽」の名前や顔写真
- 事実に基づいて「創作」したシナリオ
- ユーザ調査のハイレベルな要約

田中 実
根っからのエンジニア

タグライン

年齢：43歳
出身地：神奈川県
職業：システムエンジニア
住まい：集合住宅（妻，息子＝小学校6年）

もっともらしい「偽」のプロフィール

田中は，都内の従業員200名程度のシステム開発系のIT企業に勤める。プログラマー歴が長く，ここ数年はプログラミングに多少携わりながらもシステムエンジニアとして顧客対応をする場合が多い。
本人は，年齢相応の業務内容とは思いながらも，何かを開発することが好きなので，現状に少し物足りなさを感じている。顧客対応はそれほど得意ではないため，社内の評価は伸び悩んでいる。
知識の幅はそれほど広くなく，最近はJava言語のみを使っている。Javaであれば，社内でもできる方ではある。一方で外部のセミナーなどから知識を仕入れてくることはあまりない。～～～～

＜田中のゴール＞
顧客対応がうまくできるようになりたい。

出典：樽本，2014
を参考に作成

こんなときにオススメ！ ユーザが満足できるシステムを設計したいときに役立ちます。

どんな道具か ペルソナ手法は，仮想のユーザ像を作り，そのペルソナ（たち）が満足するシステムを設計します。すべてのユーザーを満足させようとすると，結局は誰にも喜ばれない状況に陥ることがあります。対象を限定して設計するほうがむしろユーザに受け入れられる近道となります。上の図はeラーニングシステムのユーザのペルソナです。ペルソナは仮想ですが，実在する人物であるかのように作成します。ペルソナに載せる情報は，ユーザの基本情報，役割（利害関係者か），目標（商品を通して達成したいこと），好みなどになります（情報デザインフォーラム，2010）。

　ペルソナはユーザの調査データに基づいて作成されます。データの中からパターンを見つけ出し，そのパターンを反映する形で典型的なユーザ像として作成されます。1つのプロジェクトで，複数のペルソナを作成することになります。複数ある場合は，ペルソナを順位付けしたり，最も重視したいペルソナを決めておきます。迷いが生じたら，優先度の高いペルソナに合わせるのです。ペルソナ手法は，人間（ユーザ）中心設計でよく使われる手法の1つです。あくまでもユーザ像ですので，そのユーザがシステムの機能を利用するシナリオもあわせて検討することになります。

利用事例

ストーリー1

　クラウド型の学習サービスを展開しているA社は，自社開発の学習管理システムについて，次期バージョンの設計に着手しています。次期バージョンでは，人間中心設計の観点を取り入れて，顧客の維持や新規獲得につなげたいと考えています。そこで，設計チームがサービス提供先の大学や企業にフィールド調査に行きました。戻ってきた後で，調査結果からの特徴的な気づきを1つずつカードに記述していきました。その後で似たものをまとめて，分類名をつけました。分類を眺めながら特徴的なパターンを抽出し，調査（観察）の経験を踏まえながら自然な形にパターンをまとめたものをクラスターとしました。

　例えば，自分の成長に貪欲で積極的にシステムを活用していて，学習履歴を必ず閲覧し，何を学習済みなのか，次に何を学習すべきかを考えながら利用しているクラスターができました。他には，会社に言われたところだけを学習していて，他者の進捗を気にするだけのクラスターもありました。それらの結果をもとに補足的な調査を行って，人名事典などから適当に氏名を選び，複数のペルソナを作成していきました。そのうち一つを主要ペルソナとしました。そのあとで，コンセプトのアイデアを検討するために，ペルソナに目標を与えて，システムとの関わり方のユーザシナリオを作成していきました。例えば，新しい事業部に配属になったので，必要な知識を得たいという目標を設定した場合に，ペルソナが既存のシステムをどのように感じ，どのように操作するのかを記述していきました。そうすることで，新しいユーザの要求が浮かび上がってきました。

出典：ライヒ・ジェームズ，2013を参考に作成

ストーリー2

　ある研究プロジェクトを推進している前川さんは，学習支援システムの開発を知り合いの小さな業者に委託しました。しかしその業者は，開発は得意でしたが，デザイン面にあまり良いアイデアがなく，今後進めていく上で不安が残りました。そこで平岡さんは，みんなが同じ方向を向いて，一体感を持てるように，ペルソナを共有することにしました。しかし，調査をしている余裕はありませんでしたので，調査は抜きにして，研究プロジェクトのメンバーで典型的なユーザ像を話し合って2種類の仮ペルソナを作成しました。その仮ペルソナが喜ぶようなシステムを目指すことにして，業者と共有しました。その後は議論がスムーズになりました。ただし，あまり根拠のない仮のペルソナなので，固執しすぎないようにすることを心に留めておきました。

➡ ユーザビリティテスト〈068〉

Tool No. 061 | レベル1　わかりやすさ

教材の見やすさ・わかりやすさを高めるポイント
（文字情報）(Ease of Visibility and Understanding:Text Information)

文字情報の見やすさとわかりやすさを高めるための7つのポイント！

見やすさ	・文字の大きさは，見る距離との関係で決める。本の活字は見る距離を40cmとしておよそ縦3mm（9ポイント），テレビに表示する文字は見る距離を2mとすれば縦1.6cm程度が適当となる。 ・パッと見て読み取らせたい文字や重要な箇所は，他の文字との大きさや濃淡，文字種の対比（文字ジャンプ率）を考える。ジャンプ率が高ければメリハリがつく。背景色とのコントラストを考える。 ・情報を階層的に構造化するためには，文字の変化，数字の使用（章，節，項目等），インデント（書き始めの位置）を利用する。ただし深すぎる階層構造は読み手に混乱を招くので注意が必要。 ・目の動きを短距離に，安定させるように工夫する。一行の文字数を少なめに，読み手の予測を裏切らないように配置する（インデントなど）。目の動きを安定させるために縦の罫線を行頭に利用するのも効果的。
わかりやすさ	・具体一抽象のレベルを，読み手と内容に応じて調節する。具体的なほどわかりやすいのは，知識が乏しい人を相手にするか，知識が豊富な人に細かい情報を伝える場合。逆に，知識が豊富な人を相手にする場合や，知識があまりない人におおまかなイメージを与えるなら，抽象的な情報ほどよい。 ・読み手の既有知識や関心を踏まえ，実例やたとえ話，比喩などを使う。 ・数字は，情報の区切りやまとまり，時間的な順序，階層，要素の数を表現するときに効果的。しかし，選択肢などで単なる置き換えのために使うと，逆にわかりにくくなる。

出典：鈴木, 1994, 2004をもとに作成

こんなときにオススメ！　プリント教材やeラーニング画面で文字情報を扱う場合に，このポイントに従うことで，見やすく・わかりやすくすることができます。

どんな道具か　鈴木（1994）は，これまでのユーザビリティ研究や認知表現学（海保，1992）に基づいて，教材の見やすさ・わかりやすさの指針を整理しました。ここでは文字情報に関するポイントを紹介しています。この指針は，プリント教材のために開発されましたが，eラーニング教材の画面などにも利用できます。まずは，「見やすさ」への配慮を最低限確保しながら，「わかりやすさ」を高める工夫をしていきましょう。

第 4 章 「わかりやすさ」の道具

利用事例 ▶▶

ストーリー１

　中学校で教師をしている新沼さんは、プリントを配布して授業を展開することがよくあります。同じ教科の先生とは定期的に授業に関する情報共有を行ってきましたが、他教科の先生のプリントを見せてもらったところ、自分が作成してきたプリントはかなり読みにくいということに気がつきました。

　主に文字情報のプリントなので、この道具を利用して、まずは「見やすさ」のレベルについて改善を進めることにしました。すると、文字にメリハリがなく、重要な情報が目立っていなかったことに気がつきました。見やすさのポイントをもとに「文字ジャンプ率」を考えて、重要な部分は他の文字よりもフォントの種類とサイズを変えることにしました。また、情報の構造が 1、1.1、1.1.1.、(1)(2) とかなり深すぎる状態なので、あらためて構造を見直し、2 段階だけになるように情報を整理しました。さらにそれらをインデントして提示することにしました。最低限の修正ではありましたが、それでも結果をみると明らかに見やすさが向上しており、少しでも手間をかけた甲斐があったと実感しました。

ストーリー２

　Web ページで教材を作成している大学教員の中野さんは、これまで自分の経験と勘を頼りにページを作成してきました。文字情報が中心のページではありましたが、見やすくなるように頑張って作成し、この道具が示す「見やすさのポイント」に照らしてもそれなりだと自慢したくなりました。特に文字の大きさやメリハリは十分でした。しかし、「わかりやすさのポイント」を見ると、読み手にとってわかりやすいものなのかどうかがまったく自信が持てません。作成中にわかりやすさへの配慮が頭になかったからです。そこで、「わかりやすさのポイント」に従って現状を点検することにしました。

　問題点はすぐに見つかりました。教材は情報システムの仕組みについて理解してもらうものでしたが、情報システムの概念を言葉で説明することから始めていました。よくある説明の形でしたので特に意識せずにそのようにしていましたが、教材は知識の乏しい初学者が対象でしたので、「わかりやすさのポイント」に従えば、最初から抽象的な内容だけで説明することは好ましくありません。そこで、まず具体的なレベルで読み手の既有知識を考慮しながら、読み手の身近にある情報システムの事例を紹介するところから始めることにしました。そして、その説明のあとで、情報システムの概念的な内容に入っていく（抽象度を上げていく）という流れを考えました。

▶ 教材の見やすさ・わかりやすさを高めるポイント〈イメージ情報, レイアウト〉〈062, 063〉

Tool No. 062

レベル1　わかりやすさ

● 教材の見やすさ・わかりやすさを高めるポイント
（イメージ情報）(Ease of Visibility and Understanding: Images)

イメージ情報の見やすさとわかりやすさを高めるための8つのポイント！

見やすさ	・図表やイラストの役割は，まとめる，強調する，直観的にわからせることの3つがある。 ・一般に，線画より詳細画や写真のほうが読み手に好まれる傾向がある。静的な絵よりは動きの感じられる絵が好まれる。しかし，イメージを詳しくすることで学習効果が高まるわけではない。 ・詳しすぎる絵は，内容を読み取る障害になる。この点では，写真はカラーよりも白黒，写真よりはイラスト，詳細画より省略画のほうが見やすい。 ・読み手の目の動きを考える。凡例（図と文字の別記）は使わずに，図を読むために必要な文字は直接図の中に書き込むとよい。 ・図表のタイトルは内容を表す言葉を選び，絵を用いた理由がわかるようにする。本文の中で図表に言及する。
わかりやすさ	・矢印は，場所，時間的な変化，動き，論理的な展開を表現するのに効果的。しかし，矢印を多用して，読み手の視線を複数の方向へ同時に導くと混乱を招く。矢印の方向は上から下へ，左から右へが基本。 ・イメージを具体化させるためには，写真，イラスト，ピクトグラフ（絵の大きさで量を表すグラフ）を使う。 ・読み手を想像しながら，読む順序と説明番号，観察の方向と説明図が描かれている方向，実物とイラストの大きさの比率などを合わせる。

出典：鈴木，1994，2004をもとに作成

こんなときにオススメ！
プリント教材やeラーニング画面でイメージ情報を扱う場合に，このポイントに従えば，見やすく・わかりやすくなります。

どんな道具か
鈴木（1994）は，ユーザビリティ研究や認知表現学（海保，1992）に基づいて，教材の見やすさ・わかりやすさの指針を整理しました。もともとはプリント教材のために開発されましたが，eラーニング教材の画面などにも利用できます。この道具では，特にイメージ情報を扱う場合の標準的な指針を示しています。文字情報だけでなく，適度に図表を挿入することは重要です。例えば，資料を読むときに図表を中心に見ていくということは，誰もが経験していると思います。そして単に図表を載せるだけでなく，図表をより効果的に見せるためにも上記の指針を参考にしてください。

第 4 章 「わかりやすさ」の道具

利用事例 ▶▶

ストーリー1

　ある企業の研修でインストラクタをしている及川さんは，今回新しい研修を立ち上げるにあたり，自学自習も可能なテキストを作成していました。しかし，できあがったテキストにあまり自信が持てませんでした。図表は欲しいとは思いながらも，急いで作成したせいか，文字ばかりになってしまい，読みにくいだけでなく意欲を失いそうな印象になっていたからです。今回はこれで仕方がないかとは思いましたが，その問題をあらためて認識し，やはり改善に着手することにしました。

　まず，紙面に余裕があったので，学習者が見やすいように説明のまとまりごとに内容を整理した図表を入れてみることにしました。それによってメリハリがつき，さらには図表だけを見ていくことで，だいたいの内容が把握できるようにもなりました。また，図表の内容を検討する過程で，自分自身も情報を整理することができ，理解がより深まりました。及川さんは出来映えに満足しましたが，一方で学習の仕組みに合致させることをあまり考慮していないことが懸念として残りました。いくらわかりやすくなっても，きちんと身につくようになるとは限らないので，今後の展開として，より上位レイヤーの道具も活用していきたいと思いました。

ストーリー2

　大学教員の喜多さんは，自前でLMSを用意し，教材を公開して学生に事前に読ませ，授業はグループ活動を行わせるという，ブレンド型の授業（ブレンデッドラーニング）を行っています。しかし受講生たちにアンケートをとったところ，eラーニング教材の内容があまり頭に入ってこないという意見が多数ありました。教材自体は単にテキストを作成して公開しているだけではありましたが，図などもそれなりに入れて頑張って作成していたので落胆しました。

　しかしながら，「わかりやすさのポイント」を参照すると，図自体があまりわかりやすいものになっていなかったことに気づきました。図に情報を詰め込みすぎていたものは，情報を厳選して少なくし，矢印でつないで関係がより明確になるようにしました。見やすさについても，適当につけていた図表のタイトル（キャプション）を見直し，その図表の内容が一目でわかるものになるように心がけました。学生たちに改善後の感想は聞いていませんが，授業で提出させるワークシートなどの内容を見ると，テキストを読んでいることがわかるような解答が増えてきていて，改善の手応えを感じています。

▶ 教材の見やすさ・わかりやすさを高めるポイント（文字情報，レイアウト）〈061, 063〉

Tool No. 063　　　　　　　　　　　　　　　　　　　レベル1　わかりやすさ

● 教材の見やすさ・わかりやすさを高めるポイント
（レイアウト）(Ease of Visibility and Understanding: Layout)

レイアウトによる見やすさとわかりやすさを高めるための6つのポイント！

見やすさ	・レイアウトは，読みやすさと見たときの感じ（第1印象）を決め，読むときの目の動きをガイドし，内容の軽重や種類を知らせる。 ・用途にあった大きさの紙を使う。紙の大きさによって，行数，一行の文字数などの多くの属性が制限を受ける。一度に見る情報量に適した大きさにするためには，二つ折や四つ折もよい。 ・すっきりさせるために，余白を多くとり，文字の種類を限定し，全体を統一したフォーマットやデザインにする。 ・安定した構図にするために，版面の中心にアクセントをつけ，重心をやや右下におき，上下左右の配置を考える。
わかりやすさ	・違いや変化を強調するためには，比較するモノ同士（例えば2つの図表）を同時に見ることができるようにする。 ・情報を内容のかたまりごとに配置する。見出しと本文が別の頁になったり，参照図表と本文が近接しなかったり，図表が頁にまたがって分断されているのは，内容軽視のレイアウトである。

出典：鈴木，1994，2004 をもとに作成

こんなときにオススメ！　プリント教材やeラーニング画面で，レイアウトを検討する場合に，このポイントに従えば，見やすく・わかりやすくなります。

どんな道具か　鈴木（1994）は，これまでのユーザビリティ研究や認知表現学（海保，1992）に基づいて，教材の見やすさ・わかりやすさの指針を整理しました。ここではレイアウトに関するポイントを紹介しています。関係する他の2つの道具である文字情報やイメージ情報に配慮しても，全体のバランスを考えないと，見やすくわかりやすいものにはなりません。例えば，余白がほとんどない場合や，考えなしに文字や図表が配置されている場合は，読む気がなくなると容易に想像できます。また，数ページ前の図と比較したい図が出てきたら，面倒だとは思いながらもページを両方開いて，行ったり来たりするような経験は誰もがあると思います。このように全体的な構成は，見やすさに影響します。価値のある情報も見た目だけで敬遠されてしまってはもったいないので，上記のポイントを参考にして，よりよいレイアウトを心がけましょう。

第 4 章 「わかりやすさ」の道具

利用事例 ▶▶

ストーリー1 ....

　ある病院の看護師長である中前さんは，院内の勉強会で感染対策について話をすることになりました。忙しい合間をぬって自作の資料（プリント教材）を作成しました。参加できない看護師もいましたので，欠席者には後で配布して目を通してもらえるように，必要な情報はすべて盛り込みました。しかし完成間近の原稿を見直してみると，うまく言葉にすることはできませんでしたが，「見た目があまりよくない」という印象を持ちました。

　中前さんはレイアウト上のポイントを見て，原因が2つあったことがわかりました。一つは，ページに内容を詰め込みすぎていたことです。枚数を減らすために，余白を多少せまくしていましたが，それによって読み手に圧迫感を与えてしまうようでした。もう一つは，図の位置でした。図が左側や上のほうにあったため，構図が安定するように，図を右側や下の方にくるように配置を見直しました。これらを修正後，中前さんは改めて資料全体を見渡し，満足のいく改善ができてほっとしました。

ストーリー2 ....

　メーカー系企業に勤める森泉さんは，契約した企業に設置している自社製品のメンテナンス用マニュアルを作成しています。メンテナンスは，各地域の小売店に委託する場合が多く，製品に詳しい人が現地に行くとは限りません。そのために，マニュアルにはわかりやすさが求められました。森泉さんは，写真をできるだけ入れて，具体的に説明するように心がけてマニュアルを作成しました。

　作成後に，実際の対象者1名に機材に触ってもらいながら<u>形成的評価</u>を実施しました。その結果，想定よりも時間がかかっていました。観察結果からは，メンテナンス中にページ間を行ったり来たりすることも多く，そこが時間がかかった原因の一つだと考えられました。インタビューでも同様の意見が得られました。あらためてマニュアルを見直したところ，特にトラブルの事前事後の比較などができるように情報が配置されていなかったことや，写真と説明文が同じページにない場合も多くあったことがわかりました。また，比較したほうがわかりやすい写真が，事後のものしか入っていない事例もありました。さっそく改善に着手し，比較対象の図を並べることや，文字と写真はできるだけ近くに配置することなど，字数を意識しながら修正しました。改善後に現場に投入しましたが，特に今のところ不満の声はあがっていません。

➡ 教材の見やすさ・わかりやすさを高めるポイント〈文字情報，イメージ情報〉〈061，062〉

Tool No. 064　　　　　　　　　　　　　　　　レベル1　わかりやすさ

マルチメディア教材設計7原理
（まるちめでぃあきょうざいせっけいななげんり, 7 Principles Multimedia Design）

マルチメディアを効果的に提示するための7つの原理！

①マルチメディア原理	文章のみよりは，画像つきの文章からのほうがよりよく学べる。
②空間近接原理	関連する画像と文章がばらばらに配置されるよりは，同じページ・画面上に近接されていたほうがよりよく学べる。
③時間接近原理	関連する画像と文章が片方ずつ提示されるよりは，同時に提示されたほうがよりよく学べる。
④首尾一貫原理	無関係な文章や画像，音声が含まれているよりは，除かれていたほうがよりよく学べる。
⑤モダリティ原理	アニメーションと画面上の説明文（視覚＋視覚）の組み合わせよりは，アニメーションとナレーション（視覚＋聴覚）の組み合わせのほうがよりよく学べる。
⑥冗長性原理	アニメーションでは，画面上の説明文と同内容のナレーションを両方提示するよりは，ナレーションのみのほうがよりよく学べる。
⑦個人差原理	設計効果は，知識が豊かな学習者よりは知識が少ない学習者に，また空間能力の低い学習者よりは空間能力が高い学習者に，より強く作用する。

出典：鈴木, 2005

こんなときにオススメ！　マルチメディア（文字・画像，音声）を組み合わせて効果的に学習教材を提供していくために，どのような点に注意しておけばよいのかがわかります。

どんな道具か　学習心理学者として，マルチメディア学習についての多くの実証的研究を重ねてきたリチャード・E・メイヤー（Mayer, 2001）が，7つの設計原理に研究成果をまとめたものです。例えばeラーニングでよく利用される動画コンテンツを作成・提供する場合に，マルチメディアとして文字（文章）や，画像（動画），音声をどのように組み合わせて配置していくべきかの参考となります。

第 4 章 「わかりやすさ」の道具

利用事例 ▶▶

ストーリー

　ある制作チームが，エクセルの使い方を学ぶ e ラーニング教材の開発を進めています。急ぎの案件ということで，手持ちの素材を生かしながら，ざっとシステム画面（ドラフト案）を作成し，改善案の検討を行いました。チームでは以前，この道具（7 原理）を勉強していたので，それを踏まえた改善点もあがりました。以下に紹介します。

●ドラフト案　　　　　　　　　　　　　●改善案

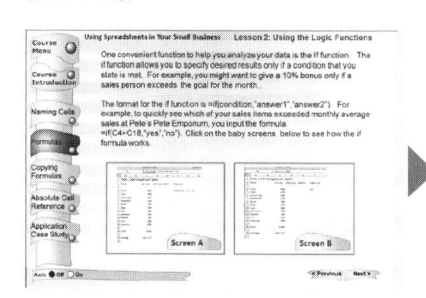

関数の使い方の画面で，上に説明文があり，左下が関数の入力，右下が結果の画面の図である（クリックで拡大）。空間近接原理からすれば，説明文と画面が離れており，わかりにくい。

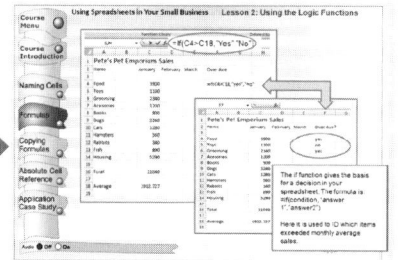

改善案では，画像を大きくしてクリックで拡大しなくても内容がわかるようして，さらに説明文を画像の特に関係する部分の近くに配置するようにした。

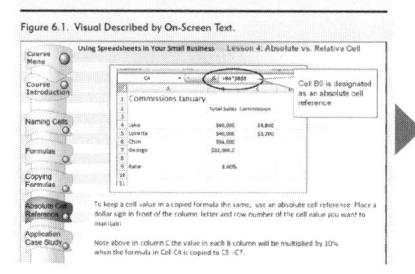

セルを指定する方法の画面で，上にアニメーションで方法が示されており，下に説明文がある。モダリティ原理からすれば，説明文ではなく，音声との組み合わせにすべきである。

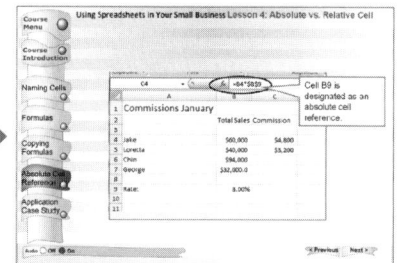

改善後では，説明文を削除し，アニメーションに合わせて音声が流れる。さらに，冗長性原理の観点から，音声ボタンが OFF の場合は，左画面のようにアニメーションと説明文が表示されるようにした。

出典：Clark & Mayer, 2011 をもとに作成

➡ 教材の見やすさ・わかりやすさを高めるポイント（イメージ情報）〈062〉

141

Tool No. 065　　　　　　　　　　　　　　　　　レベル1　わかりやすさ

● 形成的評価 (けいせいてきひょうか, Formative Evaluation)

教材を改善するための形成的評価はこの3段階で進めよう！

1対1評価	教材を使う人1名に対して進行を見守る人1名がつきっきりで評価します。教材やテストからわかりきった誤りを取りのぞき、学習者の教材に対する反応を見ます。1名で不安なら繰り返し行います。
小集団評価	複数の学習者を相手にして、学習者が独立して学習を進めた場合の問題を探ります。それと同時に、ある程度の人数を集めるので教材が効果的かどうかも確かめます。
実地テスト	実用に耐えられるかどうかを確かめます。教材の管理や他の研修との関連など、できるだけ現実に近い状況で評価を行います。30名いれば十分とされています。評価自体が宣伝にもつながります。

出典：鈴木, 2002 と, ディックら, 2004 を参考に作成

こんなときにオススメ！　教材を開発してその出来具合を確かめたいときに行います。教材の効果を示すための根拠を提示できるようになります。

どんな道具か　教材作成者が、教材を作成している途中で、効果を確かめながら改善をしていくための評価を「形成的評価」と呼び、最終的に教材の採用の可否を判断する「総括的評価」と区別します。形成的評価は、教材づくりを実証的に進めるための手段です。表に示す3つの段階を順番に踏んでいくことがよいとされます。ここでの教材とは、教えることをすべて盛り込んだ、独学を支援する教材を想定しています。

　例えば1対1評価は、趣旨説明→前提テスト→事前テスト→教材→事後テスト→アンケートやインタビュー→お礼という手順を踏みます（鈴木, 2002）。事前テストと事後テストの得点の変化を教材（授業）の効果と捉え、それ以外の部分をアンケートや観察、経過時間の記録などで補います。気軽に言える雰囲気をつくり、手や口は出さないように心がけましょう。評価の対象が学習者ではなく教材にあることを伝えることも重要です。協力者が、前提テストに合格し、事前テストに不合格であれば教材利用の適格者であり、さらに教材で学習後に事後テストに合格すればよいことになります。形成的評価に先行して専門家などに意見をもらう場合も多いです。しかし、「学習者検証の原理」が示すように、教材の効果は実際の学習成果で確かめる必要があります。

第 4 章 「わかりやすさ」の道具

利用事例 ▶▶

ストーリー 1

　大学の教育工学の授業で，情報モラルの基礎を学ぶ教材を作成している砂森さんは，教材が形になった段階で 1 対 1 の形成的評価を実施することにしました。教材の対象者は大学生を想定していたので，サークルの後輩で大学 1 年生の曽我さんに依頼しました。評価にはパソコンが必要でしたので，曽我さんには研究室に来てもらいました。

　まず趣旨説明として，これは教材自体の作成途中の評価であり，学習がうまくいかなくても教材のせいであることを理解してもらいました。そして，前提テストを行い，曽我さんは合格したので，次に事前テストを受けてもらいましたが，曽我さんは合格してしまいました。これでは対象者として不適切なため，急遽菊池さんに依頼することになりました。菊池さんは前提テストに合格，事前テストには不合格でしたので教材の利用者として適切であると判断し，実際に教材を用いて学習を進めてもらいました。教材での学習後に実施した事後テストは残念ながら不合格でした。インタビューや振り返りの結果として，教材自体にも多少問題はありましたが，事後テストが難しすぎたことが一番の原因でした。事後テストを学習目標に合致するように修正して，他の人に協力してもらって再度 1 対 1 評価を実施することにしました。

ストーリー 2

　教育サービスを提供している A 社は，小学生を対象とした家庭学習の通信教材を販売しています。かつては市場を独占した時期もありましたが，最近ではライバル会社に押され気味です。そこで上層部は教材のリニューアルを決定しました。担当部署を任された竹口さんは，教材が形になった段階で，1 対 1 の形成的評価を実施しました。手軽さと問題発見のしやすさを実感しながら，3 回ほど評価と改善を繰り返しました。その後で，小集団評価へと進むことにしました。プレ実験として 2 名に対して評価を実施したところ特に問題はなかったので，近隣の小学生 20 名をイベントとセットで招待し，教材を全員に配布して，その場で指定した箇所の学習を進めてもらいました。少し質問は出ましたが，全員が問題なく学習に取り組めました。

　結果として，事後テストの点数が事前テストよりも上であり，さらに事後テストの平均点が設定した合格基準に達したことから，問題なしと判断しました。このデータをもとに社内の理解も得られ，改善後に最後の実地テストへと移りました。実地テストは，100 軒程度の家庭に教材を郵送して行ってもらいました。参加者には謝礼を出し，終了の期日がきたら電話でインタビューしました。結果は好評で実用に耐えうると判断されました。販売開始後には，実地テストに参加した家族も多く購入してくれました。

▶ 教材のシステム的開発モデル〈053〉，3 種類のテスト（前提・事前・事後）〈072〉

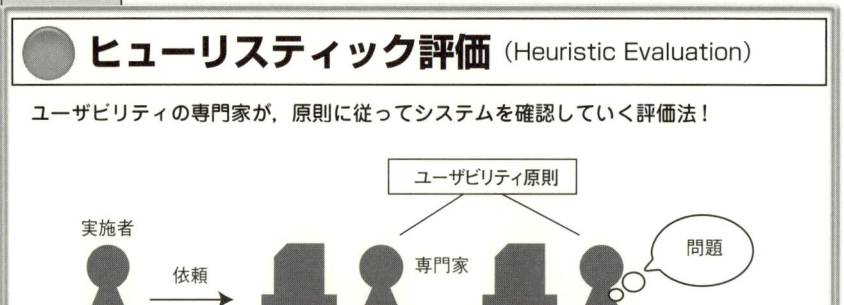

Tool No. 066　　　　　　　　　　　　　　　　レベル1　わかりやすさ

● ヒューリスティック評価 (Heuristic Evaluation)

ユーザビリティの専門家が，原則に従ってシステムを確認していく評価法！

こんなときにオススメ！　設計の初期段階でユーザビリティの問題を洗い出すことに有効。使いにくさの問題を減らすことが期待できます。

どんな道具か　実際の対象ユーザを使わない評価手法です。ユーザビリティ専門家が主観的な評価に偏らないように，客観的な原則に従って評価します。通常，複数名（少数）によって実施され，各自に任せてシステムを評価し，結果を報告してもらいます。ヤコブ・ニールセンは多くのユーザビリティ問題を分析して，以下に示す「10 ヒューリスティクス」に整理しており (Nielsen, 1995；樽本, 2014)，基本的にこの原則を適用します。

①システム状態の視認性：今何を行っているのかを常にユーザに知らせる。
②システムと実世界の調和：馴染みの言葉を用い，慣習に合わせる。
③ユーザ制御の自由度：間違いから抜ける手段，undo と redo を提供する。
④一貫性と標準化：同じ意味のことを，異なる用語・状況・行動で惑わさない。
⑤エラーの防止：エラーメッセージよりも，まずは問題の発生を防止する。
⑥記憶せずに見ればわかる：記憶を強いることをせず，対象物や動作，オプションを見えるようにする。説明を提示するか簡単に引き出せるようにする。
⑦柔軟性と効率性：初級者と上級者に対応。頻繁に利用する動作を調整できる。
⑧最小限で美しい：関連のない情報やめったに必要としない情報を含めない。
⑨エラー認識・診断・復帰の支援：エラーメッセージは平易な言葉で表現し，問題を的確に提示し，建設的な解決策を提案する。
⑩ヘルプとマニュアル：ユーザの作業に焦点化し，探しやすく簡潔にする。

第4章 「わかりやすさ」の道具

利用事例 ▶▶

　ある私立大学の子会社であるN社は，大学の情報環境の整備や運用を主要な業務としています。今回大学側から，数年間の運用実績がある学習管理システム（LMS）について拡張の依頼がありました。内容はeポートフォリオ機能の追加でした。プロジェクトを任された松橋さんは，大学側担当者との数回の打ち合わせを経て，コンセプトを固め，画面設計まで進めていきました。使いやすさを重視したいと先方が強調していたので，ユーザビリティ上の問題を洗い出すために，ヒューリスティック評価を実施することにしました。設計の初期段階で全体をざっと眺めて，基本的な使いやすさの問題をつぶしていく作戦です。これが後戻りを減らすことにつながると松橋さんは過去の経験で実感していました。

　松橋さんは，ユーザビリティをよく理解している，社員の佐藤さんと大学教員の斉藤さんの2名に協力を求めました。事前説明では，画面イメージと遷移図，10原則の印刷物と，指摘事項を書き込む様式を渡しました。進め方はそれぞれに任せ，まずは問題点を各自が単独でリストアップしてもらいました。問題点のリスト（下表）は，問題が発生した箇所を特定できる情報（画面やスクリーン番号），問題の具体的内容，根拠となるヒューリスティクス（原則）の視点で整理されました。原則に限らず，「その他」として自分の気づいた点は根拠とともに示すようにしました。

番号	画面	問題点	原則
1	全体	LMSの操作とeポートフォリオの操作が一貫していないので混乱する。例えば，掲示板の投稿方法が異なっている。	一貫性と標準化
2	グループページ	継続的利用者のためのショートカットのようなものが存在しない。グループのトップページに入るためにステップ数が多い。	柔軟性と効率性
3	ページ作成	レイアウトを調整しながら成果物の配置を行うのではなく，事前にレイアウトを確定する必要があるため，作業の流れが不自然になる。	システムと実世界の調和

　問題点の洗い出しが終了したあとで評価を担当した佐藤さんと斉藤さんはミーティングを行いました。両者が気づいたものや一人だけのものまで，結果として大小20個程度の問題点が出ました。代表して佐藤さんが問題点を整理してレポートにまとめました。ミーティングでは改善アイデアについても多少言及があったので，その内容も付記されました。その後，レポートを受け取った松橋さんは，多くの問題が見つかったことに感謝し，問題点の重要度や影響度を考えながら，画面設計の見直しを進めました。

▶ ユーザビリティ〈058〉，認知的ウォークスルー〈067〉

Tool No. 067

レベル1　わかりやすさ

● 認知的ウォークスルー　（にんちてきうぉーくするー, Cognitive Walkthrough）

対象ユーザになったつもりでシステムを探査する評価法！

事前に,
ユーザ像の定義
タスクの絞り込み
両面の定義

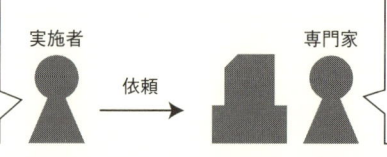

実施者　→依頼→　専門家

ユーザは,
何をするかわかるか？
やり方に気づくか？
正しく操作できるか？
進み具合がわかるか？

こんなときにオススメ！　eラーニングなどのユーザビリティ向上が期待できます。特に設計の初期段階で安価に実施できることが魅力です。

どんな道具か　実際のユーザを使わないユーザビリティ評価手法です。比較的手軽に実施可能です。ユーザビリティ専門家への依頼が望ましいですが，設計者自身が行う場合もあります。この手法は，ユーザが使いながら操作を理解していくという認知モデルである探査学習理論に基づいて問題の発見を試みます（樽本，2014）。評価の手順は次の通りです。

①技能や経験を定義する：利用者像をイメージして設定する。
②タスクを定義する：分析を行うタスクを絞り込む。
③操作手順と画面を定義する：画面遷移図などを作成する。
④分析する：探査に関する4つの質問に答えながら，問題点を発見していく。
・質問1：ユーザは「何を」するべきかをわかっているのだろうか？
・質問2：ユーザはインタフェースを探索して，やり方に気づくだろうか？
・質問3：ユーザは目的と正しい操作方法を関連づけられるだろうか？
・質問4：ユーザは操作が順調に進んでいることがわかるだろうか？

評価の準備段階では，「ユーザの技能や経験」を定義し，プロジェクトの目的や重要度に応じて「タスク」を絞り込みます。そして，タスクを実行する「操作手順」と「画面」を定義します。準備ができたら，上記の4つの質問に答えながら，タスクを1ステップずつ分析していき，ユーザが混乱・誤解する可能性のある箇所を特定します。分析結果は4つの質問とタスクの表になります。

第4章 「わかりやすさ」の道具

利用事例 ▶▶

　大学院博士前期課程に在籍する古水さんは，主に中学生を対象としたタブレット端末を用いた学習支援システムの開発研究を進めています。システムは個人の利用を想定したもので，ネットを調べて内容をまとめ，発表ができるというものです。授業での活用を想定しており，操作が困難であると敬遠される恐れがあったので，学部時代に学んだことがある「ユーザビリティ」に配慮していく必要があると考えました。

　紆余曲折しながらもシステムのコンセプトが確定し，システム画面例の作成を進めてきました。そして画面遷移図ができた段階で，ユーザビリティに詳しい社会人大学院生の伊藤さんに依頼して，認知的ウォークスルーを実施することにしました。まず利用者像は，タブレットにはあまり触れたことがない中学1年生で，調べ学習の授業の中でシステムに初めてアクセスする場合と設定しました。次にタスクは，システムにアクセスしてから，調べる画面に行き，調べた結果を記録するところまでとしました。準備を終えたあとで，詳しい説明を受けた伊藤さんは，該当する部分の画面遷移図を眺めながら，分割したタスク（ステップ）に4つの質問を1つずつ適用していきました。各質問とタスクを以下の表のようにまとめました。

	質問1	質問2	質問3	質問4
ステップ1：ユーザがログインする。	OK。「ログイン」が必要であることは，事前に伝えられるため，問題はない。	OK。ログインしかできない画面なので，単純であり，問題なくできそうである。	OK。ログインの操作しかできないので，問題はない。	NG。ログインを失敗したときのメッセージがなく，入力画面に戻るので，戸惑う。
ステップ2：ユーザが新しい学習を開始する。	NG。初めてであると，情報がありすぎて，どうしたらよいのかわからない。	NG。新しく始めるボタンが目立たないため，気がつかない場合がありそう。	OK。新しく開始することについては，ボタンを押せばよいだけなので問題はない。	OK。新しく開始すると画面が大きく変わるので，進んだことを把握できる。

（ステップ3以降は省略）

　評価終了後，伊藤さんは結果を古水さんに報告しました。情報が多すぎて，新しく学習をはじめることが困難なことなど，いくつかの問題点が明らかになりました。それらの問題点に基づいて改善案を検討することにしました。

⇨ ユーザビリティ〈058〉，ヒューリスティック評価〈066〉

Tool No. 068

レベル1　わかりやすさ

● **ユーザビリティテスト** (Usability Testing)

対象ユーザに作業課題を与え，システムの利用を観察・測定する評価法！

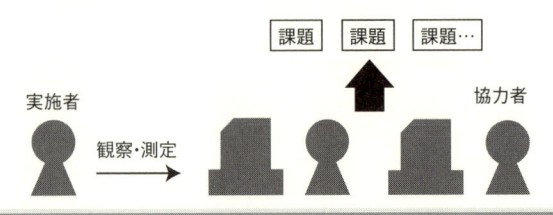

こんなときにオススメ！
対象としたシステムが，実際のユーザにとって使いやすいものであるのかがわかります。システムの使いやすさを説得的に説明できます。

どんな道具か
システムが形になった段階で，対象ユーザに課題（タスク）を提示して実際に操作してもらい，その過程を観察・測定する評価法です。ユーザビリティ問題をすべて見つけ出すにはテスト協力者は最低15名必要ですが，一方で5名いれば問題の85%を発見でき，改善を重視するなら小人数で繰り返し行うことが推奨されています（Nielsen, 2000）。明らかに異なるユーザ集団がある場合は，それぞれから協力者を選出します。

テストの手順は，趣旨説明→事前確認→課題の実施→振り返りです。課題の設定が肝心で，評価の目的を踏まえ，ユーザが実際に操作して達成すべき課題にします。事前確認では協力者のプロフィールなどを把握します。テスト中は課題に取り組む様子を実施者が観察しますが，ビデオ録画や利用ログの記録も行われます。振り返りは，インタビューやアンケートで難易度や好感度，再利用意向などを聞きます。以下は代表的なテスト手法です（樽本, 2014）。

・思考発話法：作業課題を進めながら，考えていることを発話してもらい，その内容を記録する。つまずきの理由もわかり，効率的に行うことが可能。
・回顧法：課題を終えた後で，振り返りながら質問に答えてもらう。必要に応じてビデオ記録を参照する場合もある。
・パフォーマンス測定：何%が独力で達成できたか（タスク達成率），どのくらい時間がかかったか（タスク達成時間）などを測定する。

利用事例 ▶▶

ストーリー1

　大手の教育サービス会社に勤務する藤原さんは，主に企業を相手にしたeラーニングの配信に携わっています。他にはないコンテンツの品ぞろえもあって，ユーザ数は順調に増えていましたが，ヘルプデスクの問い合わせ件数も増加傾向にありました。その大半は操作がわからない，情報が見つけられないなど，使いやすさに関するものでした。この状況を見かねた上司から，藤原さんに改善の指示がありました。藤原さんはまず問い合わせの多かった問題を中心に，認知的ウォークスルーを実施し，既存システムの問題点を洗い出しました。そして重要度が高い問題について改善を進め，形になったところで，ユーザビリティテストを行いました。

　顧客企業は大きく2種類の業種に分けられたので，その両群を代表する企業から，利用経験の少ない3名ずつを紹介してもらいました。企業の一室を借りてノート型パソコンを持ち込み，受講すべきコースを見つける課題などを，1名30分程度で行ってもらいました。発話思考法で実施し，協力者にはできる限り考えていることを声に出すようにしてもらい，ICレコーダーに録音しました。発話の練習を最初に5分程度行いました。テスト中は協力者に寄り添って観察し，時々質問に答えながら進め，最後にインタビューを行いました。結果を持ち帰って分析した結果，ユーザがコースを探す方法とサイトの構造が一致していないことがわかりました。副次効果として，評価を実施した企業には，改善に向けての姿勢が好印象に映ったようでした。

ストーリー2

　大学教員の鎌田さんは，クイズを作成・出題するシステムの開発研究を進めています。主に授業の復習への利用を想定しており，出題用と作成用の2つのサブシステムから構成されています。システムができあがった段階で，評価を行うことにしました。

　出題用システムの評価については，学生15名に数週間利用してもらいました。学習効果をみるための評価に加えて，使いやすさの評価として，利用ログとアンケートを活用しました。そのためにユーザの操作を記録できるようにプログラムを追加し，得られたデータは，アンケートを集計した結果を裏づけるために利用しました。

　作成用システムの評価については，上記の15名を対象に，クイズの作成課題を行ってもらい，課題の達成率や作業時間を測定しました。異なる種類のクイズ作成課題を4題用意し，静かな部屋を確保して5名ずつ日を分けて実施しました。結果として，クイズ作成の達成率と作成できた人の作業時間は概ね良好でしたが，課題の種類によっては，達成率が7割で想定の時間を超過しているものがあり，要改善となりました。

▶ ユーザビリティ〈058〉，ヒューリスティック評価〈066〉，認知的ウォークスルー〈067〉

第5章

レベル0

「ムダのなさ」の道具

レベル3	学びたさ
レベル2	学びやすさ
レベル1	わかりやすさ
▶ レベル0	ムダのなさ
レベル-1	いらつきのなさ

Point

　レイヤーモデルのレベル0「ムダのなさ」は，インストラクショナルデザインの「効率」に相当するレイヤーです。ニーズ分析や対象者分析などを通じて対象に最適なソリューションを提供する活動が含まれます。作り上げた学びの環境が期待通りに機能するためにはこのレイヤーでの基盤づくりが重要になってきます。「なぜその研修が必要なのか？」「教える以外の選択で成果を得ることができるのではないか？」といった，求める成果に適した対策を検討しましょう。

▶▶ 対象者を見きわめ，出入口を明確にする 〈No.069〜074〉

- 学習者分析
- メーガーの3つの質問
- 学習目標の明確化3要素
- 3種類のテスト（前提・事前・事後）
- ルーブリック
- TOTEモデル

▶▶ 目標の分類と評価方法の選択 〈No.075〜082〉

- ブルームの目標分類学
- 学習成果の5分類
- 言語情報の評価方法
- 知的技能の評価方法
- 認知的方略の評価方法
- 運動技能の評価方法
- 態度の評価方法
- 問題解決学習の分類学

▶▶ 学習内容に適した課題分析手法 〈No.083〜088〉

- 学習課題分析（構造化技法）
- クラスター分析
- 階層分析
- 手順分析
- 複合型分析
- 教授カリキュラムマップ

▶▶ 組織に適した成果を求める 〈No.089〜092〉

- ニーズ分析
- GAP分析
- 4段階評価モデル
- ROI

▶▶ 教育以外の選択肢を活用する 〈No.093〜095〉

- ナレッジマネジメントシステム
- ジョブエイド
- パフォーマンス支援システム

Question

- 対象に合った学習範囲か判断しかねます？（→学習者分析・メーガーの3つの質問）
- 評価にはどのような方法があるのでしょうか？（→4段階評価）
- 教えた内容を正確に評価できているか不安です？（→学習成果の5分類）
- 授業で教える内容がどうしても多くなってしまいます？（→学習課題分析）

Tool No. 069　　　　　　　　　　　　　　　レベル0　ムダのなさ

● 学習者分析 (がくしゅうしゃぶんせき, Learner Analysis)

対象となる学習者について教育設計者が把握しておくべき項目！

①前提行動：すでに知っている・できると仮定してスタートする基礎ができているかどうか
②教育内容に対する前提知識：部分的理解，誤解，関連して知っていることなど
③教育内容と可能な教育伝達システムに対する態度：これから学ぶ内容とその教え方に対する希望や意見
④学習の動機づけ：学習意欲の特徴をARCSモデルでおさえておく
⑤教育レベルと能力：学業成績や一般的能力レベルを知ると新しいことの吸収力・理解力が想定できる
⑥学習スタイルの好み：講義が好きか討議が好きか，個別学習を好むかグループ学習か，など
⑦教育組織に対する態度：肯定的・建設的か，懐疑的かなど
⑧グループの特徴：対象となる学習者の多様性がどの程度あるか，チームワークの状況など

出典：ディックら，2004，pp.90-92.

こんなときにオススメ！　教育設計をする際に，学習者の状態を調査する手がかりとなります。

どんな道具か　授業・研修や教材の設計をする最初のステップとして，対象となる学習者がどのような状態かを知ることはとても重要です。IDではこれを「学習者分析」と呼び，8項目を把握することを推奨しています。

　最も重要なのは①前提行動です（稲垣・鈴木，2015，pp.34-35）。学習開始前にあらかじめ身につけておいてほしい知識・スキル・態度のことで，レディネス（学習の準備性）とも呼びます。他には，②学習内容についてすでに知っていることはないか，③学習内容や学び方について学習者からの要望はないかを知ることも大切です。また，④学習意欲については ARCS モデルの観点で特徴を捉えておきます。さらに，⑤学習者が子どもなら学業成績，成人なら資格取得状況や業務成績はどうか，⑥一斉講義・グループ学習などの学習方法の好みや新しい学習形態を試す先進性があるか，⑦教育組織や担当者にどんな見方を持っているか（肯定的な印象を持っていると学んだスキルを応用する傾向があるとされています），⑧学習者全体の雰囲気や個々の学習進度のばらつきなどの多様性について調べます。これらの情報を集めるには，学習者本人や管理者へのインタビューやアンケート，現場の観察が有効です。また，①②を把握するには「前提テスト」の実施がおすすめです（3種類のテストを参照）。

利用事例 ▶▶

ストーリー1 ....

　中学教師の浜田さんは，産休代替教員としてまもなくある中学に着任する予定です。生徒に合った授業をするためには，生徒のことを早くよく知る必要があると考えています。そこで学習者分析の考え方を参考に，今できる準備をしてみようと思いました。

　「最も重要なのは①前提行動」ということから，まずは前任者から引き継いだ生徒の成績資料と学習指導要領に基づいて，個々の生徒の学習カルテを作ってみました。特に注意が必要そうな生徒のカルテには印をつけました。このカルテは，「②教育内容に対する前提知識」と「⑤教育レベルと能力」の情報も含んでいると思いました。また，前任者の指導案ももらえたので，どんな教え方をしていたのかを確認しました。これは「⑥学習スタイルの好み」に影響を与えていそうです。そこで，生徒が混乱しないよう，前任者の教え方に沿う形で数回分の指導案を作り，注意すべき生徒用の補助資料も用意しました。事前準備はここまでで，あとは生徒や先生方に会ってその他の情報を得てから，徐々に授業の工夫をしていきたいと思いました。

ストーリー2 ....

　ある企業の人事教育部門に所属する平野さんは，チーム運営に関する中堅向けの新しい研修を企画しています。社内からは外部の有名講師を呼んでほしいという声があったため，平野さんは講師名を挙げて社員に学びたい研修を選んでもらうアンケートを作りました。上司に相談したところ，「内容や教え方について学習者からの要望を聞くだけではなく，中堅社員は今何ができて，何ができずに困っているかを知ることが重要ではないか？」と言われ，IDの学習者分析を紹介されました。この考え方によると，平野さんがアンケートで調査しようとしていたことは「③教育内容と可能な教育伝達システムに対する態度」に当たるようです。一方で，上司が指摘したことは「①前提行動」と「②教育内容に対する前提知識」だと思いました。しかし，前提テストを作って全対象社員に実施するのは，難しそうに思いました。

　困った平野さんが先輩社員に相談したところ，過去に似たようなチーム運営の中堅研修が実施されていたことを知りました。その実施報告書を見ると，中堅社員は若手社員との意思疎通を苦手としているようでした。一方で，若手向けのコミュニケーション研修は，他者との円滑な意思疎通の基礎を学ぶ内容であり，計画している中堅研修の前提条件に該当する気がしました。そこで平野さんは，何人かの中堅社員に協力してもらい，「この2つの研修の内容が現場でできているか」を中心にしたインタビューをして，現状を探ってみようと思いました。中堅社員だけなく，その上司や部下にもインタビューをしてみるとさらに情報が集まりそうだと思いました。

▶ ARCS モデル〈001〉，3種類のテスト（前提，事前，事後）〈072〉

Tool No. 070　　　　　　　　　　　　　　　　　　　レベル0　ムダのなさ

● メーガーの3つの質問 （めーがーのみっつのしつもん, Mager's Three Questions）

授業設計の考え方を示す3つの問い！

Where am I going?
　　（学習目標：どこへ行くのか？）
How do I know when I get there?
　　（評価方法：たどり着いたかどうかをどうやって知るのか？）
How do I get there?
　　（教授方略：どうやってそこへ行くのか？）

こんなときにオススメ！　授業設計をシステム的に行いたいと考えている人に有効な指針を与えます。

どんな道具か　米国の教育工学研究者ロバート・メーガーは，1974年に上の3つの質問の大切さを指摘しました（鈴木，2005）。1つ目は，どこへ行くのかを問うています。これは学習目標を定めるための重要な質問です。目的地が明確でなければ，どうやってそこへ行くのかが決められません。目的地を把握していないということはどこへ行くかがわかっていないということですから，自分が迷っていることすらわからないでしょう。

　2つ目では，たどり着いたかどうかをどうやって知るのか，すなわち評価方法を問いかけています。1つ目の質問（学習目標）と表裏一体の問いで，その行き先にたどり着いたことをどうやって知るのか，をあらかじめ考えておくことの大切さを強調しています。もし，住んでいる場所からいちばん近いアウトレットモールに行くのなら，目的地を地図上で明確に指し示すことができますし，到着したことも容易にわかります。けれど，教授場面では，学習者がわかったかどうかは目に見えません。学習者が確実にわかったかどうか，身につけられたかどうか，その確認方法を考えることで，目的地が明確になります。

　3つ目の問いは，目的地までの道筋（すなわち教授方略）を明確にすることを促しています。アウトレットモールへの道順は，おそらく一つではないでしょう。学習者が目標に至る道筋も一つではありません。一人でも多くの学習者が目標を達成できるようになるために，様々な工夫が必要になります。

利用事例

ストーリー1

聴覚障害者の特別支援学校教員である内野さんは、高校卒業後に、より高度な職業スキルを身につけることを目指す専攻科に移ることになり、新しい職業訓練プログラムを担当します。プログラムを考えるにあたり、友人のインストラクショナルデザイナーから「メーガーの3つの質問をまず考えるといいよ」というアドバイスを受けました。「どこへ行くのか？」という第一の問いを考えるに当たり、障害者の置かれた状況を振り返りました。作業所などでは自分たちの活動を伝えるWebページが作成されてきていますが、簡単なものにとどまっている現状があります。そこで、第一の問いへの答えとして、高度なWebページ作成技術を身につけることを目標にすることにしました。第二の問い「たどり着いたかどうかをどうやって知るか？」では、高度なWebページとは何かを明確に定義し、その条件を満たすためのチェックリストを用意することにしました。最後の「どうやってそこへ行くのか？」には、個性的な生徒の実態に合わせていろんな道筋で学びを支援してきたこれまでの経験が盛り込めそうです。出口がはっきりすることで、発想が広がっていくことが実感できました。

ストーリー2

K大学ではeポートフォリオを導入することになりました。担当の広田さんは前任校でeポートフォリオについて見聞きしたことがあり、導入は難しくないと考えていました。前任校に倣ったシステムとし、運用をスタートさせました。しかし、学生はほとんど書き込まず、教員も書き込みを促そうとはしません。そして1年が過ぎました。考え直すしかありません。メーガーの3つの質問が有効だと聞いて、それに沿って問い直すことにしました。導入前には「どこへ行くのか？」という問いの答えは、「eポートフォリオを入れること」だと考えていました。改めて考えてみれば、eポートフォリオで何を実現したいのかが明確ではなかったことに気がつきました。

そこでK大学の目指す人材像をもとに「学習成果を整理して自己アピールする材料を整える道具」として使ってもらうこととし、目標が明確になりました。2つ目の「たどり着いたかどうかをどうやって知るのか？」については、「学習成果に基づいて自己アピールできる学生が増えること」によって測るのが有効だろうと考えました。ここまではeポートフォリオと直接関係はありません。3つ目の「どうやってそこへ行くのか？」という問いで初めて、eポートフォリオが一つの達成手段として位置づけられました。もちろん全学生に使って欲しいのですが、eポートフォリオは卒業後に目指す人物像に近づくための一つの方法にすぎません。ゴール達成のための一つの手段と位置づけて再度、学生・教員に取り組んでもらうことにしました。

Tool No. 071　　　　　　　　　　　　　　　　　レベル0　ムダのなさ

● 学習目標の明確化3要素 (がくしゅうもくひょうのめいかくかさんようそ, Three Elements to Make Learning Objective Clear)

学習目標を書く際におさえて欲しい3つのポイント！

「何ができるようになるか」を示すことで、学習の焦点化を図ることが可能です。

1. **行動で目標を表す**
   学習者の「行動で」目標を示すこと。例えば、「理解を深めた」ということは学習者の内的な（脳の記憶の）状態が何らかの形で変わったということであり、外からその変化は観察できないので、理解が深まったことが確認できる動詞を用いて示す。
2. **評価の条件を示す**
   目標行動が評価される条件を明らかに示すこと。「電卓を使って」や「辞書を見ないで」のように、学習者が目標行動を行うときに何を使ってよいのか、あるいはどのような制限があるかを示す。
3. **合格基準を示す**
   目標が達成されたかどうかを判断する基準を記述すること。問題の「すべて」を正解すべきなのか、「5分以内で」泳ぐといった速さや、「3％の誤差」のような正確さを示すこともできます。

出典：鈴木, 2004

こんなときにオススメ！　新たな研修や授業を設計する場合、学習目標が必要なので、3要素は有効です。また、既存の研修や授業の内容を整理するときにも役立ちます。求める成果が達成できるような学習目標を用意しているかどうかを、目標から確認してみましょう。

どんな道具か　ロバート・メーガーによって1960年代に提案されたものであり、学習目標とは求める学習成果を示すための手段であると彼は述べています（Mager, 1997）。①学習者を変え、②期待する方向へと導き、さらに、③間違った方向へ行かないようにすることがどれだけ実現できるかが効果的な学習の要件だとされており、学習目標の中で学習者に求める成果が何であるのかを学習者にもしっかりと示すことが有用です。また、よい目標を作るためには、「分析」を行うことが重要であり、分析が不完全だと妥当な目標は設定できないともいわれています。目標を見直したほうがよいと思われている方は、今の研修や授業の全体像を見直すことも考えてください。

利用事例 ▶▶

ストーリー1

　教員として大学に着任して1年目の小林さんは来年から理学部の演習科目を担当することになりました。大学で提供されている研修会に参加して，授業内容について検討したところ，「教えたいことのイメージはあってもそれが目標として学生にわかりやすく書かれていない」とアドバイスを受けました。新任教員研修の中に学習目標の明確化3要素という講義があったのを思い出して目標を書き直しすることにしました。研修でのアドバイスは，最終試験を実施する場合，試験には持ち込みが可能であるのかどうか，時間制限が必要であるのかなどを考えてみるとよいというものでした。

　また，そもそも最終試験として教室に集めて実施すべきなのか，調査や分析結果をレポートとしてまとめることはできないのかどうか，それはなぜなのかも考えるとよい，と言われたことを思い出しました。演習が中心なので，最終試験方式をやめ，レポート提出に変更することにしました。もともとは目標をわかりやすく改善することから始まりましたが，評価方法も併せて検討することになり，結果，授業全体の改善となりました。

ストーリー2

　研修コーディネータを任せられている木村さんは，社員が受講できる研修を外部の研修企業などから集めて研修コースとして提供しています。受講アンケート結果を整理していたところ，あるマネジメント研修の受講者から，「研修内容は期待と異なるが，業務に生かせる内容だった」という意見が多いことに気づきました。講師の説明や内容は打ち合わせ通りだったので研修内容と大きな変更はなく研修自体はスムーズに進んだようでした。チームリーダの加藤さんに相談したところ，「研修ガイド（シラバス）の内容がいけなかったのではないか」という意見をもらいました。

　研修ガイドの学習目標には「顧客満足およびリピート率の向上を目指す」と書かれていましたが，顧客満足とは何であるかは，業務の担当によって大きく異なるため，内容の分析からはじめ，自分の業務の分析から行い，各自の業務に適した顧客とのやり取りやサービスとは何かを考えていく内容でした。目標だけを読むと，テクニックの伝授にとどまるが，実際にはより深く考える内容で，同僚や後輩にも受講させたいという声もありました。今回は予想以上に「良かった」という声が多く安心しましたが，講座内容の情報提示によってミスマッチが起こる可能性が他にもあることに気づき，あわてて研修ガイドの見直しをすることにしました。

Tool No. 072　　　　　　　　　　　　　　　レベル0　ムダのなさ

● 3種類のテスト（前提・事前・事後）
（さんしゅるいのてすと，3 Kinds of Tests: entry-/pre-/post-test）

学習目標を達成できたかどうかを確認するために用いるテストは3種類！
それぞれ利用する目的やタイミングが異なります。

	実施時期	レベル	役割
事後	出口	学習目標	合格かどうか
事前	入口	学習目標	必要かどうか
前提	入口	前提条件	資格があるか

前提：合　格 → 資格あり
事前：不合格 → 必要あり

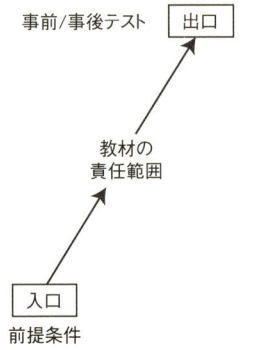

事前/事後テスト → 学習目標（出口）
↑
教材の責任範囲
↑
前提テスト → 前提条件（入口）

出典：鈴木，2002

こんなときにオススメ！　教育に携わるすべての人に知っておいてほしい基本です。テストを作ることによって学習の必要性や効果を明らかにすることができます。

どんな道具か　学習成果を確認するために，テストを用いることは必須だといえます。学習後に行う事後テストを用意するだけではなく，学習前に行う前提・事前テストを用意することで，本当にその学習が必要な人だけに絞って学習機会を提供することができます。

　前提テストと事前テストは，組み合わせて実施することも可能です。その場合は，どのレベルから学習を開始すればよいのかを見きわめる「診断テスト」として用いることになります。

　事前テストと事後テストは基本的には同等の内容のテストを用意します。その際，事前・事後テストでまったく同じ問題を使ってよいかどうかは，教えたい内容によって異なります（詳細は学習成果の5分類を参照のこと）。

利用事例

ストーリー1

中村さんは，教え方がわかりやすいと評判の個人塾に勤務する人気講師です。いつも丁寧に教えることを心がけていますが，その成果があまり個人テストにははっきりと表れてこないと感じています。先輩講師に相談したところ，「学習範囲をすべて丁寧に教えるのではなく，その子が学習する必要がある部分に焦点化して教えられるようにしたら？」と言われました。今までは学習開始に対面で学習者と話をし，教えてほしいところを聞き出していましたが，塾で利用する問題集から抜き出した小テストを用意し，指導前に理解度を確認するために実施することにしました。

すると，自分が教えるべきだと思っていた内容はすでに理解できていたり，一学期に教えた基礎的な内容を忘れているため解けない部分があることがわかりました。そのことを先輩に報告すると，「その小テストは事前テストに相当するものだね。中には前提テストもありそう」と言われました。この小テストを行うことで，以前よりも教えるべき部分が明確になって，簡潔に説明できるようになった気がします。また，教えたところがすぐに確認テストに反映されやすくなり，学習者たちの嬉しそうな顔を見て頑張ろうと思いました。

ストーリー2

経理部に所属する一橋さんは，新人研修の一環で経理の基礎知識を担当するようになって3年目になります。市販の教材を活用して研修を実施しています。一橋さんの企業は半導体を扱う企業ですが，開発から販売まで手掛けているので，新人研修には技術職から営業職までが参加し，大学時代の専門分野も多岐にわたります。どこから教えてよいのかわからず，とりあえず基本知識からいつも丁寧に講義中心で教えていました。

しかし，もっと楽しく学べるような仕組みはないかと思い，問い合わせや実際に体験したことを事例として取り入れた練習問題を本務の合間に作り，参加者には難易度が低い事例から難しい事例に取り組めるように工夫しました。事例はそれぞれ複数の問題が入っていて，全問正解しないと次の事例に進めないようにしました。答え合わせは，グループごとに行うことにしました。ある程度内容が固まったので研修グループに実施の許可を得に行ったところ，とても興味を持たれました。「各事例を解くために必要な知識は，前の事例の中に入っていて，前提テストの役割も持っているのですね」と言われました。そのときは何のことかわからず，後で調べて3種類のテストについて知りました。テストであると意識しなくても，やり方を工夫することで，充実させられるのだと改めて気づきました。

➡ 学習成果の5分類〈078〉

Tool No. 073　　　　　　　　　　　　　　　　レベル0　ムダのなさ

● ルーブリック (るーぶりっく, Rubrics)

パフォーマンス系の学習成果を評価するツール！
内容分析やネゴシエーションの手段として，活用することも可能

[課題の記述]　PBLにおける効果的なコミュニケーション能力
　　　　　　　　　　　　　　[基準]

	レベル3	レベル2	レベル1
書面による コミュニケーション	多様な意見を収集し，かつ根拠をまとめた内容の充実した文書を書くことができる	読み手に対して自分の意見を主張するため，根拠によって裏づけした図を書くことができる	基本情報を文章で提供することができる
口頭による コミュニケーション	提案に対するフィードバックに加え，口頭での回答弁護ができる	聞き手に合った説明を準備し，発表することができる	必要な情報を口頭で説明し，質問を受け取ることができる
チームワーク	時間・スキル・コストなどの制約条件を踏まえチームの目標に合わせてプロジェクトを推進できる	複雑な状況に応じた自分の役割を見きわめ，適時貢献できる	グループの一メンバーとして指示を仰ぎながら活動することができる

[観点]　　　　　　　　　　　　[観点の記述]

こんなときにオススメ！　学習者の理解度や到達度を確認する場面で活躍することが多いルーブリックですが，対象となる学習者の現状を理解するツールとして，教材や授業などをどこに焦点化させるかに使うことも可能です。

どんな道具か　ルーブリックとは，いくつかの評価項目（観点）について，学習成果として観察できる作品やパフォーマンスなどの特徴を段階的に提示した評価基準です。「特に優れている段階」「合格の段階」「まだ合格とは言えない段階」などがどのような状態かを簡単な文章で示すものが一般的です。知識・理解を測定する客観テストのような仕組みでは測りにくい思考・判断等の学習成果を確認するためのツールとして注目されています。学びの成果を確認する段階で利用することに限らず，カリキュラム全体の構成を考えたり，課題の評価基準をあらかじめ学習者に知らせたり，学習者からの意見を評価観点に組み入れるなどの使い方もあります（スティーブンス・レビ，2014）。

利用事例 ▶▶

ストーリー1

　新米教師の田熊さんは，小学校高学年の副担任となりました。担任の菅原さんは，10年の経験があるベテランで，様々な授業研究に取り組んでいます。授業の内容についていくことで精いっぱいな田熊さんは，生徒個人への細かい指導をするゆとりがありません。

　そこで，菅原さんは，自分が作成した独自のルーブリックを田熊さんに共有してくれました。子どもの活動の様子を評価するために使っているものです。「今の子どもたちの様子を把握するためのツールとしてよかったら使ってみてください。参考までにお渡ししておきます」とのこと。授業の中では，そのルーブリックを使う余裕がない田熊さんですが，授業開始前と終了後にできるだけ早く見直すようにしました。するとルーブリックを使いながら振り返ることで，子どもたちの様子で気になった部分があったことに気づくようになり，以前よりも活動支援がしやすくなりました。観察の視点があるだけで，こんなに現状を把握しやすくなるんだなと思いました。

ストーリー2

　大学教員の田中さんは，薬学部のカリキュラム改訂メンバーになりました。上層部からは問題解決型の授業（PBL）を見直すことで，基礎知識だけでなく社会人基礎力に配慮したスキルなどを整理しながら改訂案を作るようにと指示を受けました。これまでPBLを複数科目で導入してきましたが，全体のバランスや何を目指すのかについての指標を十分に検討してこなかったため，どこから手をつけるのか迷ったところ，高等教育センターの教員から参考になりそうなルーブリック事例を紹介してもらいました。様々な学部で用いられているルーブリック活用例を参考にしながら，既存のカリキュラムやPBL課題を分析したところ，偏りがあることがわかりました。

　PBLはアクティブラーニングの手法としては優れており，学生が主体的に学習を進める機会としては有効ですが，課題に系統性をもたせて指導のポイントを共有し深化させないとただ学生を忙しくするだけで，累積効果が期待できないと感じました。

　一から新しいものを作るのは大変ですが，参考になる資料を見つけることで，自分だけでは気づかない視点に気づくことができました。これをきっかけに，プロジェクトでも情報交換をしつつ，参考資料を用いて，自分たちの評価の観点を見つけることを大事にし，学生の実力を段階的に伸ばしていくカリキュラムにしていくつもりです。

Tool No. 074　　　　　　　　　　　　　　　　　レベル0　ムダのなさ

● TOTE モデル （とーともでる，TOTE Model）

ゴールに達したかどうかを確認しながらムダを省く道具！

特定のゴールを目指して進むときに，常にゴール達成しながら作業を進めることを図式化したモデルです。TEST（テスト）− OPERATE（操作）− TEST（テスト）− EXIT（出口）の頭文字を取って，TOTE モデルといいます。

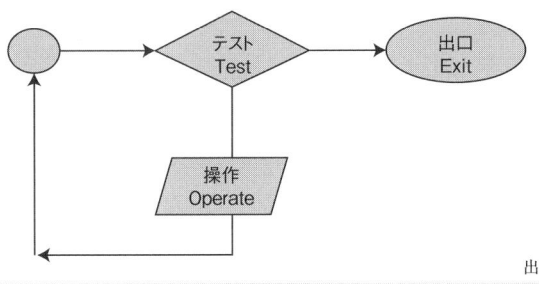

```
         ┌─── テスト ────→ 出口
    ○ →  │    Test         Exit
    ↑    │
    │    ↓
    │   操作
    │   Operate
    └────┘
```

出典：鈴木，2004

こんなときにオススメ！　学習者のレベルがばらついていてその対応を考えるときに便利です。学習する必要があるかどうかを見きわめた後に学習を進めるという考え方を理解するにも役立ちます。

どんな道具か　TOTE モデルは，室温が設定温度を上まわったときだけ稼働するエアコンの動きをモデル化したものなので，様々な場面を説明することができます。学習活動に「テスト」「操作」「出口」をそれぞれ当てはめると，学習が達成されたことは「出口」であり，「操作」は達成までの学習活動と考えられます。学習が必要であるかどうかを確認する活動は，上図の「テスト」であり，実施のタイミングによって事前テストまたは事後テストとなります。この図を用いることで，あらかじめ学習目標を示して，それに対する事前テストを行い，合格すればあえて学習（操作）をする必要はなくなることが理解できます。また，定期的にテストを行うことで学習者の進捗や成果を確認し，どのような支援（操作）をすればよいかを確認することに役立てるなど，幅広い活用ができるでしょう。

第5章 「ムダのなさ」の道具

利用事例 ▶▶

ストーリー１

　看護師である三科さんは，新人看護師のプリセプター（指導員）を担当するようになって３年目です。プリセプターとしての業務の一つにプリセプティ（担当新人看護師）の段階に合わせた看護技術が実践できるよう業務調整を行うことがあります。三科さんは自分の業務管理以外に他者の業務やそのスキルレベルまで確認し，その人に応じた業務を与えながら段階的に支援することの難しさを痛感しています。

　現在担当しているプリセプティは技術レベルにばらつきがあり，どのように対応してよいか迷っていました。そんなとき先輩看護師から，病棟で用意しているスキルチェックリストをもっと有効に活用したらどうかとアドバイスを受けました。あわせてTOTEモデルについて紹介され，技術ごとに一つずつできているかどうかを見きわめることが重要であり，それはプリセプターだけではなくプリセプティにもわかるように共有するとよいと言われました。

　今までは，何でも自分だけで完結させようと思っていましたが，「成長を促すには何ができて何ができていないのかをプリセプティ自身に理解させるのが大切だ。その上でどうやったらできるようになるのかを考えさせることが必要だ」とこのモデルを見ながら感じました。モデルを使って技術確認の流れも示せそうです。

ストーリー２

　高校でプログラミングの演習科目を担当する森山さんは，授業時間の大半を個別，またはグループ学習で実施しています。中規模のコンピュータ教室を利用して授業を行っているため，助手をつけても十分に支援が行き届かないと感じていました。「そもそも演習なのだからもっと自律して学習を進めてほしい」と思ってはいるものの，自分で考えることをせずに，すぐに助手に質問をして答えを求める生徒が多いと日々感じました。

　そこで生徒が質問をする前に利用する自己確認シートを用意しました。人に聞く前に自分で考えさせようとしたのです。自己確認シートとあわせてTOTEモデルを学生に提示しました。わからないところがあるならば，わからない部分がどこにあるのか，まずは自分の作成したプログラムのテストを実行させ，エラーがあれば，一つずつ確認をしながら演習内容を進めていくことを意識づけようとしました。TOTEモデルはとてもシンプルですが，プログラミング活動はこの繰り返しであり，それを学習者自身に意識づけるために活用することで，ケアレスミスなどの安易な問題についての質問数がずいぶんと減りました。

▶３種類のテスト（前提，事前，事後）〈072〉

Tool No. 075　　　　　　　　　　　　　　　　　　　　　レベル0　ムダのなさ

ブルームの目標分類学
（ぶるーむのもくひょうぶんるいがく，Taxonomy of Educational Objectives）

教育目標の理論的枠組みの古典！

6.0	評　価		
5.0	統　合	個性化	自然化
4.0	分　析	組織化	分節化
3.0	応　用	価値づけ	精密化
2.0	理　解	反　応	巧妙化
1.0	知　識	受け入れ	模　倣
	認知的領域	情意的領域	精神運動的領域*

＊ブルームの弟子のダーベが1971年夏スウェーデンで開かれた「カリキュラム改革に関する国際セミナー」においてわれわれに示したもの。出典：梶田，2010，表5-1

こんなときにオススメ！　学習目標を階層構造的に整理したいときの指針となります。

どんな道具か　ベンジャミン・ブルームを中心とした米国の教育心理学者たちが，長い年月をかけて検討・整理したのが，「ブルームの目標分類学（タキソノミー：Taxonomy）」です（鈴木，2007）。教育の目標とする領域を「あたま・こころ・からだ」の3領域（認知・情意・精神運動領域）に分け，それぞれに下位のレベル分けを提案しました。認知的領域が1956年に，情意的領域が1964年に公表されました（精神運動領域のタキソノミーに関しては数通りの試案が発表されていますが，最終的なものには至っていません）。

　この背景には，当時問題視されていた「機械的暗記型・言語主義的教育」がありました。「知識」が与えられたことをそのまま繰り返すレベル（いわゆる丸暗記）であるのに対し，「理解」レベルになると頭で考えて，変形（表現を変えて自分の言葉で答える），解釈（与えられた情報間の関係を答える），あるいは外挿（示されていない内容を予想して答える）などが求められます。「知識」を学ぶことの重要性は認めた上で，試験問題を上位レベルで作成することを意識することによって，教育のゴールをより高いレベルに設定することができる，というメッセージが込められていました。ブルームの目標分類学は，高次思考力を表現できていないなどの批判から，その後多くの修正や改訂が試みられています（例えばマルザーノ・ケンドール，2013）。

利用事例 ▶▶

ストーリー1

　小学校教師を目指している大学生の小池さんは，授業でブルームの目標分類学を知り，実際に各教科の学習目標を当てはめてみるとどうなるのだろうと思いました。試しに「理科の実験」と「国語の作文」の例を考えてみました。どちらも「認知的領域」に当たると思ったので，知識から評価までの6つのレベルに分けました。

6.0	評価	実験結果を証拠として示し，仮説の正しさを論理的に説明する	作文を評価し（自己評価・他者評価）良い点と改善点を述べる
5.0	統合	再実験を繰り返し，予想した結果になることを確認する	なし
4.0	分析	これまで得られた結果から仮説を立て，再実験をする	事実と自分の考えを整理し，作文の構成メモを書く
3.0	応用	様々な実験結果を観察記録として整理する	書き言葉を使って，自分なりの表現で作文を書く
2.0	理解	表やグラフなどの適切な表現で観察記録を書く	事実（5W1H）の要点，自分の考えや気持ちなどを書き出す
1.0	知識	器具を正しく使って実験し，データを正確にメモする	日本語の文章表現に関する基礎知識（語彙，語法など）
	認知的領域	理科の実験	国語の作文

　こうやって分類してみると，同じレベルでも科目によって内容は異なります。作文の例のように，レベルが空欄になる場合や，順序を入れ替えたほうが自然な学習プロセスになる場合もありそうです。ブルームの目標分類学はあくまで大きな枠組みを示しているのであって，授業設計に利用する際は，教えたい内容の特性に合わせて細部や順序をカスタマイズして使ったほうがよさそうだと思いました。

ストーリー2

　現代社会学の専門家である久保山さんは，大学1年生向けの教養科目の成績評価を見直そうと考えています。ブルームの目標分類学を参考にしてみると，これまでは毎回の小テストと期末試験で「知識」レベルの出題ばかりしていることに気づきました。しかし，学生に深い教養を身につけてもらうためには，レポート課題を実施してレベル2以上の評価をする必要があると考えました。

　例えば「少子高齢化」の問題について，多様な意見をまとめるレポート課題ができそうです。複数の文献を比較して論述することを評価条件に入れれば，「分析」レベルの評価まではできそうな気がしてきました。また，単なるコピペのレポートにならないよう，新たに引用に関する「知識」の評価も必要になると思いました。

Tool No. 076　　　　　　　　　　　　　　　　　レベル0　ムダのなさ

学習成果の5分類 （がくしゅうせいかのごぶんるい，Five Learning Outcomes）

どの種類の学習かによって，その指導方法や評価方法が異なる！

	学習成果	成果の性質	課題の例	行為動詞
認知的領域	言語情報	指定されたものを覚える／宣言的知識／再生的学習	県庁所在地 憲法の前文 九九 英単語	述べる 言う 説明する あげる
	知的技能	規則を未知の事例に適用する力／手続き的知識	2桁の足し算 学習課題の分類 書き換え問題	応用する 適用する 分類する 区別する 解く
	認知的方略	自分の学習過程を効果的にする力／学習技能	語呂合わせ記憶術 検算	採用する
運動領域	運動技能	筋肉を使って体を動かす／コントロールする力	自動車の運転 パソコンのタッチタイピング 目玉焼きを作る	行う 実演する
情意領域	態度	ある物事や状況を選ぼう／避けようとする気持ち	環境にやさしい生活の習慣 引き続き学習しようと思うこと	選ぶ 自発的に××する 拒否する 他の活動を選ぶ

出典：鈴木，2002，p.53を一部再掲

こんなときにオススメ！　授業や研修で教えようとしていることとその指導方法や評価方法との対応関係を整理したり，教えようとしていることが何であるのかを再整理するときに役立ちます。

どんな道具か　学習成果の5分類は，IDの始祖ロバート・M・ガニェによってまとめられました。対象とする学習を難易度で分けるのではなく，学習成果の質的な差によって，まとめられていることが特徴です。ブルームの目標分類学の認知領域（「あたま」の学習）は3種類の学習成果に分けられています。言語情報は指定されたものを覚える暗記学習です。知的技能は，分類や計算方法などの概念やルールを習得し，それを未知の例に適用する応用力が対象です。認知的方略は学び方を学ぶことを中心とした学習過程について客観的に判断する力が含まれます。教えたいことが5つの分類のどれに当てはまるかが確認できたら，それとあわせて，どのように評価するかまでを確認してください。また，成果ごとに異なる効果的な指導方略が何かも提案されています。

第 5 章 「ムダのなさ」の道具

利用事例 ▶▶

ストーリー 1 ……………………………………………………………………………………

　研修専門の企業に勤務している石塚さんは，初めて新規研修の開発担当者となったので，この機会に組織で提供しているオフィス系応用ソフトをより実践的な内容に変更したいと思っています。独学で作成した研修企画書を先輩に確認してもらいました。

　すると「学習の評価方法に課題がありそうだ」というコメントをもらいました。先輩の指摘がよく理解できなかったので詳しく聞いてみると，「研修内の演習ではソフトの様々な機能を組み合わせて報告書や分析書を作らせたりする応用力の練習をしているので業務直結でよさそう。にもかかわらず，評価は○×や選択式の問題を用意して記憶力だけを試すテストのように読めるよ。学習目標には『ソフトの機能の組み合わせ方について説明できる』と書いてあり，目標の書き方も演習内容と合致していないようだ」と言われました。参考にと「学習成果の5分類」の資料もあわせて渡されたので，研修内容をもう一度整理することにしました。その結果，業務直結の演習内容は知的技能であり妥当である一方で，テストと学習目標は言語情報として書かれていて食い違っていることがわかりました。テストと学習目標の修正が必要なようです。

ストーリー 2 ……………………………………………………………………………………

　ベテラン教員の田中さんは，大学から FD 活動として授業デザインワークショップを受講するように指示を受けました。面倒だなと思いつつも，せっかくの機会なので，受けることにしました。学生には受講しているうちにしっかりと考えて学んでほしいと思っていても，それは具体的に何ができるようになることなのか，どのようなスキルを学んでほしいのかということが学習目標と評価方法に示されていないと，教員が期待するような学習成果を確認できない，つまり自分に責任があることに気づきました。

　担当のメディアリテラシー科目について見直したところ，メディアの特性を説明できるだけでは不十分なことに気づきました。そこで，どのような点に注意して利用したらよいのかについて，学習者が自分の生活場面にどのように活用すればよいのかをレポートとして書かせるようにしました。つまり，言語情報としての知識だけではなく，応用力を問う知的技能の学習成果が得られるような授業にしたいのだということを初めて確認でき，目標も行為動詞を用いて表現するように修正することにしました。

▶ 言語情報の指導方略〈028〉，知的技能の指導方略〈029〉，認知的方略の指導方略〈030〉，運動技能の指導方略〈031〉，態度の指導方略〈032〉，言語情報の評価方法〈077〉，知的技能の評価方法〈078〉，認知的方略の評価方法〈079〉，運動技能の評価方法〈080〉，態度の評価方法〈081〉，ガニェの5つの学習成果と学習支援設計の原則〈付録〉

Tool No. 077　　　　　　　　　　　　　　レベル0　ムダのなさ

言語情報の評価方法
(げんごじょうほうのひょうかほうほう, Evaluation Approach for Verbal Information)

5つの学習成果のうち，「言語情報」の評価の原則！

成果の性質	指定されたものを覚える／宣言的知識／再生的学習
評価	・あらかじめ提示された情報の再認または再生 　⇒再認：真偽法（○×方式），多肢選択法，組み合わせ法 　⇒再生：単純再生法，完成法（穴埋め法） ・全項目を対象とするか項目の無作為抽出を行う

出典：鈴木, 1995, 表Ⅲ-2と鈴木, 2002, 表4-2をまとめた

こんなときにオススメ！
「指定したものを覚える」ことを目指した教育のテストを作る際の指針になります。

どんな道具か
言語情報は，「指定したものを覚える」という特性があります。そこで評価においては，「覚えたものを書かせる」ペーパーテストが基本です。幼児など書くことが難しい場合には，口述テストで「覚えたものを正確に話すことができるか」を問うこともあります。

再認形式のテストとは，正しいものを選択するタイプのテストです。言語情報のテストでは，「次の用語は正しいか（○×方式）」「次の中から正しいものを1つ（あるいは複数）選択しなさい（多肢選択法）」「左の作者と右の作品について，正しい組み合わせを線で結びなさい（組み合わせ法）」などの問題になります。

再生形式のテストとは，選択肢なしで書き入れるタイプのテストです。言語情報のテストでは，「現在の日本の総理大臣の名前を書きなさい（単純再生法）」「次の空欄に適語を記入して，日本国憲法前文を完成させなさい（空欄記述式）」といった問題が考えられます。

また，言語情報のテストでは覚えるべき全項目を対象として出題するのが理想的ですが，項目が多い場合は無作為抽出を行って出題することもあります。ただし，そもそも教えていない「対象外の項目」をテストに盛り込むのは，言語情報のテストではNGです。

第5章 「ムダのなさ」の道具

利用事例 ▶▶

ストーリー1 ....

中学校で国語を教えている相沢さんは，古文のテスト問題を作ろうと考えています。テストでは，定番の古典作品であり，教科書にも載っている「竹取物語」の冒頭部分を暗記しているかどうかを評価するつもりです。「指定したものを覚える」学習は「言語情報」なので，言語情報の評価を参考に，いくつか問題を検討しました。

まずは，「次の中から『竹取物語』の冒頭の一文として正しいものを1つ選択しなさい。①今は昔，竹取の翁といふ者有りけり。②その竹の中に，もと光る竹なむ一筋ありける。③翁言ふやう，『われ朝ごと夕ごとに見る竹の中におはするにて知りぬ。(正解は①)」という多肢選択問題を考えました。間違い選択肢は，竹取物語の文中から「竹」という語が出てくる一文にしました。

一方，「次の（　）に正しい語を記入して，竹取物語の冒頭を完成させなさい。（　　），（　　）の翁といふ者有りけり。野山にまじりて，（　　）を取りつつ，（　　）のことに使ひけり。…」という空欄記述式の問題も考えてみました。

比較してみると，多肢選択式問題のほうが，まぐれ当たりも考えらえるため難易度が低いように感じました。しっかり暗記しているかどうかを確認したいので，空欄記述式の問題にしようと思いました。

ストーリー2 ....

ある大学の医学部の教員である池上さんは，eラーニングシステムを使って医師国家試験対策の模擬試験を作りたいと思っています。手始めに，基礎的な知識があるかを確認することが先決と考え，「言語情報」の評価を参考にして模擬試験を設計することにしました。

もともと過去10年分の医師国家試験問題がeラーニングシステムに登録済みだったので，そこから基礎知識を問う多肢選択式問題だけを500問ピックアップしました。さらに，助手や院生に協力してもらい，似たような多肢選択式問題を300問追加しました。問題数が多いので，1回の模擬試験は30問とし，合計800問の中からランダムに問題が出題されるように設定しました。また，これらの問題はすべて多肢選択式（5択）ですが，解答は単一選択と複数選択が混じっています。あてずっぽうに選択しないように，未解答は0点，間違った選択肢を選択するとマイナス点を付与する設定にしました。1回の模擬試験で9割以上の得点で合格とし，3回連続合格で基礎知識は十分と判定することにしました。これだけ多くの問題を用意し，合格条件をきびしく設定すれば，再認形式のテストでも妥当な評価ができるだろうと思いました。

⇒ 学習成果の5分類〈076〉，ガニェの5つの学習成果と学習支援設計の原則〈付録〉

Tool No. **078**　　　　　　　　　　　　　　　　　レベル 0　ムダのなさ

知的技能の評価方法
(ちてきぎのうのひょうかほうほう, Evaluation Approach for Intellectual Skills)

5つの学習成果のうち,「知的技能」の評価の原則!

成果の性質	ルールを未知の事例に適用する力／手続き的知識
評価	・ 未知の例に適用させる 　　⇒再生が基本。ただしルール自体の再生ではない 　　⇒再認：つまずきに応じた選択肢を用意する ・ 場合分けをする（難易度と出題の幅） ・ 課題の全タイプから出題し適用できる範囲を確認する

出典：鈴木, 1995, 表Ⅲ-2と鈴木, 2002, 表4-2をまとめた

こんなときにオススメ！　「ルールを未知の事例に適用する」ことを目指した教育のテスト作りの指針です。

どんな道具か　知的技能は,「ある約束事を未知の例に応用する」学習です。そこで評価においては, 授業・研修での説明や教科書で用いた例は使わず, 新しい例を使うことが大切です。例を覚えた結果できてしまうことを避け, 新しい例に適用できて, 初めて知的技能を習得したものとみなします。

評価は主にペーパーテストになりますが, 再生形式（選択肢なしで書かせる）が基本です。ただし, ルール自体を書かせるテストは意味がありません。例えば算数のテストの場合, 公式を書かせるのではなく, 公式を使って解く問題を出すということです。また難易度は低くなりますが, 再認形式（選択肢を選ばせる）テストを作る場合は, よくある間違いやつまずきを選択肢として用意することがポイントになります。

一方, 知的技能の中でも高度な問題解決を目指した学習の場合, 単純な再生形式のテストでは妥当な評価は困難です。問題解決学習の評価には, 新しい複雑な事例の問題（学んだルールをすべて適用して解く問題）を用意し, 論文体（文章）で解答させる「問題場面テスト」が望ましいでしょう。なお, 高度な知的技能の評価には高度な問題を1つだけ用意してもいいですが, 階層分析で明らかにした下位技能に沿って範囲を限定した問題を複数用意することで, 学習者がどの段階まで概念やルールを応用できているかを確認する段階的なテストにすることもできます。

利用事例

ストーリー1

大学でキャリア入門講座を担当している桑原さんは、企業へ電子メールを送る際のマナーに関するテスト問題を検討しています。評価したいのは、正確に素早くタイピングをしてメールを送る技術ではなく（この場合は運動技能になる）、メール本文の文章作成の作法なので、「知的技能の評価」に当たると考えました。

まず、「新しい例を使うことが大切」というヒントを参考に、テストでは授業では取り上げなかった「面接日程の変更依頼メール」を題材にしようと思いました。そして「再生形式が基本」ということから、いくつかの文例から正しい文を選択させるのではなく、学生に実際に文章を書かせる問題がよさそうです。しかし、白紙から文章を書いてもらう論文体テストは、入門編のテストとしては難易度が高い気がしました。そこで、再生形式の中でも訂正法を用いてみようと思いました。誤りを含むメール文を提示し、「次の文章の間違いに下線を引き、正しい文章を書いてください」という問題です。間違いは5か所設定して、授業で教えた5つのメールマナーに対応させます。間違い1つの指摘につき1点で、正しい文を書けたら3点の、合計20点満点にします。正しい文かどうかを判定するためには、採点基準と模範解答も用意します。これならペーパーテストでできそうですし、誰でも採点できそうだと思いました。

ストーリー2

様々な企業から受講者が来るマーケティング基礎研修の講師をしている山本さんは、研修の評価を改善してみようと考えています。これまでの評価は、重要用語を確認するペーパーテストと、研修の印象を聞くアンケートを実施していました。しかし、「研修で学んだフレームワークを実務で生かしてもらう」ことが最終目標ですから、研修後にフレームワークを応用できるかを試すテストを追加したほうがよさそうです。

そこで知的技能の評価を参考に、最終試験として、研修では取り上げていないX社の資料を示し、ビジネスの成功要因を分析するレポートを作成してもらうことを考えました。受講者それぞれに自社分析をしてもらうことも考えましたが、様々な企業が対象だと同じ基準で評価するのが難しくなるため、今回は見送ろうと思いました。

一方で、受講者の理解度を把握するには、さらに段階的なテストを用意してもよさそうです。例えば最終試験の中に、Y社（これも研修では説明していない会社）のSWOT分析をするテストを用意すれば、SWOT分析というフレームワークを使えるかが評価できそうです。さらにこれまで使っていた重要用語のテスト問題も残せば、そもそもSWOT分析を覚えているかも確認できそうだと思いました。

▶ 学習成果の5分類〈076〉、ガニェの5つの学習成果と学習支援設計の原則〈付録〉

Tool No. 079　　　　　　　　　　　　　　　　　レベル0　ムダのなさ

認知的方略の評価方法（にんちてきほうりゃくのひょうかほうほう，Evaluation Approach for Cognitive Strategies）

5つの学習成果のうち，「認知的方略」の評価の原則！

成果の性質	自分の学習過程を効果的にする力／学習技能
評価	・学習の結果より過程に適用されるため，学習過程を評価する ・学習過程の観察や自己描写レポートなどを用いる

出典：鈴木，1995，表Ⅲ-2から抜粋

こんなときにオススメ！　「自分の学習過程を効果的にする」ことを目指した教育のテスト作りの指針です。

どんな道具か　認知的方略は，「ある領域を学ぶ際の，学び方を学ぶ」という特徴があります。そこで認知的方略は，成績や成果物といった学習の「結果」よりも，結果に至るまでにどういう学び方をしたかという学習の「過程」に着目して評価します。ここで注意したいのは，学び方を教えた授業・研修中だけでなく，新しい場面でも教えた学び方を適用できているかを評価することです。認知的方略は知的技能の特殊形のため，知的技能の評価と同様に，新しい例に適用できて，初めて習得したものとみなします。

　認知的方略を評価する方法の一つは，「観察」です。学習者の学習過程を観察して，いつ，どんなタイミングで，どんな道具を使って，どのぐらいの時間をかけて，どんなやり方で学んでいるかをつぶさに見ます。観察したデータをもとに，教えた「学び方」が採用されていると言えるかどうかを判断します。

　もう一つの評価方法は，「自己描写レポート」です。学習者自身に自分の学習過程を振り返ってもらい，どのように学習したのかをレポートとしてまとめてもらいます。提出されたレポートに，以前学んだ学び方がどんなもので，今回どのように使ったかに関して記述されていれば，学び方を習得したと言える判断材料になるでしょう。なお，このような学習過程を振り返って言語化する活動は，学習者が自分自身を客観視し，自分の学習過程をうまくコントロールする練習につながります。自己描写レポートのやり方を工夫すると，自分なりの新しい学び方を生み出すなど，さらなる成長を促す可能性があるでしょう。

利用事例

ストーリー1

高校生を対象とした英語の塾講師をしている矢部さんは，英語の苦手な生徒が集まったクラスでは，最初の授業で「英単語の暗記方法」を教え，その重要性を説明しています。ある程度英単語を暗記しないと，どうにも成績は伸びないからです。しばらくたって，初回授業で教えた「英単語の暗記方法」を生徒がうまく使えているか，評価したいと考えました。

「認知的方略の評価」によると，評価方法として「観察」と「自己描写レポート」があるようです。塾では英語の暗記をする時間は取っていないので，「観察」は難しそうです。そこで「自己描写レポート」を行ってみました。自宅で英語を勉強するとき，いつ，何時間ぐらい，どんな方法で勉強しているか，簡単なレポートを書いてもらうことにしました。すると初回授業で教えた「英単語の暗記方法」を実践し，さらに応用して自分なりの暗記方法を編み出した生徒がいる一方で，そもそも英単語の暗記に取り組んでいない生徒もいることがわかりました。英単語の暗記をしていない生徒には，なぜやらないのかを聞き，さらなる支援策を考える必要がありそうだと思いました。

ストーリー2

ある企業の社内講師としてリーダーシップ研修を担当している柳さんは，優れたリーダーが実践している学習方法として，「実践コミュニティに参加すること」「経験と振り返りを反復すること」などを紹介しています。しかしこれまでの研修で取り上げた学習方法が，本当に実務で活用されているかはわかりません。そこで「認知的方略の評価」の「自己描写レポート」をヒントに，評価をしてみようと思いました。

まずは研修の最初に，自分のこれまでの仕事を振り返ってもらい，学びや成長につながった体験をレポートしてもらおうと考えました。すでに優れたリーダーたちと同じ方法を実践している人もいるだろうと思ったからです。そして研修後には事前レポートの内容と研修で紹介した学習方法との相違点，および今後のアクションプランをレポートにまとめてもらおうと思いました。さらに半年後に，アクションプランは実践されているかどうか，それが成長につながったかどうかについて，レポートを提出してもらおうと考えました。もし研修で扱った学習方法が活用されていないなら，何が問題か，今後どうしたいかも考えてもらうと，自律的な学びにつながりそうです。また，可能な限り受講者の職場を訪問し，休憩中にさりげなく最近の様子を聞くことができれば，「観察」に近いことができそうだと思いました。

➡ 学習成果の5分類〈076〉，ガニェの5つの学習成果と学習支援設計の原則〈付録〉

| Tool No. 080 | | レベル0　ムダのなさ |

運動技能の評価方法
（うんどうぎのうのひょうかほうほう，Evaluation Approach for Motor Skills）

5つの学習成果のうち，「運動技能」の評価の原則！

成果の性質	筋肉を使って体を動かす／コントロールする力
評価	・実演させる：やり方の知識と実現する力は違う ・チェックリストを活用する 　⇒正確さ，速さ，スムーズさをチェックする

出典：鈴木, 1995, 表Ⅲ-2と鈴木, 2002, 表4-2をまとめた

こんなときにオススメ！
「筋肉を使って体を動かす／コントロールする」ことを目指した教育のテストを作る際の指針になります。

どんな道具か
運動技能の評価は，思い通りに「筋肉を使って体を動かす」ことができるかどうかを確認する必要があるため，実技テストが基本になります。やり方を知っていることと，実際に体を動かしてできることは，異なるスキルだからです。運動技能の実技テストに欠かせないものが「チェックリスト」です。チェックリストとは，合否の判断基準項目の一覧表です。実技のどのポイントを観察して合否を判断するかを箇条書きにしたものになります。例えば，フィギュアスケートの技術点は，「基礎点（要素の入り方，回転数，レベル）」と「出来栄え」で計算されます。基礎点は主に「正確さ」を見ていて，技の成功・不成功の基準が厳格に定められています。一方の出来栄えは，「速さ」や「スムーズさ」などの演技の質を見ています。

　チェックリストは，誰でも同じ評価ができるように細かく明文化することが大切です。フィギュアスケートでは「出来栄え」がややあいまいな評価と言われ，問題になることがあるようです（9名の演技審判が採点し，最高・最低点を除いた7人の平均を得点とします。また，チェックリストは評価される人（学習者）と評価する人が事前に共有していることが重要です。運動技能を教えるときには，チェックリストの項目はすべて教え，チェックリストに基づいて練習を繰り返します。そして評価でも同じチェックリストを用いることで，実技テストの整合性が担保されます。

第5章 「うそのなさ」の道具

利用事例 ▶▶

ストーリー1

スイミングスクールで小学生に水泳を教えている木原さんは，クロールの進級テストを見直すことにしました。これまでは，「25メートルを35秒で泳げること」のみが3級の合格基準だったのですが，速く泳ごうとしてフォームが乱れる子どもが少なくなかったためです。そこで，「運動技能の評価」を参考に，フォームの正確さやスムーズさをチェックするチェックリストを作り，コーチ陣・生徒・保護者で共有しました。

チェックポイント	内容 （各ポイントNGは1つまで。2つ以上NGだとタイムが良くても不合格）
①ストリームライン （まっすぐの姿勢）	・肩で耳を挟んでいること ・水面に顔をつけてあごを引いていること ・ひじを伸ばしていること
②キック（バタ足）	・ももから動かしていること ・ひざを曲げすぎないこと（90度以上曲がったらNG）
③ストローク（腕のかき）	・親指から入水していること ・ひじを曲げ，胸やお腹の真下をかいていること ・ももにさわるまでしっかりかいでいること ・ひじから出水していること ・全体的に肩から大きくまわしていること
④息つぎ	・顔を前にあげないこと ・腕を抜いてから顔をあげること ・前に伸ばした腕をまくらにして横に顔を向けていること ・「1, 2, 3, パ」などの同じリズムで息つぎをすること

ストーリー2

映像専門学校でカメラ撮影の科目の非常勤講師をすることになった今西さんは，実技指導だけでなく試験問題も作ることになりました。試験と言えばペーパーテストが基本かと思っていたのですが，「運動技能の評価」によると体を動かす「実技テスト」が基本のようです。そこで，「パン」「ズーム」などの撮影技法を含んだ1分間の映像を撮るテストを考えました。技術の正確さは主に「撮影された映像」で評価することにして，映像をチェックするチェックリストを作りました。一方で，準備から後片づけまでの速さやスムーズさも評価したいと考え，「作業時間は15分以内」「講義で教えた手順どおりで合格（2つ以上間違えたら不合格）」という項目もチェックリストに追加しました。そして，「撮影中の学生自身の映像」も提出してもらうことにしました。

▶ 学習成果の5分類〈076〉，ガニェの5つの学習成果と学習支援設計の原則〈付録〉

Tool No. 081　　　　　　　　　　　　　　　レベル0　ムダのなさ

● 態度の評価方法
（たいどのひょうかほうほう，Evaluation Approach for Attitudes）

5つの学習成果のうち，「態度」の評価の原則！

成果の性質	ある事物や状況を選ぼう／避けようとする気持ち
評価	・行動の観察または行動意図の表明 　観察：チェックリストの活用，場の設定 　意図：行動のシミュレーション ・場を設定する際は，一般論でなく個人的な選択行動を扱う

出典：鈴木, 1995, 表III-2と鈴木, 2002, 表4-2をまとめた

こんなときにオススメ！　「ある事物や状況を選ぼう／避けようとする気持ちを持つ」ことを目指した教育のテストを作る際の指針になります。

どんな道具か　態度の評価においては，「自発的に選択する／避ける気持ちを持っているか」を確認するために，「実際の選択行動として表れるか」をテストします。ただし，テストだと思うと「本音」より「建て前」が出るものなので，態度の評価は一筋縄ではいきません。例えばアンケートで直接的に「気持ち」や「行動」を尋ねても，それが本心かはわかりません（しかし簡単な方法ですし，おおまかな方向性はさぐれます）。

　建て前を避け，本音を探るために考えられるのは，学習者の行動を陰からそっと「観察」することです。観察には，どんな場面でどういう行動をすると成功と判断するか，あらかじめチェックリストを用意するとよいでしょう。ただし観察は，時間がかかる，観察していることに気づかれるとおしまい，といった弱点があります。

　そこでIDで推奨されているのは，行動の意図を問うことです。仮想場面を用意して，「この場合，あなたならどうする？」と問い，行動を選択してもらいます（行動のシミュレーション）。その上で，なぜそういう行動をとるのか「意図」を尋ねます。ここで重要なのは，一般的な状況ではなく，なるべく個人的で具体的な場面を複数用意することです。これでも本音を完璧に知ることは難しいですが，少しでも本音に近づく手段として有効でしょう。

第5章 「ムダのなさ」の道具

利用事例 ▶▶

ストーリー１

　小学校教師の桑崎さんは，情報モラルの授業の評価について検討しています。今回の授業の目標は「自分のことを大切に思う気持ち」を持ち，「個人情報をむやみに発信しない」行動を選ぶことです。評価はなかなか難しいですが，「態度の評価」を参考に，授業の最後に行動の意図を問うテストをしてみようと考えました。例えば，「仲の良い中学生のいとこから，スマホであなたの写真を撮って送ってほしいと言われました。あなたが有名なゆるキャラの限定Ｔシャツを持っている話をしたからです。顔は隠すからＴシャツを着た写真を送ってとお願いされました。あなたはどうしますか？　①写真を送る　②写真を送らない」といった設問を用意し，選択の理由を記述してもらおうと思いました。

　また，授業後のテストだけでは本当に「自分のことを大切に思い，個人情報をむやみに発信しないことを選ぶ」ようになったかわからないので，日々の学校生活でも児童の発言を注意深く聞き，スマートフォンや携帯電話をどう利用しているかさりげなく探ることにしました。一方で，自宅での様子について，保護者にも児童をしっかり見守ることをお願いしたほうがよさそうだと思いました。今後，学校と家庭で共通で使う，情報モラルに関するチェックリストを作ろうと考えました。

ストーリー２

　ある自治体で防災担当者として働く近藤さんは，市民向けに防災に関する様々な講習会を企画・実施しています。講習会によって，参加者の防災意識が本当に高まったのか評価してみたいと考えています。これまでは終了後のアンケートで「防災意識は高まりましたか？　５：高まった～１：変わらない（５件法）」といった質問をしていたのですが，「態度の評価」によると，このような直接的な問いでは参加者の本音は聞き出せない可能性があるようです。

　そこで，行動の意図を問う設問をアンケートに追加してみようと思いました。「なるべく個人的で具体的な場面を複数用意すること」がポイントのようなので，住んでいる地域で起こることが想定されている「大地震」を例にした仮想場面をいくつか考えました。例えば「あなたの家では電気やガス，水道が止まったときに備えて飲料水や非常食を備蓄しています。しかし，備蓄品の消費期限が切れてしまいました。今月は急な出費が重なって家計が苦しい状況です。あなたはどうしますか？」といった具体的なエピソードをいくつかあげ，どう行動するか，それはなぜかを書いてもらうことにしました。少しは参加者の本音に迫れるのではないかと期待しています。

⇒ 学習成果の５分類〈076〉，ガニェの５つの学習成果と学習支援設計の原則〈付録〉

Tool No. 082　　　　　　　　　　　　　　　レベル0　ムダのなさ

● 問題解決学習の分類学 (もんだいかいけつがくしゅうのぶんるいがく, Taxonomy of Problem Solving Learning)

問題解決学習と言っても幅が広い。特長をおさえて設計に活用しよう！

問題の種類	定義とその特徴
アルゴリズム	数学などで一定の手順に従って正解を導く問題
文章問題	文章から求めるものが何かを読み取り，必要な情報を集めてそれが正しいかを確認する問題解決
ルール応用・帰納	正解に至る道筋が一つではなく複数ある問題で，効率的な道筋を計画するのが肝要な問題解決
意思決定	与えられた基準に従って複数の解決策の中から一つを選び出す
トラブルシューティング	日常的な問題解決で頻発する種類で，幅広いレベルを含む
診断・解決	診断はトラブルシューティングと似ているが，その後でデータ収集・仮説生成・テストを繰り返して解決策を提案する必要があるもの
戦略的遂行	複雑で構造が明確でない戦略に合致するようないくつもの対策を講じる必要がある問題
政策分析	新聞や雑誌をにぎわすような問題で複数の考え方が存在するもの
設計	製造システムからオーケストラまでオリジナルなものを創出する
ジレンマ	利益が上がるが環境に悪影響を引き起こす恐れがある化合物など社会的・倫理的なジレンマ

こんなときにオススメ！　問題解決学習を設計したいときの活動内容を検討する際に使いましょう。

どんな道具か　ガニェは知的技能の中で最高次に問題解決学習を位置づけました。デイビッド・ジョナセン (Jonassen, 2006, 2011) は，ガニェの伝統を踏襲し，異なる学習環境が効果的な問題解決学習のタイプを10種類に分け，分類学 (タキソノミー) を提案しました。問題解決学習と言っても，解法が決まっているアルゴリズムから，状況にあわせて最適解を導き出す意思決定や診断，さらには新しい作品を創り出していく設計，立場を乗り越える必要があるジレンマ問題まで，幅広い種類があります。問題解決の種類によって利用できる事例のタイプや難易度が異なり，効果的な支援方法も違ってきます。どのような問題解決について取り上げているのかを整理するために活用できます。

利用事例

ストーリー1

　ファイナンシャルプランナー（FP）の実務家養成講座を担当する吉田さんは，既存講座の見直しをすることになりました。FPの業務は個人や中小企業の相談に応じて資産に関する情報を分析し，資産運用，保険，不動産，相続などのライフイベントに沿った資金計画を立て，アドバイスを行う仕事です。様々な場面に応じて，対象者のニーズに合った提案ができるようになるには応用力が必要になってきます。これまでの研修は前任者によって作られたものでそれを継続するのみでしたが，今回の定期点検の中では実務的な視点を取り入れられないかと吉田さんは考えました。

　吉田さんはFPに求められる力は問題解決力だと考え，その分類学に目をつけました。問題解決といっても多くの種類が存在しますが，FPで求められる力は，相手の要望に合わせて必要なデータを収集し分析した結果を文脈に合わせて解決策として提示する点で，「診断・解決」に相当すると考えました。「診断・解決」には類似の事例や解決策としての事例を用意することが適していることがわかりました。今回の対象者はFPとしての経験が浅いため「事例辞書」が乏しいことが懸念されました。そこで，実際にあった事例を複数紹介し，それをどのように解決するのか応用させ，講座で学んだ知識を応用させるアプローチを採用しました（付録を参照）。

ストーリー2

　人事部研修チームの小松さんは社内の全研修の責任者です。管理職候補者研修では，昇格候補の人材を集め，与えた課題に対して適切な対応策を提案してもらう演習を通年で実施しています。参加者の多くは回を重ねるごとに実力が上がっていることを確認できましたが，なかには他者と比較して不安や課題が残る結果もありました。問題のある参加者と面談すると，リーダーとしての意思決定プロセスに自信がなく，その迷いがレポートに表れている人が数名いることがわかってきました。

　そこで，その数名に対して小松さんはケーススタディ法を活用したフォローアップを実施することを企画しました。課題に類似した異なる問題を提示し，その内容を分析し議論し合うアプローチを取りました。すると参加者たちは少しずつ考え方や視点についての感覚をつかみ，今までよりも様々な視点で課題が検討できるようになりました。今回の事例では，研修対象者に求められていた問題解決学習は分類学の「意思決定」に相当するものであり，経営学などで用いられることが多いケーススタディ法を活用した支援であったことがわかりました。

▶ 構成主義学習モデル〈027〉，問題解決学習の分類学：事例の類型〈付録〉，問題解決学習の分類学（タキソノミー）〈付録〉

Tool No. 083　　　　　　　　　　　　　　　レベル0　ムダのなさ

🔵 学習課題分析（構造化技法）
がくしゅうかだいぶんせき（こうぞうかぎほう），Learning Task Analysis

教材や授業の組み立てを可視化！

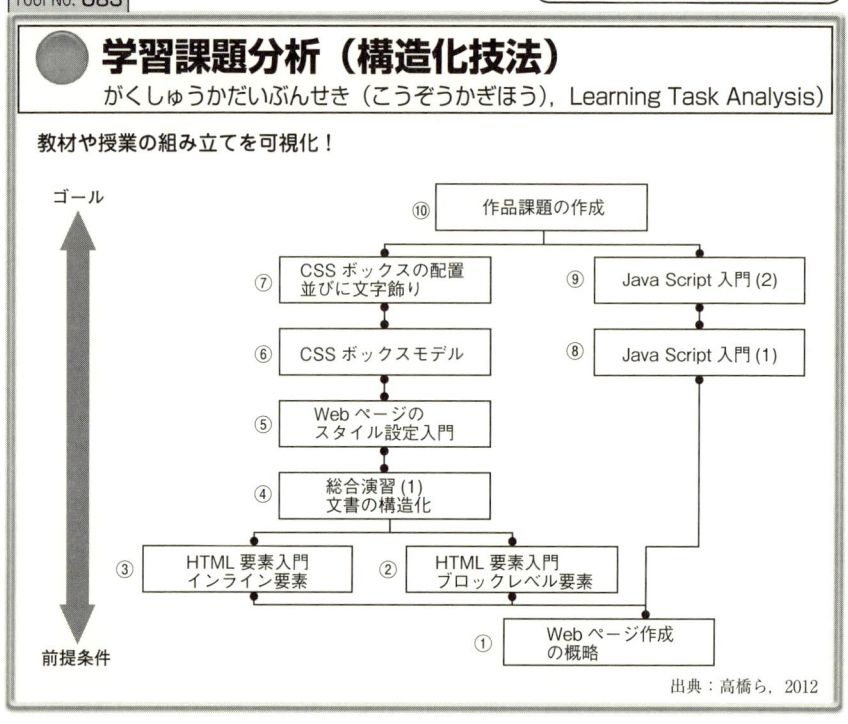

```
ゴール ↑

                    ⑩ 作品課題の作成
                   ／              ＼
        ⑦ CSSボックスの配置          ⑨ Java Script 入門(2)
           並びに文字飾り                    │
                │                    ⑧ Java Script 入門(1)
        ⑥ CSSボックスモデル
                │
        ⑤ Webページの
           スタイル設定入門
                │
        ④ 総合演習(1)
           文書の構造化
           ／        ＼
   ③ HTML要素入門    ② HTML要素入門
      インライン要素      ブロックレベル要素
                          │
                       ① Webページ作成
                          の概略

前提条件 ↓                              出典：高橋ら，2012
```

こんなときにオススメ！　教えたい内容が決まっていてもその詳細が明らかでない場合，あるいは目標は決まっていても内容や構成で迷っているときに整理するためのツールとして活用できます。

どんな道具か　教材のゴールとして設定した学習目標を習得するために必要な要素とその関係を明らかにするために用いる道具の総称です（鈴木，2002）。ゴール達成に不可欠な要素をカードに書き出し，それらの前後関係を線で結んで図示することで，学習課題の全体像を明らかにします。この作業プロセスを構造化と呼び，その結果描かれる図を課題分析図と呼びます。何を学んでほしいかはある程度決まっているが，実際に何をどのような順番で教えるかが明確でない場合，この道具を使うとそれが明らかになります。

　学習課題分析を行うと，教材や授業の組み立てを可視化することができます。また，学習課題の種類によって具体的な分析手法が異なります。

利用事例

ストーリー1

　高橋さんは課題分析図作成支援ツールを開発し，その形成的評価を行うために，課題分析図の事例を用意することにしました。全学部の大学1年生必修科目「情報基礎B」の授業の現状を確認するために，課題分析図を使って整理することにしました（左ページの図）。毎回の授業の構成をもとに分析し，箱1つ分が授業1回分に相当するように作りました。内容領域専門家（SME：Subject Matter Expert）3名に協力してもらい作成したところ，全10回の中身が大きく2つの系統に分かれることが判明しました。

　第1回は前提科目である「情報基礎A」の復習で，すべての基礎になっています。第4回に進むためには第2回と第3回の中身が必須ですが，その学習順序はどちらでもよいことがわかりました（第3回をやってから第2回でも大丈夫）。その後の第7回までは積み重ね学習が必要である一方で，第8・9回は，第2～7回の中身を学ぶことなく第1回の直後にも学べる内容であることがわかりました。一斉授業では順序通り指導するのでこの結果はあまり役立ちませんが，eラーニングで個別に進めてよい場合には，より多くの選択肢を学生に与えられることがわかりました。

ストーリー2

　宮原さんは協調学習活動を設計する際に学習課題分析を活用できないかと考えました。社会人が文章表現を学ぶ協調学習場面を想定し，チームで課題分析を行いました。「自分の主張が読み手にわかるよう，わかりやすく論理的な文章を書ける」という大目標を「論理的な文章で主張できる」「わかりやすい文章を作成できる」「文書をレビューして改善することができる」という小目標に分け，その目標ごとに課題分析図を用いて細分化しました。できあがった課題分析図を踏まえ，チームの中で検討すると，文章表現を学ぶための事例案が浮かび上がりました。例えば，「上司から，20代の若者がよく見るブログをまとめて欲しいという指示を受けました。この指示に対してどのような文書を書きますか？」という場面です。

　通常，課題分析は教える側が，学習目標が達成できるようにどのような内容をどのような順で教えればよいか，その構成や評価を整理するための手法ですが，今回の実施を通じて協調学習の設計にも役立つことを確認しました。具体的には，課題分析図を用いて学習内容を共有し，議論を焦点化することができるためチーム設計に役立つこと，学びの過程を示す課題分析を用いると，学ぶ内容とあわせて学習者同士の関わり方，支援の仕方，学習素材のあり方など，協調学習の要素を検討することができたことがあげられます（宮原ら，2006を参考に作成）。

➡ クラスター分析〈084〉，階層分析〈085〉，手順分析〈086〉，複合型分析〈087〉

Tool No. 084　　　　　　　　　　　　　　　　　レベル0　ムダのなさ

● クラスター分析 (くらすたーぶんせき, Cluster Analysis)

言語情報を学ばせたいなら，クラスター分析で内容を整理！

● クラスター分析の例：「体の部位」

```
                    人体の部位に対応する英単語が書ける
    ┌──────────┬──────────┬──────────┬──────────┬──────────┬──────────┐
 頭部の部位   腕部の部位   手部の部位   胴部の部位   脚部の部位   足部の部位
 の英単語が   の英単語が   の英単語が   の英単語が   の英単語が   の英単語が
 書ける       書ける       書ける       書ける       書ける       書ける
```

頭部	腕部	手部	胴部	脚部	足部
hair	elbow	back	shoulder	thigh	heel
ear	forearm	palm	chest	knee	arch
forehead	wrist	finger	breast	calf	sole
eyebrows	upper arm	thumb	ribs	shin	toe
eyes		knuckle	waist	ankle	toe joint
cheeks		finger tip	hips		toe nail
nose		finger nail	navel		
mouth					
teeth					

出典：鈴木，2002，p.63

こんなときにオススメ！　英単語や専門用語など「覚える」活動を効果的にしたいと思っている場合に，その内容を書き出し，関連づけていくのに役立ちます。

どんな道具か　言語情報の学習課題分析を行う方法としてクラスター分析があります。一つひとつの項目を別々に「丸暗記」しようとせずに，関連のあるもの同士を結びつけたり，互いに紛らわしいもの同士を区別したりすると学習効果が高まります。学習目標に含まれている項目を洗い出し，それを相互の関連性によって7つ前後のかたまりに分けていくのがこのクラスター分析です。クラスター分析には順序性がないことが特徴的であり，どこから学習することも可能です。教えたい用語を書き出すだけではなく，一緒に覚えると効果的なグループに分けることを考えるために活用してください。

　もちろん，クラスター分析に入る前に，学習させたいことが記憶中心の言語情報であることを確認してください。

第5章 「ムダのなさ」の道具

利用事例 ▶▶

ストーリー1 ………………………………………………………………………………

　佐々木さんは，親戚の子どもから「日本以外の国ってどんなのがあるの」と素朴な質問をされました。台所の壁に貼ってあった世界地図をはがして，実際に地図を見せて教えることにしました。けれども，「たくさんあってわかんない―」と言われたので，とりあえず，子どもの父親が何度か出張に出かけているアジアの国について教えました。ある程度覚えてきたところで，英語を話す北米の国について教えました。子どもはのみこみが早く，すぐに暗記しました。迷ったときには，「アメリカ」の北にある国，日本と日本海を挟んで南にある国，というように地図と国名を結びつけてクイズ形式で覚えていました。

　翌週，本屋に出かけると，国名を覚えるための子ども向け教材を見つけました。地域ごとに分けて，地図上でまとめて覚えさせるという内容でした。それを見て，自分の教え方は，まずくなかったのだと確認できて安心しました。

　紛らわしいもの同士をまとめて覚えるという作戦を使うとすれば，「ア」で始まる国，「イ」で始まる国というふうにアイウエオ順に並べて覚えることもできるかもしれないと思いましたが，これはどちらかと言えば大人向きかもしれないと感じました。

ストーリー2 ………………………………………………………………………………

　中学校で社会科を教えている岩田さんは，日本史に登場する主要人物を時代ごとにまとめて整理した表を作成し，生徒に配布しています。人物名を覚えることは歴史を理解する上で必須ですが，人物名と活躍した時代だけを覚えるだけでは，歴史に必要な様々事情を理解することにはつながりません。

　そこで，岩田さんは，クラスター分析の結果をもとにして，時代ごとの人物リストをその人物がどのように活躍したのかを書き出せるようなワークシートへと作り替えました。例えば，「明治時代に国づくりを進めた人」として坂本龍馬をはじめとする重要人物を記し，その下に人物の出身地や偉業，人間関係などを生徒が自分で調べて書き込むというものです。これによって，言語情報として多くの情報を得ながら，学び方の学習（認知的方略）も学ぶことができるようになりました。歴史は人の物語ですから，人物像を想像したり，時代の流れを感じたり，あるいは「もしこの人がいなかったらどうなっただろうか」などと想像を膨らませたりすることで歴史を感じることができるんだな，と改めて思いました。

▶ 言語情報の指導方略〈028〉，言語情報の評価方法〈077〉，学習課題分析〈083〉

Tool No. 085　　　　　　　　　　　　　　　　レベル0　ムダのなさ

● 階層分析 (かいそうぶんせき, Hierarchical Analysis)

知的技能の学びには，知識のピラミッドを作ろう！

```
                    いろいろな大きさの整数の引き算ができる
                              ↑
        ┌─────────────────────┼─────────────────────┐
   953  連続して繰り下が         7204  0を超えての繰り
   -676 りがある引き算が         -5168  下がりがある引き
        できる                          算ができる
        └─────────────────────┬─────────────────────┘
                              ↑
                        317  繰り下がりが1回
                       -127  ある引き算ができ
                              る
                              ↑
        ┌─────────────────────┴─────────────────────┐
   473  繰り下がりがない                13  借用して1桁の数
   -362 複数桁の引き算が              -5  を引くことができる
        できる
        └─────────────────────┬─────────────────────┘
                              ↑
              前提条件  1桁どうしの数の    8-4=?
                       引き算の結果を
                       言える
```

出典：鈴木，2002, p.65

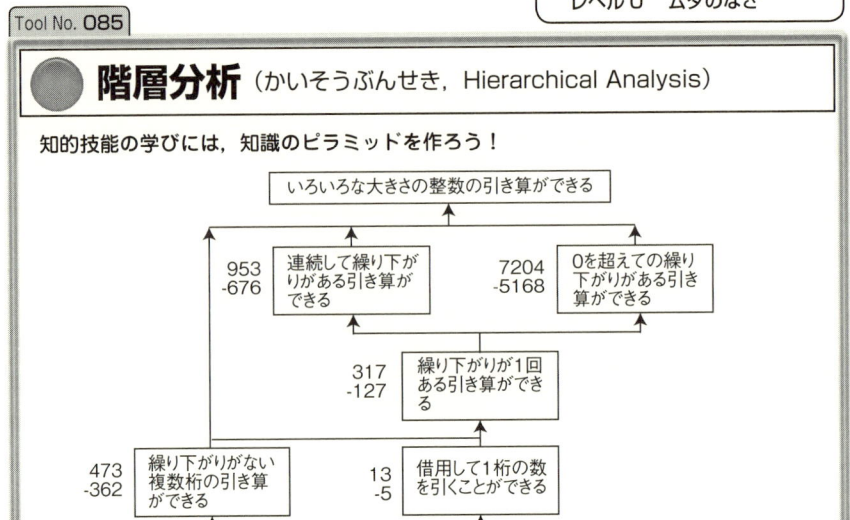

こんなときにオススメ！　ルールを活用するような知的技能の内容を学ばせたいときには，階層分析を用いて基礎から応用への段階的な学習の流れを整理できます。

どんな道具か　階層分析は知的技能の学習内容を分析するための課題分析手法で1960年代にIDの創始者ロバート・M・ガニェが提唱しました。学習目標よりも基礎的な知的技能にどのようなものがあるかを上から下にさかのぼって明らかにし，知的技能のピラミッドとして示します。

　知的技能の場合，学習の順序性ははっきりしています。下の目標が上の目標のための「前提条件」になるので，下から上へと学習を進める必要があります。2つ以上の目標がぶら下がっている場合には，そのどちらの目標からやってもかまいませんが，両方ともマスターしないと上へは進めません。階層分析が完成すると，どこまでさかのぼる必要があり，そこからどの順序で学ぶ必要があるかがはっきりします。

利用事例 ▶▶

ストーリー1 ··

　中学校1年の数学担当の佐々木さんは，子どもたちに自分で考える力をつけてもらうことを意識して常に授業を実施しています。四則計算の内容へと進んでいきましたが，加減と乗除や括弧（　）の使い方などが入り，少し複雑になってきました。四則計算ができるようになるためには，計算のルールをいくつか覚え，それらを組み合わせていく必要があります。子どもたち自身でどこに間違いがあったかを気づかせようとして，階層分析図を作って，計算問題と合わせて配布しました。

　子どもたちには「解答に迷ったら，その図を見て復習することを考えましょう」とアドバイスしました。さらに，問題を解き終わったら，ペアになって答え合わせをさせました。どちらかが間違った問題は，必ず階層分析図を使って，間違った場所を確認しあうようにしました。答え合わせにはちょっと時間がかかってしまいましたが，子どもたちは楽しそうに説明しています。階層分析図は，教え方を考えるだけではなく，学習者に提示してガイドとして利用することも可能です。

ストーリー2 ··

　藍原さんは大規模病院勤務の診療放射線技師で，依頼を受ければ研修の支援などにも行っています。病棟薬剤科から薬剤師向けに，CT画像で病態と疾患の確認ポイントについて教えてほしいと依頼を受けて，教材作成をすることになりました。

　がんや感染といった病態をとらえる際，検査値やカルテが情報源となっていますが，与えられた情報を覚えるのではなく，実際に得た情報を見て判断できるスキルを身につけたいということでした。カンファレンスなどで，医師や看護師と同じ情報を共有することによって，専門職としての力をさらに発揮してほしいというのです。

　そこで，CT画像の見方をマスターするために，何が必要か，階層分析を行い整理することにしました。CT画像の上下左右，投影される色を4段階に分け，それぞれの成分（水・空気・骨・軟骨組織）を説明できるようになるのが目標です。CT画像は症例ごとにいろいろなケースがあるのですが，見分けるのが簡単なものから複雑なものまでが含まれています。難易度が似ているもの同士をまとめてグルーピングし，いろんな症例で練習できるようにしました。迷ったときにはより簡単な症例にさかのぼって確認し，再び複雑な症例グループの問題にチャレンジできるようにしたところ，自分の得意不得意がわかりやすくなり，安心して取り組めるようになったと高評価をもらいました。

➡ 知的技能の指導方略〈029〉，知的技能の評価方法〈078〉，学習課題分析〈083〉

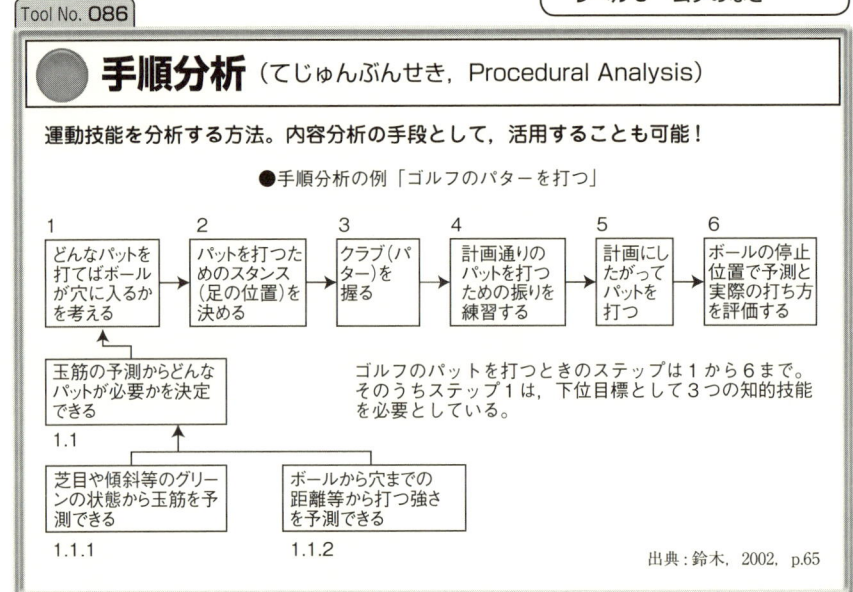

Tool No. 086　　　　　　　　　　　　　　　　　　　レベル0　ムダのなさ

手順分析 （てじゅんぶんせき，Procedural Analysis）

運動技能を分析する方法。内容分析の手段として，活用することも可能！

●手順分析の例「ゴルフのパターを打つ」

```
1              2              3         4              5          6
どんなパットを  パットを打つ   クラブ（パ  計画通りの    計画にし    ボールの停止
打てばボール   ためのスタンス ター）を   パットを打つ  たがって   位置で予測と
が穴に入るか   （足の位置）を 握る       ための振りを  パットを    実際の打ち方
を考える       決める                    練習する      打つ        を評価する
    ↑
玉筋の予測からどんな          ゴルフのパットを打つときのステップは1から6まで。
パットが必要かを決定          そのうちステップ1は，下位目標として3つの知的技能
できる                        を必要としている。
1.1
    ↑
芝目や傾斜等のグリーン    ボールから穴までの
の状態から玉筋を予        距離等から打つ強さ
測できる                  を予測できる
1.1.1                    1.1.2
                                          出典：鈴木，2002, p.65
```

こんなときにオススメ！
　運動技能など一定のステップを踏んで実行する課題に含まれている要素を洗い出すときに有効です。目標としているゴールが複雑なステップを踏む場合には，その手順を分析するツールとしても運動技能以外にも応用可能です。

どんな道具か
　運動技能の課題分析法が手順分析です。運動を伴う課題で「まず何をして次に何をするか」を一つひとつ列挙し，それを順番に並べます。このように整理することで，運動技能の課題を実行する際に求められる全要素技術を確認することができます。
　一方，運動のある手順を実行する際に，頭を使う必要があるステップもあります。例えば上の例でパットを打つときには，身体を動かして正確に「打つ」という「運動技能」を実行する前に，どの方向へどの程度の強さで打つかを考えるための状況判断が必要です。このような場合には，手順分析図に実行するステップごとに必要となる頭の働きについても記述しておくことができます。

利用事例 ▶▶

ストーリー1

　ゴルフが大得意の一宮さんは，就職した息子からコースに初めて出るのでその前にパットの練習につき合ってほしいと言われました。嬉しい誘いに張り切って指導しようと思いましたが，息子との会話から自分がなぜ上手なのかをうまく説明できないことに気がつきました。高校教師の妻にそのことをポソッと話をすると，とりあえずパターができるということがどのようなことかわかるように，何ができるようになればいいのかその手順を書き出して説明してはどうかと勧められました。

　スポーツを教えるのに紙に書き出すことに抵抗はあったものの，自分では他の解決法が見当たらず，渋々言われた通りに書き出しました。すると，自分が思った以上に細かいステップに分かれました。また，打つ前に，どんなボールを打てれば穴に入るのか考えることが重要であることに気づきました。息子の練習につき合う前に，パットのパターンやグリーンの状態や距離などのポイントについてビデオを見ながら息子に説明をして，予備知識をつけてから練習に行くことにしました。すると，一つひとつのパットについてどこが良かったのか，まずかったのかを議論しやすくなり，とても充実した練習時間を過ごすことができました。

ストーリー2

　イラストが得意な小林さんはボランティアで児童館でお絵かきの指導をしています。子どもたちに人気があるキャラクターはいくつか描けるように覚え，遊びに来た子どもに一人ずつ教えるようにしました。

　しかし，一人ひとりに最初から教えていると時間がかかり，待ち時間に飽きてしまった子どもたちはつまらないと帰っていきます。そこで，複数の子どもが一斉に遊びに来ても対応できるように準備することにしました。人気のあるキャラクターを選び，描きやすい順番を考え，ステップごとにイラストを添えた手順書を作成しました。すると，意欲がある子どもたちは手順が描かれた紙を見ながら何度も一人で繰り返し挑戦し，何度か参加するうちにスラスラと描けるようになりました。

　また，簡単なイラストが描けると少し難しいイラストにチャレンジする子どもの様子を見て小林さんは，簡単なイラストから徐々に難易度があがるイラストへとステップアップできるように資料を作り変えました。この経験後に受講した教職課程の授業で，自分が作成したステップごとのイラストは手順分析の結果を表したものに相当すると初めて知りました。

▶ 運動技能の指導方略〈031〉，学習課題分析〈083〉

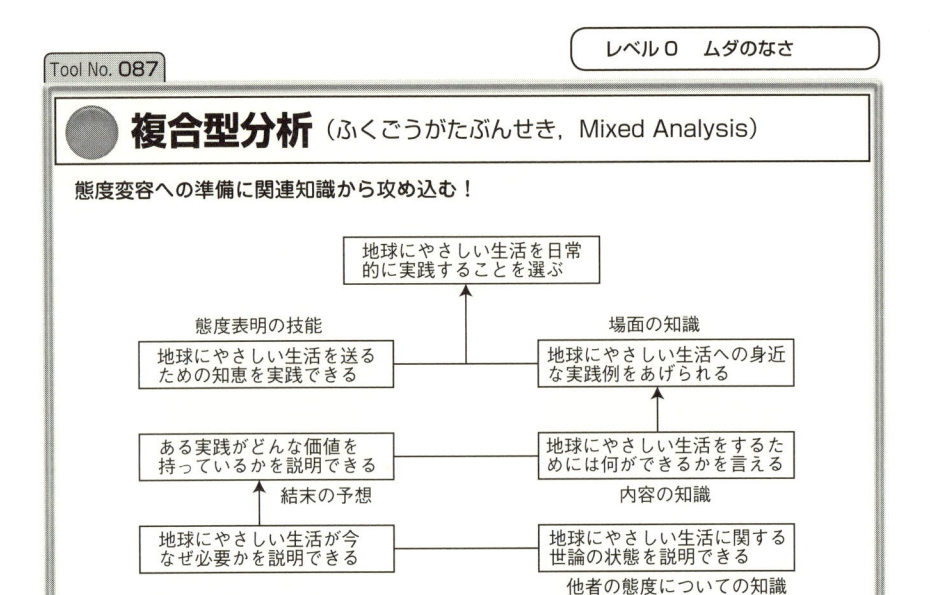

Tool No. 087　　　　　　　　　　　　　　　　レベル0　ムダのなさ

● 複合型分析 （ふくごうがたぶんせき，Mixed Analysis）

態度変容への準備に関連知識から攻め込む！

```
                        地球にやさしい生活を日常
                        的に実践することを選ぶ
                               ↑
     態度表明の技能                    場面の知識
   ┌──────────────┐            ┌──────────────┐
   │地球にやさしい生活を送る│            │地球にやさしい生活への身近│
   │ための知恵を実践できる │            │な実践例をあげられる   │
   └──────────────┘            └──────────────┘
                                        ↑
   ┌──────────────┐            ┌──────────────┐
   │ある実践がどんな価値を │            │地球にやさしい生活をするた│
   │持っているかを説明できる│            │めには何ができるかを言える│
   └──────────────┘            └──────────────┘
           ↑  結末の予想                 内容の知識
   ┌──────────────┐            ┌──────────────┐
   │地球にやさしい生活が今 │            │地球にやさしい生活に関する│
   │なぜ必要かを説明できる │            │世論の状態を説明できる  │
   └──────────────┘            └──────────────┘
                                 他者の態度についての知識
```

出典：鈴木，2002，p.67

こんなときにオススメ！　「こころ」に関する学習を考えているときはこの複合型分析が役立ちます。

どんな道具か　複合型分析は，知的技能・言語情報・運動技能の学習の組み合わせが生じる学習に役立ちます。態度学習を促す計画を考えるときに利用できます。人の気持ちや態度変容を促すには，まずその前提となる「あたま」の知識が前提となります。例えば「環境にやさしい生活」を自分ができる範囲で実行するという「態度」を学んでもらうためには，自分に何ができるか，そしてなぜそれが大切かを学ぶことが役立ちます。もちろん，知識を得たからといってそれを実行してくれるとは限りません。しかし，説得するための材料を洗い出し，それらをうまく伝えていく以外に「態度」学習に妙案はありません。そのため，態度変容を迫ることにつながる関連知識やスキルを洗い出すための課題分析手法として，この道具が使われています。

第5章 「ムダのなさ」の道具

利用事例 ▶▶

ストーリー1

　企業の人材開発部に所属する加地さんは，研修の企画・立案・運営を行っています。最近の企業不祥事を受けて，倫理研修の見直しと徹底の指示を上層部から受けました。基本知識の理解定着はもちろんのこと，各部署で起こりうる事例を取り上げ，具体的にどのように対応することが望ましいのかを議論し，部署間の共通理解を確認するように指示を受けました。さらに，意識改革が行われていることを定期的にアンケート等で調査することも要求されました。

　上司からの要求を受けて，倫理に関する問題は基本知識を持ちつつそれを実際の場面で倫理規定を踏まえた行動をとれるかという，情意に関する課題が含まれていることを加地さんは改めて確認しました。そこで，企業倫理の重要性や不祥事を起こすとどのようなことが起こるのかという概念的な研修に，具体的な場面を想定したケーススタディで対応の良し悪しを判断できる内容を組み合わせて，日常業務への倫理に関する意識改革を考えながら，態度変容へと促すことを意図した研修を設計するために，複合型分析を用いてみることにしました。

ストーリー2

　幼児教育の講師である新垣さんは，市が企画する子育て世代向けのセミナーの依頼を受けました。怒らないで子どもたちの態度を変えることができるようなアドバイスをしてほしいということでした。

　子育て世代にある共通の課題はあるものの，子どもの性格や家庭環境などによって親が悩む課題も様々です。そこで，セミナーでは一方的な講演方式をやめ，ワークショップ中心で考えました。基本的な説明を導入で行った後は，「子どもが言うことをきかない」「つい怒ってしまう」という現状を分析し，具体的には子どもたちにどのような姿勢を身につけてほしいのかを参加者それぞれが考え，そこにたどりつくまでの親としての支援内容を考えるようにしました。

　参加者には，複合型分析という専門的な用語を伝えませんでしたが，いくつかの事例を提示し，それに沿って，周りの参加者と話し合いながらアイデアを出すようにしました。その結果，「子どもに……しなさい」と指示する代わりに，例えば「本を読むことの利点や楽しさ」を伝えたり，親が本を楽しく読むことで見本を見せたり，一緒に本を読んだりするなどの簡単な，しかし重要な知識や活動を組み合わせて「読書を主体的に行いたくなる」姿勢へ変化するようなアイデアがたくさん出てきました。

➡ 態度の指導方略〈032〉，態度の評価方法〈081〉，学習課題分析〈083〉

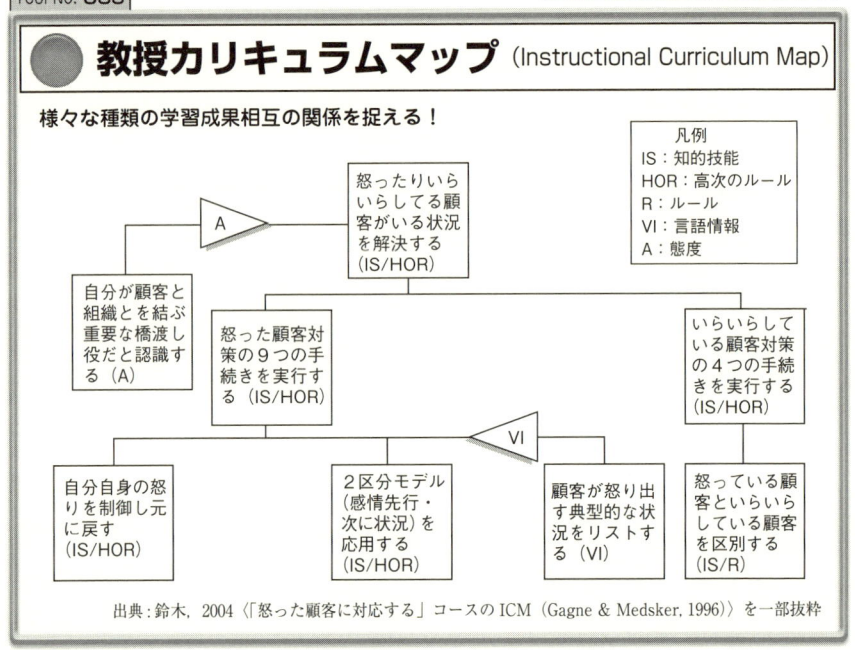

Tool No. 088　　　　　　　　　　　　　　　　　　レベル0　ムダのなさ

教授カリキュラムマップ (Instructional Curriculum Map)

様々な種類の学習成果相互の関係を捉える！

凡例
IS：知的技能
HOR：高次のルール
R：ルール
VI：言語情報
A：態度

```
              A
              │
      怒ったりいらいらしてる顧客がいる状況を解決する (IS/HOR)
              │
  ┌───────────┼────────────────────┐
自分が顧客と   怒った顧客対策の    いらいらしている
組織とを結ぶ   9つの手続きを       顧客対策の4つの
重要な橋渡し   実行する (IS/HOR)   手続きを実行する
役だと認識す                       (IS/HOR)
る (A)
              │              VI
  ┌───────────┼────────┬──────────┬──────────┐
自分自身の怒  2区分モデル  顧客が怒り  怒っている顧客
りを制御し元  （感情先行・ 出す典型的  といらいらして
に戻す        次に状況）を な状況をリ  いる顧客を区別
(IS/HOR)      応用する     ストする    する (IS/R)
              (IS/HOR)     (VI)
```

出典：鈴木, 2004〈「怒った顧客に対応する」コースのICM (Gagne & Medsker, 1996)〉を一部抜粋

こんなときにオススメ！
学習者に学んでほしいと思うこと全体を俯瞰し，教えたいことの内容やそのバランスを確認したいときにおすすめです。

どんな道具か
授業や研修で教えたいことや学習者にできるようになってほしいスキルは，通常複数の種類の学習が組み合わさって成立します。学びの構造は簡単ではありませんが，それぞれの種類の学習を教えやすく整理する手法がクラスター分析・階層分析・手順分析といった課題分析の手法です。学習全体を改めて見ようとすると，知的技能と態度の関係のように，異なる種類からなる目標の関係を整理することが重要となります。この関係を可視化するツールがこの教授カリキュラムマップ (ICM) です。

ICMでは，対象となる知的技能の目標についての階層分析図を中心に置いて，関連する補助的な目標を加えていきます。その際に，学習成果の分類が異なる境界をA（態度）やVI（言語情報）などの三角形の記号で表して区別します。

利用事例 ▶▶

ストーリー1

菊池さんは回転ずしチェーンの人材育成を担当しています。この企業は，全社員向け顧客対応の体験型研修の定期的な実施が実り，丁寧な接客に定評があります。研修内容は，接客トラブルの事例をもとに組み立てることが多く，今回は若手社員の声から出てきた「急に怒り出した客への対応」について詳しく考える研修を行うことにしました。社内で実際に起こった事例や社外の事例を集めながら，その対応方法を可視化してみました。

このようなトラブルに遭遇したときに考えられる「9つの手続き」を活用することが推奨されていますが，その前になぜ「怒り」が生じたのかの原因を突き止めなければなりません。原因追究には相手に対していくつかの質問を投げかけ診断をする必要があります。また，自分自身が対応中にイラつくこともありますが，その気持ちはどこかに追いやって冷静にならなければいけません。教えられる知識もありますが，それを実行できるようになるためにはロールプレイなどの演習で対応する必要がありそうです。このように複雑な問題解決の場面を想定した研修においては，教授カリキュラムマップが役立つと菊池さんは実感しています。

ストーリー2

宮田さんは，大学の初年次教育を担当しており，コンピュータリテラシー科目はその一つです。本科目は必修であり実施回数も多いため教員数名で分担しています。再来年度のカリキュラム改訂に向けて，本科目も見直しすることになりました。しかし，担当者が複数名おり，内容もPCの基本操作から，セキュリティに関する基本情報，ソフトを用いた文字データの入力・編集，プレゼンテーションの実施と幅広く，改訂をと言われてもどのように検討していくのがよいか迷っていました。

本科目のとりまとめ責任者となった宮田さんは，同じ初年次教育担当の田村さんに相談したところ，教授カリキュラムマップについて紹介されました。担当教員が現在教えている内容の課題分析を担当教員それぞれに作成してもらい，持ち寄った結果を教授カリキュラムマップのように組み合わせて全体を検討することを勧められました。宮田さんは早速自分が担当する部分のカリキュラムマップを作成し，他の担当教員にはそれを参考に，各自の担当部分についてマップを作成するように依頼しました。メンバーにはカリキュラムマップが何であるかを最初の時点では細かく伝えませんでした。それでも，科目担当者間の会議で議論を重ねながらみんなが持ち寄ったマップを組み合わせ，大きなマップを仕上げました。教授カリキュラムマップの魅力を理解し，すっきりとした改訂版の科目構成案ができ，全員が満足でした。

▶ 学習成果の5分類〈076〉，学習課題分析〈083〉，クラスター分析〈084〉，階層分析〈085〉，手順分析〈086〉

Tool No. 089　　　　　　　　　　　　　　　　　レベル0　ムダのなさ

● ニーズ分析 (にーずぶんせき, Needs Analysis)

研修の中身（What）や方法（How）を考える前に，なぜそれを実施するのか（Why）を考えよう！

＜ニーズ分析の意義＞
1. よりよい研修の実現：ムダを省きましょう
2. 研修の必要性，妥当性を組織内外に伝える：仲間を増やし，効果を高めましょう

＜ニーズ分析の手法＞
方法は多種多様であり，専門性が必要な高度なものが多い。できるところから自分自身で公式・非公式のデータを様々な情報源から収集しましょう

こんなときにオススメ！　研修の実施に行き詰まっている，これでいいのかと心配になったら，そもそもなぜ研修する必要があるのかという原点に戻りましょう。

どんな道具か　ニーズ分析は，ADDIEモデルのA（Analysis＝分析）に当たります。研修を単なる勉強で終わらせ，研修を受けることで満足するのではなく，学んだ成果が「現場に戻ってどのように活用されるのか」をあらかじめ考えるために情報を集めて研修の出口（学習目標）を決めることがニーズ分析です。「分析」という文字を怖がらず，情報集めができるところから始めましょう。

　やり方は自由です。公式・非公式にとらわれず組織にある既存の情報を確認しましょう。それでもわからないことがあれば，現場の様々な立場の意見を集めるとよいでしょう。情報の偏りには注意が必要です。受講者の上長や顧客，そしてスポンサーからは不満や望みを聞き出し，研修内容の専門家（SME）からは最新の話題を入手したり，同業他社からのベストプラクティスを雑誌や勉強会に参加して聞くことも大事です。実施済みの研修であれば研修の受講生を訪問し，研修後のフォローアップとして何が役立っているのか確認することもできます。いずれにせよ，研修の成果を上げるためには，組織の目指す方向性と研修の役割を一致させることが重要です（鈴木，2015）。

利用事例

ストーリー1

製造会社に勤務する佐藤さんは、人材開発部に配属されて1年が過ぎようとしています。業務全体の流れを見渡せるようになってくると、これまでの進め方のままでは担当者の思いつきで研修を実施しているにすぎず、そもそも組織として本部署に何を期待しているのか、どうしてほしいのか、が見えないことに気づきました。このまま机上で悩んでいても何の解決にもならないと、各部署を訪問することにしました。

訪問は堅苦しくない形で行い、担当者からの生の声を引き出すことを大事にしました。営業チームでは「今セールスを行う上で困っていることは何か」、隣接する工場では「製造プロセスで気になる点はないか」、部長クラスには「今、最も重大なビジネス上の問題は何で、それを取り除く上で何が障害になっているか」とそれぞれの考えや悩みを引き出そうとしたのです。御用聞きの精神で様々な情報を収集することで、現在の研修がなぜ必要であるのかを明確にし、その上で方法や内容を工夫することにしました。このニーズ分析の活動に取り組むことで、自分の業務の意義を再確認することができ、受講者のためになる研修が実施できるのではないかと自信がつきました。

ストーリー2

人材開発部の伊藤さんは配属されて5年ほど経ちます。人事異動を考えて部下育成を意識したインフォーマルな勉強会を開きました。すると、研修をすべきかどうかを判断するニーズ分析が話題となり、今までとは異なる視点の議論で盛り上がりました。

松井後輩：分析をしようと思っても、時々調査を断られることがあります。

伊藤さん：それは十分にあり得るね。嗅ぎまわっていると思われないように、まずはニーズに関連した情報を非公式に収集する習慣をつけるといいよ。いろんな人と話をして「常にどんな要求がありそうか」を予想するように心がけてはどうかな。

菊池後輩：私も分析を断られた経験があります。

伊藤さん：許可を求めようとせず、職務内容と影響がある人へのインタビューにまず集中してはどうだろうか。「分析」という言葉を用いずに何がどう行われているのか全体をつかむようにしてみるといいだろう。

塚原後輩：相手が望んでいることが的はずれのことがあります。

伊藤さん：顧客がやってほしいと望む教育が必ずしも顧客ニーズに合っているとは限らないよ。取るべき道は二つに一つ。一つは、研修を達成度ベースで行い、初期目標に達したら修了する。もう一つはデータを示し、顧客とともに解釈し、別の解決策がよさそうだと納得させることかな。

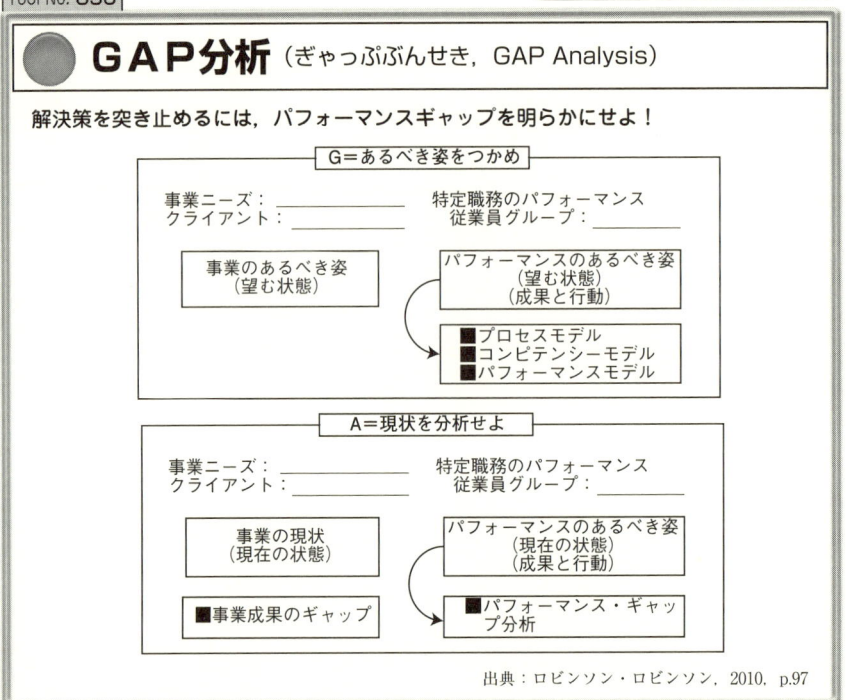

Tool No. 090　　　　　　　　　　　　　　　　レベル0　ムダのなさ

● GAP分析 (ぎゃっぷぶんせき，GAP Analysis)

解決策を突き止めるには，パフォーマンスギャップを明らかにせよ！

```
┌─────────────── G＝あるべき姿をつかめ ───────────────┐
│  事業ニーズ：_____      特定職務のパフォーマンス      │
│  クライアント：_____     従業員グループ：_____     │
│                                                        │
│      ┌──────────┐      ┌──────────────┐             │
│      │ 事業のあるべき姿 │      │ パフォーマンスのあるべき姿 │             │
│      │  （望む状態）  │      │  （望む状態）           │             │
│      └──────────┘      │  （成果と行動）          │             │
│              ↓              └──────────────┘             │
│                         ■ プロセスモデル                  │
│                         ■ コンピテンシーモデル              │
│                         ■ パフォーマンスモデル             │
└─────────────────────────────────────────────┘

┌─────────────── A＝現状を分析せよ ───────────────┐
│  事業ニーズ：_____      特定職務のパフォーマンス      │
│  クライアント：_____     従業員グループ：_____     │
│                                                        │
│      ┌──────────┐      ┌──────────────┐             │
│      │  事業の現状   │      │ パフォーマンスのあるべき姿 │             │
│      │ （現在の状態） │      │  （現在の状態）         │             │
│      └──────────┘      │  （成果と行動）          │             │
│                         └──────────────┘             │
│   ■ 事業成果のギャップ         ■ パフォーマンス・ギャッ      │
│                              プ分析                    │
└─────────────────────────────────────────────┘
```

出典：ロビンソン・ロビンソン，2010, p.97

こんなときにオススメ！　そもそもどこに課題があるのかがわからない。単に研修だけでは効果がないと思ったら，深い分析が必要です。

どんな道具か　研修の開発においてもニーズ分析は大事ですが，ここでの分析は，組織に存在している課題を洗い出し，そこからどのような解決策（または介入）が必要であるかを考えるために行う，より広範囲の分析です。具体的には「今」と「将来」の姿を明らかにすることで，対象とするスタッフのどのようなパフォーマンスを上げたいのか（成果），そしてそのパフォーマンスを上げるために何をすべきなのか（解決策・方法）を考えます。技術者のスキルを上げるために研修が必要だという答えを出すのではなく，「あるべき姿」と「現状」の差から，それはなぜ起こっているのかという「原因」を突き止めていくため，そこから研修以外のソリューションを含めた具体的な解決策を考えることになります。

利用事例 ▶▶

ストーリー 1

　大量の技術者を雇用するA社では，新製品を開発していくための技術力が不足し人材確保に苦労しています。そこで，「新たな研修を実施することが急務である」とA社の技術開発部長は考え，研修計画について人材開発部に相談しました。技術開発部長は，研修が解決方法であると決めて疑いません。人材開発部長は，技術開発部長に対して「目標とする製品を開発するために，何を今よりも多く行う必要があるのですか？」「何を今よりもできるようになる必要があるのですか？」「何を今と異なるやり方で業務に取り組む必要があるのですか？」と聞きました。

　これに対し，技術開発部長はすぐに答えることができませんでした。すると異なる質問を人事開発部長がしました。「研修にしようとする技術を使って，こちらが期待するような成果を出している人材はいますか？　その成果とは製品開発につながっているのですか？」と。技術開発部長はその答えをすぐに説明できませんでした。新たに技術力をつけると，開発力が上がるとはすぐに言い切れなかったからです。具体的な議論がそこからまた始まりました。

ストーリー 2

　救急医療病院として成長中のA病院は，安定した医療サービスを地域に提供することを目指し，毎年患者アンケート調査を実施しています。今年度の調査結果は，受付対応が十分でないことが示唆されました。医療事務に関する統括マネージャー米盛さんは，受付担当事務のコミュニケーション不足や接遇が問題ではないかと思いました。すぐに研修を実施しようとしたところ，副院長の判断で，もう少し調査しようということになり，人材開発コンサルタントの森田さんに来てもらうように依頼しました。

　森田さんは，通常の受付業務を観察し，アンケート調査結果を再度確認しました。受付事務の方たちは，一人ずつ丁寧に患者さんに対応しています。患者さんとのやり取りに問題はなさそうです。むしろ，細かい手続きをしに受付窓口から奥に入ったときに時間がかかっているようです。米盛さんも状況を把握するために質問をしました。「受付担当者は，接遇ができていないと感じていますか。それは，どうしてでしょうか」「一人当たりにどれぐらいの時間が必要で，実際にはどれぐらいかかっているでしょうか」「複雑な処理が必要な患者さんの場合には，円滑に手続きを進める工夫がありますか」このように，一つずつ状況を確認していくと，問題は，接遇ではなく，受付業務の内容と量に対して担当するスタッフの数が少ないことと，複数の業務が混在している業務フローに課題があることが見えてきました。

➡ ニーズ分析〈089〉

Tool No. 091　　　　　　　　　　　　　　　　レベル0　ムダのなさ

● 4段階評価モデル （よんだんかいひょうかもでる, 4 Level Evaluation Model）

研修評価を検討するときに役立つ4つの視点！

レベル	評価内容	評価対象
1. 反応 (Reaction)	参加者は教育に対してどのような反応を示したか？	・受講者アンケート
2. 学習 (Learning)	どのような知識とスキルが身についたか？	・事後テスト ・パフォーマンステスト
3. 行動 (Behavior)	参加者はどのように知識とスキルを仕事に生かしたか？	・フォローアップ調査 ・上長アンケート
4. 結果 (Result)	教育は組織と組織の目標にどのような効果をもたらしたか？	・効果測定チェックリスト ・ROI指標

出典：鈴木, 2006

こんなときにオススメ！　評価全体の検討に役立ちます。人材開発を目的とした研修の投資効果までの評価の必要性を確認し，評価の範囲に応じた評価計画を立案するときなどに有用です。

どんな道具か　ドナルド・カークパトリックはアメリカの経営学者で，1959年にこのモデルを提案しました。それ以来，彼が2014年に亡くなった現在でも世界中で広く使われているモデルです。

　通常，研修や授業を実施すると，学習直後に実施する参加に関する感想や印象についてのアンケート調査（レベル1：反応）だけで評価を考えてしまいがちです。IDでは，テストやクイズでの理解度確認（レベル2：学習）に相当した評価を重視します。さらに，4段階評価モデルの魅力は，学んだことが実践の場で活用できているのか（レベル3：行動），そしてそれが組織の業績に貢献できているのか（レベル4：結果）まで確認することの重要性を伝えている点にあります。成果を研修だけで考えるのではなく，常に広い視点から考えるためのツールとして役立つでしょう。

利用事例 ▶▶▶

ストーリー 1

　堤さんは，ある企業の研修担当者として配属になりました。担当を任された研修の評価プランを作るように上司から指示されました。そもそも評価にはどんなものがあるのか，そしてどのように作るのかを考えるために，カークパトリックの4段階評価というものがあると聞き，参照することにしました。「なるほど，われわれの研修では，アンケートを必ず実施して，状況に応じてテストやレポートを出させている。ということは，レベル1と2だけを評価しているのだな。また，レベル2も常に行っているわけではないようだ」。

　そこで堤さんは現在企業で実施している研修全体の評価はどのように行われているのかまで確認することで，レベル3や4に関しての取り組みがわかると考え，上司に質問相談に行きました。すると，現状では，研修実施後3か月の時点で，受講者の上長へのアンケート調査を行っているということがわかりました。しかし十分な分析は行っていないとのこと。堤さんはほかにもどのようなことが行われているかを整理し，まとめることにしました。

ストーリー 2

　企業Oは外資系企業Pと国内企業Qが合併してできた精密機器を製造する企業であり，新組織における新たなマネージャ像の共有とリーダーシップ力の養成・強化が求められています。チームビルディングを通じながら上記で示した力を養成するための研修プログラムを立案しました。メンバー間の信頼関係なども築きつつ継続的な作業をしたいと思っています。本研修を企画した柳さんは稟議書の中で次の点について説明しました。本プログラムの成果は研修直後には，ロールプレイと業務で研修をどのように生かせるかについてのアクションプランを書かせ，さらに3・6か月後に参加者自身の変化についての追跡調査と，マネージャの部下へのアンケートを実施することを，調査用の評価シートと併せて提案しました。上層部からは，レベル3までの計画ができているとコメントをもらい企画が通りました。

　同僚からは，他の研修ではレベル2の評価どまりのものがあるけれど，そろそろ見直していかないと，指摘されそうだな……という声が聞こえました。やりっぱなしの研修の時代はとっくに過ぎたことを痛感した柳さんでした。

▶ ROI 〈092〉

Tool No. 092　　　　　　　　　　　　　　　　　　レベル0　ムダのなさ

● ROI （あーるおーあい，Return on Investment）

研修した分の利益を確保する！

$$ROI = \frac{研修の金銭的価値 - 研修費用の合計値}{研修費用の合計値}$$

こんなときにオススメ！　研修などの教育活動の成果を可視化することが求められている場合に有効です。

どんな道具か　ROIとはReturn on Investmentの略で，投資対効果，投資資本利益率，あるいは投資収益率などと訳されています。投資した見返り（リターン）がどのぐらいあるかを示す財務指標です。人材開発部門が行う研修効果を示すための道具としてはドナルド・カークパトリックによる4段階評価モデルが知られていますが，レベル4の「組織への還元」を確認するという意味でROIは重要な指標の一つと言えます。

　研修を実施するにはそのためのヒト・カネ・モノが必要となります。よって，それらの投資分の価値が還元されることが期待されて当然です。しかし，研修は還元が期待される投資というよりは，福利厚生につながるコスト部門とみなされてきたケースが多く，景気に左右されて予算確保が困難な場面もありました。「人への投資」であることを経営トップにわかりやすく示すための手段がROIです。

　上記に示した計算式では，分母と分子の両方に「研修費用の合計値」があるため，投資額と同等の金銭価値を生み出した場合に，ROI=0となります。研修のROIを算出する際は，成果のデータの中から研修による貢献を切り出し，金銭的に換算します。しかし，得られた成果は必ずしも金銭的価値として示すことができない効果もあります。それをインタンジブルと呼び，ROIには含まれないが価値あるものとみなします。ROIを求めるにはとても手間がかかります。正確な数値を算出することよりも，まずは「投資への見返りは十分か」という視点を持つことから始めましょう。組織では，様々な部署で有する調査結果がありますので，既存のデータを有効活用しましょう。

利用事例 ▶▶

ストーリー 1 ……………………………………………………………………

　不動産業界ではあるソフトウェアの利用が業界標準となり，小山田さんがコンサルティングを受注した不動産会社でもそのソフトウェアの利用が必須となりました。ソフトウェアの研修を行うために対面研修など様々な方法を検討しましたが，全国展開の本企業での実施としては e ラーニングが適切ではないかという結果に至りました。

　この企業では技術的と非技術的な投資の両方をすることに決め，初年度は 67 % を非技術に対して投資しました。運営が始まると実施コストは最低限に抑えられ一人のスタッフが週に 2 ～ 3 時間ぐらいの短時間業務ですむようになりました。また，研修が始まり最初の 8 か月間程度で完了したのが 150 件，部分的履修が 500 件程度確認できました。この実施状況をみて企業は従業員満足の向上をもたらし，さらに社員の勤務継続率にも影響を与えたと考えています。

　研修の効果は複数箇所に出ていると実感していましたが，議論の結果，ROI として算出するのは 2 項目（コスト節約・離職率）に絞り調査することにしました。それは短期で一番成果があったものと企業が考えているからでした。この事例の特徴は，ベンチマークする項目を限定して分析していることがあげられます。また，離職率は企業にとって大きな課題であるため，その情報を ROI 調査前から持っていることは多く，今回も低コストで算出することが可能となりました。e ラーニングのコスト削減の項目は研修グループにとっても経営者にとっても将来投資を検討する重要な判断材料になると思われます。

ストーリー 2 ……………………………………………………………………

　研修会社に勤める下山さんは，集合研修を e ラーニング化したことの実績を幹部に報告することになりました。全国に店舗を構える飲食店 B 社には社員が全国に存在するため，e ラーニングの導入は旅費の節約が主な目的でした。しかし，必要研修時間が減ったことで給与支払い対象時間も短縮し，研修受講時の給与支払額の減少が受注開発費と e ラーニング実施に必要なインフラ整備費を上回って総経費が節約できることが明らかになりました。500 人の受講者を対象とし 5 人のトレーナーが 10 か所で 3 か月間かける集合研修の場合と比べて，初年次比較で 20 % 程度の経費が削減できました。加えて，e ラーニングでの実施は，新しいサービスの特徴や新商品の価格を確認しやすいことなどから，従業員からは職場で活用しやすいという声が多く出ています。「職場で活用しやすい」という点は数値化しにくい結果であり，インタンジブルな成果ですが，従業員からは歓迎されています（鈴木，2015 をもとに作成）。

▶ 4 段階評価モデル〈091〉

Tool No. 093

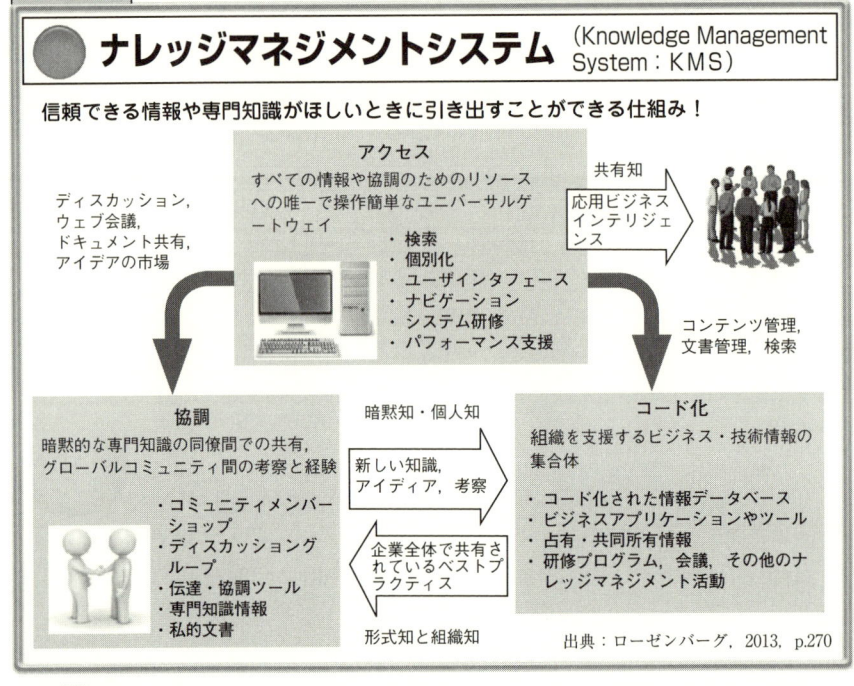

レベル0　ムダのなさ

ナレッジマネジメントシステム (Knowledge Management System：KMS)

信頼できる情報や専門知識がほしいときに引き出すことができる仕組み！

アクセス
すべての情報や協調のためのリソースへの唯一で操作簡単なユニバーサルゲートウェイ
- 検索
- 個別化
- ユーザインタフェース
- ナビゲーション
- システム研修
- パフォーマンス支援

共有知 → 応用ビジネスインテリジェンス

コンテンツ管理, 文書管理, 検索

ディスカッション, ウェブ会議, ドキュメント共有, アイデアの市場

協調
暗黙的な専門知識の同僚間での共有、グローバルコミュニティ間の考察と経験
- コミュニティメンバーシップ
- ディスカッションループ
- 伝達・協調ツール
- 専門知識情報
- 私的文書

暗黙知・個人知

新しい知識, アイディア, 考察 →

← 企業全体で共有されているベストプラクティス

形式知と組織知

コード化
組織を支援するビジネス・技術情報の集合体
- コード化された情報データベース
- ビジネスアプリケーションやツール
- 占有・共同所有情報
- 研修プログラム, 会議, その他のナレッジマネジメント活動

出典：ローゼンバーグ, 2013, p.270

こんなときにオススメ！　研修では対応が遅い, または, 求められるスキルや知識が幅広く, 一つの研修では十分に取り扱えないときに有効です。

どんな道具か　ナレッジマネジメントシステム（KMS）は言葉の通り, 知識を管理する方法です。ローゼンバーグ（2013）は, KMSを企業のバーチャルブレイン（仮想脳）と定義しています。一つの有用な情報を複数の人で共有し, そのデータにいつでもアクセスできるようにすることで, ただちに情報を入手できることが特徴です。ネットワーク上に共通フォルダを置いて, 同じ職場内で情報を管理したり, イントラネットワークを設けて顧客情報を管理することもKMSの一つです。欲しい情報に素早くアクセスすることが期待されるため, ITの活用が必須です。Web2.0時代では, 手軽に利用できるツールが用意されています。ソーシャルネットワークやブログなどの既存のツールを活用して, 資金をかけずに協調作業ができる場を作ることも可能です。パフォーマンス支援システムと同様に研修以外の方法として活用ください。

第 5 章 「ムダのなさ」の道具

利用事例 ▶▶

ストーリー1

　米島さんは，ある電子機器の修理を担当する技術者です。最近の機器の構造はかなり複雑になっており，修理時間がかかるため，何度も顧客先に足を運ばなければいけない場合が出てきました。また，1回で修理が終わらないことも度重なり，その結果が過去数か月の顧客満足度の数値に如実に現れてきていると感じています。技術者は米島さんに限らずメールで情報交換をするようになっており，知り合いに直接対応策を聞くことで迅速に対応するように取り組みました。メールのやり取りが煩雑になり，情報交換した内容はメールでは共有されにくくなりました。

　そこで B 社は，技術者間で情報交換ができるサイトを KMS として用意し，タブレット端末などを用いてその情報に簡単にアクセスできるようにしました。すると，類似した修理内容に遭遇した人同士で情報交換ができるようになり，さらにトラブル解消に必要な情報が他の技術者から積極的に提供され，蓄積されるように変化が見られたのです。これによって，以前よりも早い段階で問題を解決することができるようになりました。

ストーリー2

　金融関係の企業の人材開発室に所属する坂本さんは，他支店に異動になった仲間から毎回愚痴を聞かされます。異動後の数か月はその土地の情報を把握するのに時間がかかるというのです。今までは，最初は仕方ないと思っているだけでした。しかし，残業が増えたり，精神的な負担も大きいことで，企業として再検討すべきではないかと思うようになりました。

　異動した人にインタビュー調査をすると，顧客情報は前任者が持っている情報を引き継ぐことになるのですが，そもそも内容や管理フォーマットは企業で決められたものであるものの，ばらつきが出ているようです。異動された人にあとで問い合わせすることが難しいことも課題でした。そこで，顧客の基本情報はシステムで一括管理をし，情報は個人では持たず，KMS にどこからでも追加・検索ができるようにしました。また，数週間アクセスがない人には，自動的にメールで通知が送られ，KMS にアクセスし最新情報を必ず確認しあうことで，レビューシステムを徹底させ，最新情報を保管することにしました。

➡ ジョブエイド〈094〉，パフォーマンス支援システム〈095〉

Tool No. 094　　　　　　　　　　　　　　　　　　レベル0　ムダのなさ

● ジョブエイド (Job Aids)

タスク（業務や作業）を実施している最中に，個人が簡単にアクセスできる支援ツール！

【ジョブエイドの利用で可能になること】
・情報提供
・手順の支援
・コーチング／ヘルプ機能
・意思決定や自己評価

【ジョブエイドの形】
・手順を示したもの：特定の手続きを記憶しなくてもすむ
・フォームやワークシート：手順を示したものと類似しているが入力したデータは事後に活用できる
・チェックリスト：計画や評価に活用が可能
・意思決定表：条件ごとの結論（行動選択）が何かを示す
・フローチャート：状況に応じた行動の流れを示す

こんなときにオススメ！　研修を減らしたい！　または業務をしながら参照できる情報源によって，業務が遂行できるかもしれない！　と思ったらジョブエイドの活用を一度検討してください。

どんな道具か　ジョブエイドはITが進化する前から活用されてきた業務支援ツールの総称です。一般的には業務遂行時に参照できるカンニングペーパーと言えるかもしれません。求められる業務ができれば，参照することは悪いことではありません。むしろ何の準備もなく挑むよりは，事前に情報を入手して，あるいは情報を参照しながら実務に取り組むほうがはるかに効率的で生産的でしょう。

　暗記しなくてもよければジョブエイドを用意し，そのジョブエイドを活用する練習の場として研修を使うことも検討してください（Willmore, 2006）。パフォーマンス向上を目指した支援策を活用することで研修の割合を減らしましょう。より複雑な支援が必要であれば，パフォーマンス支援システムを検討してください。

利用事例 ▶▶▶

ストーリー1

　総合病院に勤務する検査技師の山田さんは，自分が管理を任されている検査機器の運用で困っていました。この機器は操作が難しい上に，看護師なども利用するため使用率が高いものでした。機器のバージョンは定期的に上がるため，操作方法が突然変更されることもあります。そのため，久しぶりに使用した利用者からの突然の問い合わせが多く，この対応が山田さんの他業務への妨げになってきました。研修をやってもすぐに変わってしまうからムダになってしまいます。

　そこで，「問題の原因を一から整理し直そう」と検査機器運用の実態を見直しました。準備操作はトラブルが続出するため，予約システムを作って，機器の操作に詳しい担当者が事前に準備をすることにしました。細かい操作方法は，機器の手元のジョブエイドになるように利用ガイドを用意し，あわせて事前にどこでも参照可能な電子マニュアルも用意しました。すると，大きなトラブルや利用ミスが減りました。研修に頼らなくても，運用方法を整理するだけでスムーズに業務が進むようになったことに山田さんも同僚も驚いています。

ストーリー2

　小学校高学年の副担任を務める中川さんは，学級づくりを意識しながら効率的な学級運営をどのように支援できるのか考えていました。子どもたちがすべき活動は多く，その内容は生き物の世話から学校行事のイベントまで様々です。一方，放課後は塾通いをする子どもが多いため，その配慮も忘れてはいけません。

　ある日久しぶりに会った社会人の友人が，待ち合わせ時間を使って業務の確認リストを見ていました。フランチャイズカフェの店長を任されている友人は，来週の大型連休にオープンする店舗の支援に行くというのです。そこには，マシンの位置や人の流れが書かれていました。また，新しいコーヒーメーカーの操作に支援当日戸惑わないように，エプロンのポケットに入る操作マニュアルまでが用意されていました。それを見た中川さんは，自分もツールを作ることで多少はスムーズな学級運営ができそうな気がしてきました。早速，係・日直・クラス委員・運動会の担当者など，それぞれの役割ごとにやるべきこととその手順を書いたリストを用意し配付しました。1年目は漏れも足りない点もありましたが，子どもたちに協力してもらいながら毎学期改善をしました。すると，数年後にはこのワークツールが子どもたちに受け入れられ，子どもたち自身で毎年新しいツールを作成したり，改善する活動をも楽しむようになりました。

▶ ナレッジマネジメントシステム〈093〉，パフォーマンス支援システム〈095〉

Tool No. 095　　　　　　　　　　　　　　　　　　レベル0　ムダのなさ

● パフォーマンス支援システム (EPSS/PSS)

実施者が必要なときに，対象となる業務を遂行できるようにすることを目的とした支援システムの総称！

ある業務を遂行するために必要な教育や他人からの支援を最小限におさえ，実施に必要な情報へアクセスさせたり，道具や方法を提供します。

【パフォーマンス支援システムの利用判断】
頻度：どれぐらい頻繁に対象となるタスクを遂行することが見込まれるのか？
重要度：タスクを一発で無事に完了することが重要か？

右図を参考に，パフォーマンス支援のみを用いるか，それとも研修で対応するか，その両方を組み合わせるかを考えるとよいでしょう。

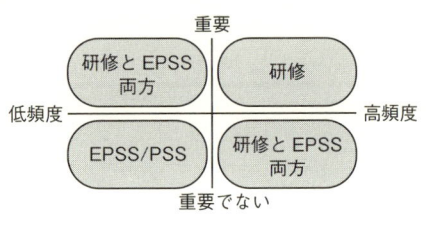

	重要	
低頻度	研修とEPSS両方	研修	高頻度
	EPSS/PSS	研修とEPSS両方	
	重要でない	

出典：グエン，2013，図15.2

こんなときにオススメ！　教育研修プログラムだけで，その人やその業務遂行場面で求められているパフォーマンスが確保できているかが気になった場合の対策を考える際に役立ちます。

どんな道具か　EPSS（電子的業務遂行支援システム：Electric Performance Support System）という用語は，パフォーマンス支援のコンサルタントであるゲリーによって1990年代に用いられるようになりました（グエン，2013）。知識を詰め込むだけでなく業務の中で一定の成果を求めることが重要であるという考えは，パフォーマンスという用語が一般的に用いられることからもわかります。やるべき活動や仕事を直接的に支援するツールがEPSSです。また，業務で利用する支援ツールは，ジョブエイドやマニュアルのように必ずしも電子的でない場合（PSS）も多く存在しています。研修だけで解決しようとせず，パフォーマンス向上を目指した支援策を併用することで研修の割合を減らしましょう。

第 5 章 「ムダのなさ」の道具

利用事例 ▶▶▶

ストーリー1

　A 社は，九州地区を中心に家庭雑貨や園芸品などを幅広く扱い全国展開をしています。季節や地域に合わせた商品販売の企画を行っていますが，人材確保のために短時間勤務の社員が増え，効率的に企画・計画書を作成することが求められるようになってきました。人事部の岩沢さんは対策を考えざるを得ない状況に追い込まれましたが，研修をするにも時間も費用もかさみ効率的ではありません。

　そんなとき，システム管理をしてもらっている IT 企業の営業さんに，発売予定の資料作成支援ツールを紹介されました。同僚の鐘ヶ江さんに相談すると，「そういう時期がきたのかな。対面研修でコミュニケーションをとることを大事にしてきた我が社だけれども，そろそろもっと効率化しなければだめかもしれないね」とのこと。「業務を直接的に支援してくれるツールは EPSS と言うんだよ」とあわせて教えてもらいました。

ストーリー2

　携帯電話販売会社の人事部に所属する江藤さんは，窓口業務内容の煩雑さに対応できるような能力をつけさせたいと，各支店からの要望を受けていました。研修設計が得意な田中さんに，「この問題を解決するために良い研修があれば紹介してほしい」と相談したところ，「それって，研修では無理じゃない？」と言われてしまいました。また，「窓口で対応すべきことは，特殊な問い合わせなんかもあるから，それらを全部理解して覚えるのはあまり効率的ではないと思うよ」と EPSS（左頁）の図を見せてくれました。

　自分の席に戻った江藤さんは，再度業務内容を洗い出し，先ほどの図に当てはめると重要ではなくかつ頻度が低い業務がたくさんあることが見えてきました。結果，研修を開発するのを見送り，実務担当者をメンバーに入れたプロジェクトを立ち上げ，業務支援システムの改修内容を上司に提案しました。江藤さんは，パフォーマンスを向上させるためには現場の意見を大事にし，現状を整理していくことの重要性を感じています。

➡ ニーズ分析〈089〉，ナレッジマネジメントシステム〈093〉，ジョブエイド〈094〉

第6章

レベル-1
「いらつきのなさ」の道具

レベル3	学びたさ
レベル2	学びやすさ
レベル1	わかりやすさ
レベル0	ムダのなさ
▶ レベル-1	いらつきのなさ

Point

レイヤーモデルのレベル-1「いらつきのなさ」は，精神衛生上の問題を取り除く部分になります。ほとんどIDには思えないかもしれませんが，ここが満たされていないと，上位レベルで何をしても意味がなくなってしまいます。例えば，eラーニングでアクセスができない，うまく表示されないとすれば，それだけで学習機会を失ってしまいます。疲れるなど健康面に影響があれば，学習を控えなければなりません。また，多様性に配慮していかないと，一部の人たちに不満だけが残ってしまいます。学びの工夫というよりは，学習をするための前提（環境）を扱うレベルとなります。

▶▶ 最適なメディアを選ぶ〈No.096〉
- メディア選択モデル

▶▶ 多様性に配慮する〈No.097, 098〉
- 多モード多様性モデル
- 学習の文化的次元フレームワーク

▶▶ Webのアクセス性を高める〈No.099, 100〉
- Webアクセシビリティの原則
- レスポンシブWebデザイン

▶▶ 快適に利用するために〈No.101〉
- ノートパソコン利用の人間工学ガイドライン

Question

- 教育をどのようなメディアで提供すればよいですか？（→メディア選択モデル）
- 国籍が多様な場合に配慮すべきことは？（→学習の文化的次元フレームワーク）
- 障害者や高齢者にもWebサイトを見てもらうには？（→Webアクセシビリティの原則）
- Webサイトをスマホ対応にもできませんか？（→レスポンシブWebデザイン）

Tool No. 096　　　　　　　　　　　　　レベル-1　いらつきのなさ

メディア選択モデル（めでぃあせんたくもでる，Media Selection Model）

どのメディアが適切かを決めるための手順！
1. 教育の目的や学習活動に必要なメディア特性を見きわめる
2. あるメディアを好んだり，拒否したりする学習者の特徴を見きわめる
3. あるメディアを好んだり，拒否したりする学習環境の特性を見きわめる
4. あるメディアの実行可能性を左右する経済的，組織的な条件を見きわめる

出典：ムーア・カースリー，2004から抜粋

こんなときにオススメ！
現状において最適なメディアを選択するために，どのように考えていけばよいのかがわかります。

どんな道具か
マイケル・G・ムーアとグレッグ・カースリーによると，多くのメディア選択モデルには，4つの段階が含まれています（ムーア・カースリー，2004；ガニェら，2007）。1つ目は，そのメディアが教育の目的や学習活動に適しているのかを判断することです。例えば英語のように発音の練習をしたり，ネイティブの音声を聞いたりする場合には，音声機能を持つメディアが必要となります。2つ目は，学習者の特徴を把握して，学習者に合ったメディアであるかどうかを判断します。例えば，動画を好んで学習する人もいれば，テキストのほうが学びやすい人もいます。複数の手段を提示して学習者に選ばせる手もあります。3つ目は，そのメディアが学習者の学習環境に適したものであるのかを精査します。例えば，音が出る教材は場所を選びます。家にネット環境が無い場合には，Web上のeラーニングに取り組むことが困難です。セキュリティの問題でアクセスが制限されている職場もあります。4つ目は予算の有無や組織的な制約などを考慮します。例えば，学校にタブレットを導入して活用する場合には，予算や時間割の制約などが発生します。eラーニングを導入しても，仕事中の学習を認める風潮になければ，学習機会は失われるでしょう。

　手順をうまく活用していくためには，メディアの長所と短所を理解して適用することが必要ですが，最終的にはどのメディアが使われるかではなく，どのように使われるのかが重要です。また，単独ですべての条件を満たす最適なメディアは存在しませんので，複数のメディアを組み合わせることが多いです。

利用事例 ▶▶

ストーリー 1

　I 大学では，合格者（高校生）を対象とした入学前教育を e ラーニングで提供したいと考えていました。入学者が全国各地に散らばっていることや，進捗状況を常に把握したいという考えからでした。これは，メディア選択モデルの 1 番目の項目だけに該当しましたので，担当の木村助教は他の項目についても検討することにしました。

　学習者の特徴（項目 2）は，必ずしも e ラーニングによって Web 上の教材から学ぶことを受け入れてくれるとは限らないと考えられました。少なくとも合格者たちにはその経験はないと思われ，普段から馴染みのある書籍などからのほうが学びやすい可能性はありました。一方でデジタルネイティブ世代でもあるので，多くの合格者には好意的に受け入れられるとも考えられました。できるだけ多様な学習方法を許容するような課題にすることにし，あとはやってみて様子を見ることにしました。

　学習環境の特性（項目 3）については，問題があると考えられました。必ずしもインターネット環境を合格者たちが持っているとは限らないからです。e ラーニングがモバイル対応していればよかったのですが，既存のコンテンツを利用したいために，パソコンで見てもらう必要がありました。これについては，パソコンを持っていない合格者には貸与するか，高校側での環境を使わせてもらうことにしました。組織的な制約（項目 4）としては，e ラーニングを運用するための予算は確保済みであり問題はありませんでした。合格者側については，特に高校側の理解を得るために，説明は必要であると思いました。これらの検討の結果，e ラーニングの準備を進めることにしました。

ストーリー 2

　A 学会では，学会員に広く周知したい最新知識に関する講演の様子をライブ配信することにしました。配信については，講師の許諾や著作権への対応が必要となりましたが，なんとかなりそうでした（項目 4）。ライブ配信後はアーカイブとしても残るので，見逃した人たちも，ゆっくり繰り返して見られるようになっていました（項目 2, 3）。学会員が相手でしたので，学習者側の受け入れ（項目 2）についても問題がないと考えられましたが，会場の環境をテストしたところ，ネットワークの速度が十分に出ないことがわかりました（項目 3）。

　このままでは学会員が配信を見ても，途中でプツプツ切れたり，待たされたりして，そのイライラで不満が出るだけだと予想されました。そこで，当のライブ配信は断念し，当日の様子を録画して，後日配信するに留めることにしました。そのほうがネットワークを増強するより安価になったことも決め手の一つとなりました（項目 4）。講演会の様子は，1 週間後には無事に学会サイトからリンクを張って配信されました。

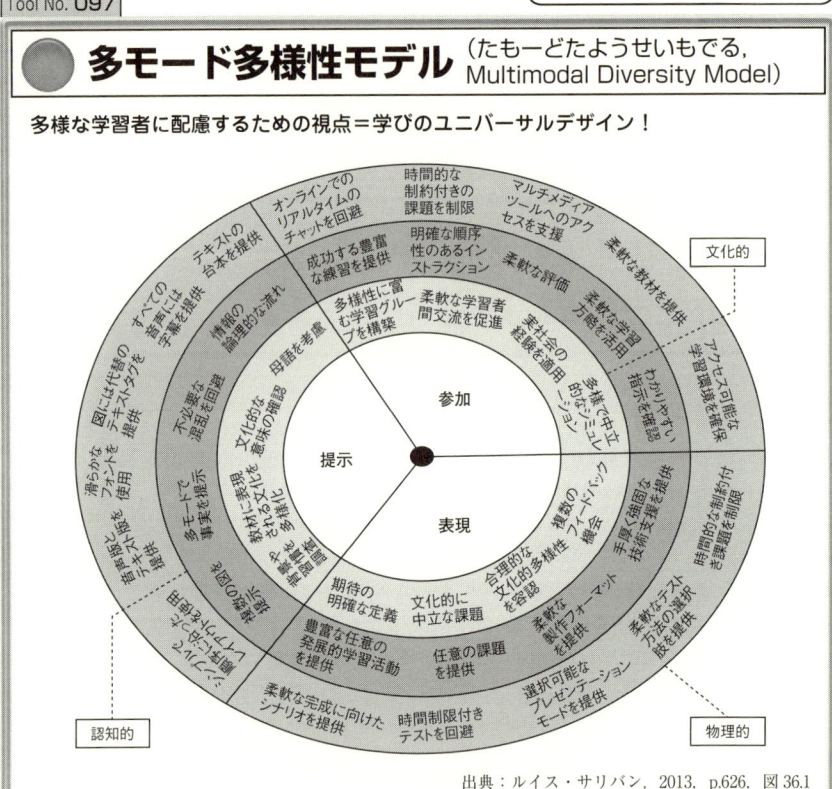

Tool No. 097　　　　　　　　　　　　　　　　　　レベル-1　いらつきのなさ

多モード多様性モデル（たもーどたようせいもでる，Multimodal Diversity Model）

多様な学習者に配慮するための視点＝学びのユニバーサルデザイン！

（図：多モード多様性モデル　三つの領域「提示」「参加」「表現」と、四つのカテゴリ「文化的」「認知的」「物理的」を示す同心円状の図）

出典：ルイス・サリバン，2013，p.626，図36.1

こんなときにオススメ！　この枠組みをもとに学習を設計することで，多様な学習者に対応した学習環境を提供することができます。

どんな道具か　学習経験，学習スタイル，出身国，障害の有無など，学習者は独自の背景を持っています。個々にそのつど対応してくことは限界があり，最初から多様性に配慮した設計をすることで障壁を最小化する取り組みが，学習のためのユニバーサルデザイン（Universal Design for Learning：UDL）です。多様な学習ニーズに対応するための方略として，多モード多様性モデルが提案されています。また，同分野では他にも「UDLガイドライン」（CAST，2013）も提供・翻訳されています。

利用事例 ▶▶

ストーリー1

　食育の普及に取り組むNPO法人の代表である都筑さんは，自らが講師となって料理教室を開催しています。開始当初は主婦層が中心でしたが，宣伝の効果もあってか，最近では男性の高齢者や外国人なども目立つようになりました。しかしながら，多様な人々が増えるにつれて，参加者の満足度が下がっているように感じていました。
　友人に相談したところ「多モード多様性モデル」を用いて改善を検討することになりました。このモデルは，UDLの基本的な原則である，①複数の提示手段（何を学習するのか），②複数の表現手段（どのように学習するのか），③複数の参加手段（なぜ学習するのか）を核にして，物理的・認知的・文化的の各側面に配慮するための方略がそれぞれリストされています。都筑さんたちは3つの側面を眺め，特に認知面について改善することにしました。主婦層に対しては都筑さん自身の経験をもとに話せば問題ありませんでしたが，他の参加者の状況を想像しながら，複数の例や誤解のない表現を用いて説明することにしました。また，全体的に明確な順序性を持たせて指示を与えていくことにしました。これがうまくいったら，文化面に配慮しながら，多様性があることを逆に強みにして，楽しい教室にしていきたいと考えています。

ストーリー2

　B大学の職員で学生支援本部に所属する野田さんは，専門のコーディネータと一緒に，多様な学生の対応に追われています。数年前までは，段差にスロープをつけるなど，施設のバリアフリー化を推進してきましたが，それが一段落しても，問題は山積するばかりでした。近年の学生相談件数の高まりを考えると，相談を受けてから対処をしているようでは，そろそろ限界にきていると感じていました。
　大学には，多様な学生が通っており，身体的な側面だけでなく，発達的な側面に問題を抱える学生もいれば，学業レベル，得意不得意，学習スタイル，生活状況なども異なっています。どうやって対応していくべきか思索し，UDLの考え方をもとに，相談件数が多く大学生活の中心である授業（学習）という部分に，多様性への配慮を求めることを考えました。教員への負担が増えると浸透しないので，「多モード多様性モデル」を眺めながら，何点かにしぼって，手始めにFD研修会などの機会で伝えていくことにしました。例えば，授業で提示する事例を多様化する／学習者がレベルに応じて選べる複数課題を提示する／授業の配布物をプリントだけでなく電子的にも提供する／1回だけの定期テストとせずに，小テストの積み重ねにして学生たちが柔軟な対応をできるようにするなど，いくつかの項目を提示しました。

▶ 学習の文化的次元フレームワーク〈098〉

Tool No. 098　　　　　　　　　　　　　　　レベル-1　いらつきのなさ

学習の文化的次元フレームワーク
(がくしゅうのぶんかてきじげんふれーむわーく, Cultural Dimension of Learning Framework：CDLF)

学習において文化的な多様性に配慮していくための8つの次元！

<社会的関係性>
- 平等 ⟷ 権威
- 個人主義 ⟷ 集団主義
- 育む ⟷ 挑戦

<認識論的な信念>
- 安定 ⟷ 不確実さの許容
- 論理性 ⟷ 合理性
- 因果システム（分析的）⟷ 複雑なシステム（全体論的）

<時間の知覚>
- 時間厳守 ⟷ 成り行き
- 直線 ⟷ 循環的

出典：鈴木・根本，2011

こんなときにオススメ！　外国人が受講するなど，多様な文化からの異なる価値観を持った学習者が想定される場合に，この枠組みで検討することで，文化的な差異に配慮することができます。

どんな道具か　パリッシュらは，文化横断型の教育において，文化的差異に配慮した設計や提供への必要性が高まっていると指摘し，研究レビューをもとに学習の文脈で影響が強いと考えられてきた8つの文化的次元をまとめたフレームワークを提案しました（Parrish & Linder-VanBerschot, 2010；鈴木・根本 2011）。これは価値観の相違に焦点化したものです。文化横断的な教育を実施する場合は，自分たちの文化だけが正しいとは考えず，文化的差異を理解・尊重し，学習者の行動のどれが文化的価値観に基づくのかを見きわめることが重要であるとしています。また，文化的差異を尊重するだけではなく，教育には文化的影響を与える側面もあることを意識しておく必要もあります。

フレームワークの提案は，8つの次元に分けただけでなく，各次元を検討する場合にキーとなる質問や，学習場面でそれらの次元がどのように表出されるかについての整理がなされていますので，詳細は付録をご覧ください。

利用事例 ▶▶

ストーリー 1

　桜井さんは，大手の研修子会社に勤務しており，ここ数年ほど新入社員研修を担当しています。新入社員は，日本人だけでなく最近は外国人も増えてきました。昨年度までは問題なく研修ができていましたし，どの出身国であっても，ある程度日本語が通じる社員が採用されるので安心していました。しかしながら，今回研修を進めていると，グループ作業に非協力的で，自分だけうまくやろうとする傾向の高い社員が数名でてきたために，研修が滞るようになりました。目立ったのは同じB国出身者でした。どうやら親会社がB国への進出を考えており，まとめて数名採用したようでした。

　そこで，学習の文化的次元フレームワークの各次元を念頭におきながらB国出身者に話を聞いたところ，特に「社会的関係性」の側面に文化的な違いがあることがわかりました。B国は日本とは比べものにならないほどの激しい競争社会であり，他人を蹴落としてでも，とにかく上を目指すことが当然であるということでした。配慮が必要と感じた桜井さんは，無理やり協同させるのは得策ではないと判断し，日本人の社員との交流機会を増やすことや，協同の意味を伝えていくことなど，お互いを知りながら徐々に協力する態度を形成していく方向に切り替えました。また，他の研修担当者や本社の人事部にも情報を共有して，継続的に配慮をしていくことにしました。

ストーリー 2

　大学で産学連携の推進を任された特任講師の笠野さんは，企業に勤める社会人と学生とでプロジェクトを組ませる教育プログラムを導入しました。しかしながら，プロジェクトを開始してまもなく，社員側からも学生側からも不満が続出しました。よく話を聞いてみると，お互いの考え方や進め方に原因があるようでした。

　文化的な価値観の相違であると思い至った笠野さんは，全員を集め，このフレームワークを提示しながら，各次元についてお互いに考え方を表明するグループ作業を行い，相互理解を促すことを試みました。また，お互いの価値観を尊重しながらも，価値観に相違がある場合は，プロジェクトとして成功に導くためにどちらの価値観を優先すべきかを考えさせました。その結果，価値観の相違が見られたのは「安定と不確実さの許容」と「因果と複雑なシステム」で，大学生は社会人よりもまだ視野がせまかったことがわかりました。「合理性」についても社会人は実利をとる傾向があるのに対して，研究重視の学生たちは「論理性」を追求したいようで，もどかしさを感じていたようでした。お互いの考えに接することで相互理解が生まれ，逆に多様性をアイデアの糧としながら，議論をする姿勢が見られるようになってきました。

　　　　　　➡ 多モード多様性モデル〈097〉，学習の文化的次元フレームワーク〈付録〉

Tool No. 099

レベル-1　いらつきのなさ

● Webアクセシビリティの原則
(うぇぶあくせしびりてぃのげんそく，Web Contents Accessibility Guideline)

提供するWeb上の情報に，誰でもアクセスできるようにするための原則！

原則	ガイドライン
1. 知覚可能	1.1 代替テキスト　　1.2 時間依存メディア 1.3 適応可能　　　　1.4 識別可能
2. 操作可能	2.1 キーボード操作可能　　2.2 十分な時間 2.3 発作の防止　　　　　　2.4 ナビゲーション可能
3. 理解可能	3.1 読みやすさ　　3.2 予測可能　　3.3 入力支援
4. 堅牢性	4.1 互換性

出典：WCAG2.0日本語訳（ウェブアクセシビリティ基盤委員会，2010）より

こんなときにオススメ！　障害者や高齢者などからのアクセスが想定される場合に，この原則に従うことで，誰でも情報が取得できるように配慮できます。公共性が高い場合は特に重要です。

どんな道具か　Webアクセシビリティは，障害のある様々な利用者に対してコンテンツをアクセス可能にしていくために，提供者側が配慮すべき基本的な目標を示しています。障害者だけでなく，高齢者，あるいは利用者全般にも使いやすいものになります。Web標準化の推進団体W3Cが勧告した「WCAG 2.0」（Web Content Accessibility Guidelines 2.0）がWebアクセシビリティの世界標準であり，それと内容を一致させた形で，日本工業規格にJIS X 8341-3:2010として規定されています。

　WCAG2.0では，土台となる4つの原則，制作の指針となるガイドライン，検証可能な達成基準，達成に至るための方法が提供されています。原則のうち，「堅牢性」は支援技術との互換性を最大化すること（例えば，プログラムで解読できるように仕様通りに記述するなど）を指します。達成基準はガイドラインごとに，A（最低レベル），AA（中間レベル），AAA（最高レベル）があり，どこまで対応するのかの指標になります。原則の詳細は，情報通信アクセス協議会の「ウェブアクセシビリティ基盤委員会」Webサイト（http://waic.jp/）を参照ください。

利用事例 ▶▶

ストーリー1 ··

　大手の教育サービス会社に勤める豊永さんは，ある公益財団法人が運営する生涯学習センターのWebサイトの改修について依頼を受けました。背景としては，主催するセミナーをより効果的に提供するために，セミナーの目標や受講者の条件などをもう少し明示することで，セミナーが想定する対象者と実際の受講者の乖離を少なくしたいというものでした。センターの公共性の高さなどから，豊永さんはWebアクセシビリティに配慮する必要があると結論づけました。JIS X 8341-3:2010を参照し，達成基準を最低の等級Aとすることにして，依頼者側とすりあわせを行い，正式に受注しました。豊永さんは，アクセシビリティの点も含めて，教育ベンダーへ仕様を提示して開発を委託しました。また，アクセシビリティの検証を行っている業者に，仕上がったWebサイトについて試験を行ってもらい，等級Aの証明を受けました。

ストーリー2 ··

　特別支援教育を支援するNPO法人A協会は，予算がないこともあって，独自でWebサイトを構築して公開することにしました。アクセシビリティに配慮することは当然と考え，「WCAG 2.0」を参照しながら，等級Aを目標にしました。一方で，できることは限られていることから，ユーザの多い視覚障害者のアクセシビリティを重視しながら，できる範囲で行っていくことにしました。例えば，視覚障害者は，画面の音声を読み上げるソフト（スクリーンリーダー等）を用いることが多いので，読み上げられない画像には，代替テキストという画像の説明文をあらかじめ用意しておきます。

　また，ある程度構築を進めた段階で，無料のアクセシビリティチェックツールであるmiChecker（総務省，2011）を使用して，自分たちの作成したWebサイトを確認することにしました。このツールは，アクセシビリティについて機械的な点検と，人による判断の支援を行います。作成したWebサイトを読み込んでみると，問題ありの箇所や問題の可能性が高い箇所などが，いくつか自動的にリストされました（下図はそのときのmiCheckerによる表示の一部です）。また，視覚的に音声読み上げの長さが表示され，読み上げ音声が長すぎることもわかりました。出てきた問題のうち，簡単にできそうなところを改善し，残りは公開後に進めることにしました。

八	知覚可能	操作可能	理解可能	頑健性	JIS	実装方法	行番号	内容
☆	P -5 (問題あり)		U -5 (問題あり)	R -5 (問題あり)	A: 7.1.1...	H44, ...	80	フォーム・コントロールにtitle属性および...
☆	P -5 (問題あり)			R -5 (問題あり)	A: 7.1.3...	F68, H...	79	フォーム・コントロールをlabel要素で囲む
☆	P -5 (問題あり)				A: 7.1.1.1	F38, F...	67	画像にalt属性がありません。代替テキスト
☆	P -5 (問題あり)				A: 7.1.1.1	F38, F...	99	画像にalt属性がありません。代替テキスト

➡ ユーザビリティ〈058〉，多モード多様性モデル〈097〉

Tool No. 100　　　　　　　　　　　　　　レベル-1　いらつきのなさ

● レスポンシブ Web デザイン
（れすぽんしぶうぇぶでざいん，Responsive Web Design）

マルチデバイス対応を実現する手段の1つ！

パソコン，タブレット，スマートフォンなどで，見せ方を最適化して，同じ情報を表示する方法です。

こんなときにオススメ！
ユーザが多様なデバイスでアクセスする場合が想定されるときに有効です。比較的低コストで実現することができます。

どんな道具か
eラーニングではPCだけでなく，スマートフォンやタブレットなどからアクセスする人がいます。また，1人で複数のデバイスを利用することもあります。そのため，マルチデバイスに対応したWebデザインが求められています。

　レスポンシブWebデザイン（RWD，レスポンシブデザインと呼ぶ場合もある）は，マルチデバイス対応の手法の1つです。RWDという言葉は，2010年にEthan Marcotteによって初めて用いられたとされています（Wikipediaより）。RWDは，Webサイトの表示を，デバイスの画面サイズや向きに応じて変化させるという手法です。CSS（通称：スタイルシート）と呼ばれるWebページのスタイルを指定する技術によって実現します。複数のファイルをデバイスごとに用意してアクセスを振り分けて表示するのではなく，単一のHTMLファイルで提供することが特徴的で，開発や更新の手間の軽減が利点としてあげられます。また，どのデバイスにも同じ内容が表示されるので，例えばモバイルサイトだけに情報がないということもありません。デザイナーが自分で作成する場合もありますが，既存のシステムが対応している場合は，手軽にRWDを適用することができます。

第6章　「いらつきのなさ」の道具

利用事例 ▶▶▶

ストーリー

　I大学看護学部では，地域の看護職を高度化するプロジェクトが進められています。大学から最新の研究知見を提供するというコンセプトのもと，WordpressというCMS（コンテンツ管理システム）を使って，Web上から看護に関する情報提供を行うことにしました。看護師は多忙のため，病院や自宅など様々な場所から，多様なデバイスによるアクセスが想定されました。そこで，構築するWebサイトにはマルチデバイス対応が求められました。

　Wordpressには，RWDに対応したテーマが用意されており，それを選択して構築することで，マルチデバイス対応が簡単に実現しました。画面サイズが変わると，自動的に文字や画像が小さくなり，レイアウトが変わります。下図はパソコンの画面とスマートフォンの画面ですが，同じ内容がサイズを変えて表示されていることが確認できます。パソコンと比較してスマートフォンで表示されていない部分は，さらに下にスクロールすると出てきます。タブレットではまた少し違ったレイアウトになって，同じ内容が表示されます。これは例えば，パソコンで表示している状態で，ブラウザのウィンドウを縮めることによっても確認可能です。実際にこのサイトのアクセス履歴を調べたところ多様なデバイスからのアクセスが確認され，このプロジェクトではマルチデバイス対応の意味があったと考えています。

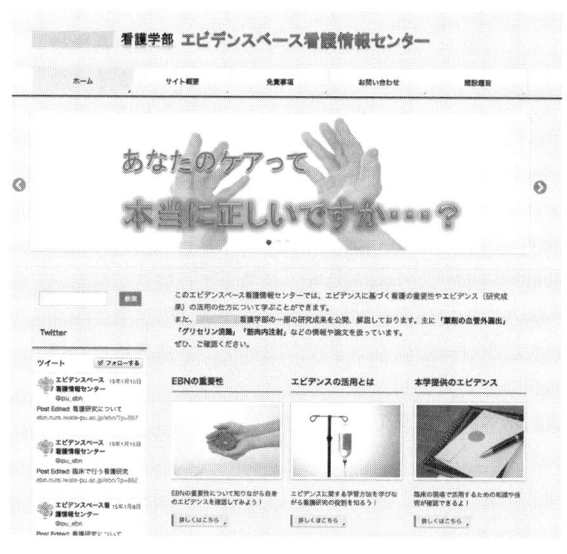

パソコンの画面 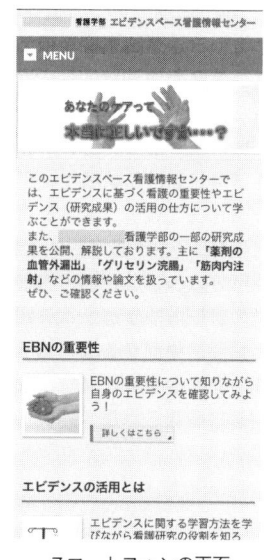　　　　　　　　　スマートフォンの画面

Tool No. 101　　　　　　　　　　　　　　　レベル-1　いらつきのなさ

● ノートパソコン利用の人間工学ガイドライン
（のーとぱそこんりようのにんげんこうがくがいどらいん：Ergonomics Guideline for PC Uses）

ノートパソコンを快適に利用するために配慮すべき事項！

① 作業環境・機器配置：作業に適した環境づくりをしよう（照明，室温，騒音など）。照度は机上が300lx以上，画面は500lx以下が目安。
② 椅子と机：利用者の体格に合わせて椅子と机の高さを調節しよう。前腕がキーボード面と平行に。足はぴったり床につくように。
③ キーボード：好ましい角度にキーボードを調節し，必要に応じてパームレストを利用しよう。
④ ディスプレイ：画面の角度，明るさ，コントラストを見やすいように適宜調節しよう。
⑤ キーボード以外の入力装置：ポインティングデバイスはできるだけマウスも使用しよう。
⑥ 作業姿勢：不自然な姿勢を避け，ときどき姿勢を変えよう。視距離は40cm以上になるように。ねじれ姿勢に注意する。
⑦ 周辺機器などの接続：必要な外付け周辺機器を確認し，その設置スペースを確保しよう。
⑧ 機能設定：コンセントに接続し，節電機能や音量などを最適に調節しよう。
⑨ 外付けキーボードと外付けディスプレイの利用：適正な外付けのキーボードおよびディスプレイを有効に利用しよう。

出典：日本人間工学会テレワークガイド委員会，2010から抜粋

こんなときにオススメ！　健康的で快適なノートパソコンの利用環境を整えるために活用できます。ガイドラインを踏まえることが，学習者の健康面へ配慮をしていることの根拠にもなります。

どんな道具か　人間工学は，人々の安全・安心・快適・健康の保持・向上に貢献する実践科学であり，主に働きやすい（学びやすい）環境の実現に寄与しています。その一例として，ノートパソコン利用の人間工学ガイドラインを紹介します。ディスプレイ作業は，視距離が短くなり，作業姿勢が拘束されるため，目や筋肉に負担をかけます。それは目の疲れ，肩や腰などの痛みとして現れてきます。特にノートパソコンは，キーボードが分離せずサイズも小さいことや，場所を選ばないことから，不自然な姿勢や，長期時間の作業になりがちです。このガイドラインには，ノートパソコンを快適に利用するための留意点や方法などが具体的に記載されています。

利用事例

ストーリー 1

　全校をあげてタブレット PC を 1 人 1 台導入するという 2 年間のプロジェクトに参加している A 小学校は，キーボード一体型のタブレット PC を 1 クラス分導入しました。校内に推進する組織を立ち上げ，タブレット PC を有効活用するための議論を行ってきましたが，それに加えて，児童の健康面への配慮が必要となりました。学校の義務でもありましたし，保護者や教員からも心配の声があがると考えられたためです。目の疲れや視力低下，肩こりなど，目や体への影響が特に懸念されました。

　そこで，児童にタブレット PC を使う際の姿勢などについて説明するとともに，教室の明るさなどにも配慮していくことになりました。このガイドラインはノートパソコン用でしたので，キーボードを取り外した状況は想定されていませんでしたが，机の上にのせてどのような姿勢で作業をさせるべきか，部屋の明るさをどうするのか，画面の明るさなどの設定をどうするのかなど，参考になることが多くありました。タブレット PC の下にモノを挟むようにして傾斜をつけるなどの工夫も行いました。これらの取り組みにより，健康への影響を極力少なくするように配慮していることを関係者に示すことができました。継続的に照度の測定や，教員への研修も行っていく予定になっています。

ストーリー 2

　A 大学では，学生の学習スペースを増やしていきたいと考えていました。図書館にラーニングコモンズの機能を持たせるために改修も行いましたが，さらに構内のちょっとしたスペースを有効活用して，テーブルや椅子を置き，電源をとれるようにすることを検討していました。そうすることで，学生たちが学んでいる姿をお互いに見せ合うことができ，よい刺激になればと考えています。候補となったスペースは，窓際の空間，人通りのある廊下の端，階段下のスペース，屋根つきの屋外など，多様でした。この大学では入学時に全員にノートパソコンを購入させていたため，基本的にはノートパソコンで WiFi に接続しての作業が想定されました。

　専門の業者に委託する前に，担当者の斉藤さんはこのガイドラインを参照して，候補となったスペースは，必ずしも学習にとって快適な環境を提供できないことに気がつきました。例えば，明るさ・騒音・気温の問題，疲れやすい姿勢の強要などが考えられました。一方で，少しでも快適にすれば，学習の機会が増えてくるのではないかとも考えました。そこで，できるだけこのガイドラインを満たせるような，学習スペースづくりを模索していくことにしました。そのあたりのコンセプトを業者に伝えながら，具体的なデザインを依頼しました。

付録

〈内容〉

- 学習意欲を高める作戦（教材づくり編）
  〜ARCS モデルに基づくヒント集〜 …222

- 学習意欲を高める作戦（学習者編）
  〜ARCS モデルに基づくヒント集〜 …224

- 学習プロセスを高める作戦
  〜ガニェの9教授事象に基づくヒント集〜 …226

- ガニェの5つの学習成果と学習支援設計の原則 …228

- キャロルの時間モデルに基づく個人差への対応例 …229

- メリルのID第一原理に基づく教授方略例 …230

- 問題解決学習の分類学：事例の類型 …232

- 問題解決学習の分類学（タキソノミー）…233

- 学習の文化的次元フレームワーク …234

学習意欲を高める作戦（教材づくり編）
～ＡＲＣＳモデルに基づくヒント集～

● 注意（Attention）〈面白そうだなあ〉

● 目をパッチリ開けさせる ▶ A-1: 知覚的喚起（Perceptual Arousal）
- 教材を手にしたときに、楽しそうな、使ってみたいと思えるようなものにする
- オープニングにひと工夫し、注意を引く（表紙のイラスト、タイトルのネーミングなど）
- 教材の内容と無関係なイラストなどで注意をそらすことは避ける

● 好奇心を大切にする ▶ A-2: 探求心の喚起（Inquiry Arousal）
- 教材の内容が一目でわかるような表紙を工夫する
- なぜだろう、どうしてそうなるのという素朴な疑問を投げかける
- 今までに習ったことや思っていたこととの矛盾、先入観を鋭く指摘する
- 謎をかけて、それを解き明かすように教材を進めていく
- エピソードなどを混ぜて、教材の内容が奥深いことを知らせる

● マンネリを避ける ▶ A-3: 変化性（Variability）
- 教材の全体構造がわかる見取り図、メニュー、目次をつける
- 一つのセクションを短めに押さえ、「説明を読むだけ」の時間を極力短くする
- 説明を長く続けずに、確認問題、練習、要点のまとめなどの変化を持たせる
- 飽きる前にコーヒーブレークをいれて、気分転換をはかる（ここでちょっと一息…）
- ダラダラやらずに学習時間を区切って始める（学習の目安になる所要時間を設定しておく）

● 関連性（Relevance）〈やりがいがありそうだなあ〉

● 自分の味付けにさせる ▶ R-1: 親しみやすさ（Familiarity）
- 対象者が関心のある、あるいは得意な分野から例を取り上げる
- 身近な例やイラストなどで、具体性を高める
- 説明を自分なりの言葉で（つまりどういうことか）まとめて書き込むコーナーをつくる
- 今までに勉強したことや前提技能と教材の内容がどうつながるかを説明する
- 新しく習うことに対して、それは○○のようなものという比喩や「たとえ話」を使う

● 目標に向かわせる ▶ R-2: 目的指向性（Goal Orientation）
- 与えられた課題を受け身にこなすのでなく、自分のものとして積極的に取り組めるようにする
- 教材のゴールを達成することのメリット（有用性や意義）を強調する
- 教材で学んだ成果がどこで生かせるのか、この教材はどこへ向かっての第一歩なのかを説明する
- チャレンジ精神をくすぐるような課題設定を工夫する（さあ、全部覚えられたかチェック！）

● プロセスを楽しませる ▶ R-3: 動機との一致（Motive Matching）
- 自分の得意な、やりやすい方法でやれるように選択の幅を設ける
- アドバイスやヒントは、見たい人だけが見られるように書く位置に気をつける
- 自分のペースで勉強を楽しみながら進められるようにし、その点を強調する
- 勉強すること自体を楽しめる工夫を盛り込む（例えば、ゲーム的な要素を入れる）

● 自信（Confidence）〈やればできそうだなあ〉

● ゴールインテープをはる ▶ C-1: 学習要求（Learning Requirement）
- 本題に入る前にあらかじめゴールを明示し、どこに向かって努力するのかを意識させる
- 何ができたらゴールインとするかをはっきり具体的に示す（テストの予告：条件や基準など）
- 対象者が現在できることとできないことを明らかにし、ゴールとのギャップを確かめる
- 目標を「高すぎないけど低すぎない」「頑張ればできそうな」ものにする
- 中間の目標をたくさんつくって、「どこまでできたか」を頻繁にチェックして見通しを持つ
- ある程度自信がついてきたら、少し背伸びをした、やさしすぎない目標にチャレンジさせる

● 一歩ずつ確かめて進ませる ▶ C-2: 成功の機会（Success Opportunities）
- 他人との比較ではなく、過去の自分との比較で進歩を確かめられるようにする
- 「失敗は成功の母」失敗しても大丈夫な、恥をかかない練習の機会をつくる
- 「千里の道も一歩から」易しいものから難しいものへ、着実に小さい成功を積み重ねさせる
- 短いセクション（チャンク）ごとに確認問題を設け、出来具合を自分で確かめながら進ませる
- できた項目とできなかった項目を区別するチェック欄を設け、徐々にできなかった項目を減らす
- 最後にまとめの練習を設け、総仕上げにする

● 自分でコントロールさせる ▶ C-3: コントロールの個人化（Personal Control）
- 「幸運のためでなく自分が努力したから成功した」と言えるような教材にする
- 不正解には、対象者を責めたり、「やってもムダだ」と思わせるようなコメントは避ける
- 失敗したら、やり方のどこが悪かったかを自分で判断できるようなチェックリストを用意する
- 練習は、いつ終わりにするのかを自分で決めさせ、納得がいくまで繰り返せるようにする
- 身につけ方のアドバイスを与え、それを参考にしても自分独自のやり方でもよいことを告げる
- 自分の得意なことや苦手だったが克服したことを思い出させて、やり方を工夫させる

● 満足感（Satisfaction）〈やってよかったなあ〉

● ムダに終わらせない ▶ S-1: 自然な結果（Natural Consequences）
- 努力の結果がどうだったかを、目標に基づいてすぐにチェックできるようにする
- 一度身につけたことを使う／生かすチャンスを与える
- 応用問題などに挑戦させ、努力の成果を確かめ、それを味わう機会をつくる
- 本当に身についたかどうかを確かめるため、誰かに教えてみてはどうかと提案する

● ほめて認める ▶ S-2: 肯定的な結果（Positive Consequences）
- 困難を克服して目標に到達した対象者にプレゼントを与える（おめでとう！の文字）
- 教材でマスターした知識や技能の利用価値や重要性をもう一度強調する
- できて当たり前と思わず、できた自分に誇りを持ち、素直に喜べるようなコメントをつける
- 認定証を交付する

● 裏切らない ▶ S-3: 公平さ（Equity）
- 目標、練習問題、テストの整合性を高め、終始一貫性を保つ
- 練習とテストとで、条件や基準を揃える
- テストに引っ掛け問題を出さない（練習していないレベルの問題や目標以外の問題）
- えこひいき感がないように、採点者の主観で合否を左右しない

出典：鈴木克明（2002）『教材設計マニュアル』北大路書房

学習意欲を高める作戦（学習者編）
～ＡＲＣＳモデルに基づくヒント集～

● 注意（Attention）〈面白そうだなあ〉

- **● 目をパッチリ開ける ▶ A-1: 知覚的喚起（Perceptual Arousal）**
  - ・勉強の環境をそれらしく整え，勉強に対する「構え」ができるように工夫する
  - ・眠気防止の策をあみだす（ガム，メントール，音楽，冷房，コーヒー，体操）
  - ・眠いときは眠い。十分に睡眠をとって学習にのぞむ
- **● 好奇心を大切にする ▶ A-2: 探求心の喚起（Inquiry Arousal）**
  - ・なぜだろう，どうしてそうなるのという素朴な疑問や驚きを大切にし，追究する
  - ・今までに自分が習ったこと，思っていたことと矛盾がないかどうかを考えてみる
  - ・自分のアイデアを積極的に試して確かめてみる
  - ・自分で応用問題をつくって，それを解いてみる
  - ・不思議に思ったことをとことん，芋づる式に，調べてみる
  - ・自分とはちがったとらえかたをしている仲間の意見を聞いてみる
- **● マンネリを避ける ▶ A-3: 変化性（Variability）**
  - ・ときおり勉強のやり方や環境を変えて気分転換をはかる
  - ・飽きる前に別のことをやって，少し時間をおいてからまた取り組むようにする
  - ・自分で勉強のやり方を工夫すること自体を楽しむ
  - ・ダラダラやらずに時間を区切って始める

● 関連性（Relevance）〈やりがいがありそうだなあ〉

- **● 自分の味付けにする ▶ R-1: 親しみやすさ（Familiarity）**
  - ・自分に関心がある，得意な分野に当てはめて，わかりやすい例を考えてみる
  - ・説明を自分なりの言葉で（つまりどういうことか）言い換えてみる
  - ・今までに勉強したことや知っていることとどうつながるかをチェックする
  - ・新しく習うことに対して，それは○○のようなものという比喩や「たとえ話」を考えてみる
- **● 目標を目指す ▶ R-2: 目的指向性（Goal Orientation）**
  - ・与えられた課題を受け身にこなすのでなく，自分のものとして積極的に取り組む
  - ・自分が努力することでどんなメリットがあるかを考え，自分自身を説得する
  - ・自分にとってやりがいのあるゴールを設定し，それを目指す
  - ・課題自体のやりがいが見つからない場合，それをやることの効用を考える
  - ➡ 例えば，評判があがる，報酬がもらえる，肩の荷がおりる，感謝される，苦痛から開放される
- **● プロセスを楽しむ ▶ R-3: 動機との一致（Motive Matching）**
  - ・自分の得意な，やりやすい方法でやるようにする
  - ・自分のペースで勉強を楽しみながら進める
  - ・勉強すること自体を楽しめる方便を考える
  - ➡ 例えば，友だち（彼女／彼氏）と一緒に勉強する，好きな先生に質問する，秘密にしておいてあとで（親を）驚かせる，友だちと競争する，ゲーム感覚で取り組む，後輩に教えるなど

付　録

● 自信（Confidence）〈やればできそうだなあ〉

● ゴールインテープをはる ▶ C-1: 学習要求（Learning Requirement）
- 努力する前にあらかじめゴールを決め，どこに向かって努力するのかを意識する
- 何ができたらゴールインとするかをはっきり具体的に決める
- 現在の自分ができることとできないことを区別し，ゴールとのギャップを確かめる
- 当面の目標を「高すぎないけど低すぎない」「頑張ればできそうな」ものに決める
- 目標の決め方に注意し，自分の現在の力にあった目標がうまく立てられるようになるのを目指す

● 一歩ずつ確かめて進む ▶ C-2: 成功の機会（Success Opportunities）
- 他人との比較ではなく，過去の自分との比較で進歩を認めるようにする
- 失敗しても大丈夫な，恥をかかない練習の機会をつくり，「失敗は成功の母」と受けとめる
- 「千里の道も一歩から」と言うが，可能性を見きわめながら，着実に，小さい成功を重ねていく
- 最初はやさしいゴールを決めて，徐々に自信をつけていくようにする
- 中間の目標をたくさんつくって，「どこまでできたか」を頻繁にチェックして見通しを持つ
- ある程度自信がついてきたら，少し背伸びをした，やさしすぎない目標にチャレンジする

● 自分で制御する ▶ C-3: コントロールの個人化（Personal Control）
- やり方を自分で決めて，「幸運のためでなく自分が努力したから成功した」と言えるようにする
- 失敗しても，自分自身を責めたり，「能力がない」「どうせだめだ」などと考えない
- 失敗したら，自分のやり方のどこが悪かったかを考え，「転んでもただでは起きない」
- うまくいった仲間のやり方を参考にして，自分のやり方を点検する
- 自分の得意なことや苦手だったが克服したことを思い起こして，やり方を工夫する
- 「何をやってもだめだ」という無力感を避けるため，苦手なことよりも得意なことを考える
- 「自分の人生の主人公は自分」と認め，自分の道を自分で切り開くたくましさと勇気を持つ

● 満足感（Satisfaction）〈やってよかったなあ〉

● ムダに終わらせない ▶ S-1: 自然な結果（Natural Consequences）
- 努力の結果がどうだったかを自分の立てた目標に基づいてすぐにチェックするようにする
- 一度身につけたことは，それを使う／生かすチャンスを自分でつくる
- 応用問題などに挑戦し，努力の成果を確かめ，それを味わう
- 本当に身についたかどうかを確かめるため，誰かに教えてみる

● ほめて認めてもらう ▶ S-2: 肯定的な結果（Positive Consequences）
- 困難を克服してできるようになった自分に何かプレゼントを考える
- 喜びを分かちあえる人に励ましてもらったり，ほめてもらう機会をつくる
- 共に戦う仲間を持ち，苦しさを半分に，喜びを2倍にする

● 自分を大切にする ▶ S-3: 公平さ（Equity）
- 自分自身に嘘をつかないように，終始一貫性を保つ
- 一度決めたゴールはやってみる前にあれこれいじらない
- できて当たり前と思わず，できた自分に誇りを持ち，素直に喜ぶことにする
- ゴールインを喜べない場合，自分の立てた目標が低すぎなかったかチェックする

出典：鈴木克明（1995）『放送利用からの授業デザイナー入門』日本放送教育協会

学習プロセスを高める作戦
～ガニェの9教授事象に基づくヒント集～

● 導入：新しい学習への準備を整える

1. **学習者の注意を獲得する ▶ 情報の受け入れ態勢をつくる**
   - パッチリと目が開くように、変わったもの、異常事態、突然の変化などで授業を始める
   - 今日もまたあのつまらない時間がきたと思われないよう、毎時間新鮮さを追求する
   - えーどうして？という知的好奇心を刺激するような問題、矛盾、既有知識を覆す事実を使う
   - エピソードやこぼれ話、問題の核心に触れるところなど面白そうなところからいきなり始める

2. **研修の目標を知らせる ▶ 頭を活性化し、重要な情報に集中させる**
   - ただ漠然と時を過ごすことがないように、「今日はこれを学ぶ」を最初に明らかにする
   - 何を学んだらいいのかは意外と把握されていない。何を教え／学ぶかの契約をまずかわす
   - 今日は何を教えるのか／学ぶのかが明確に伝わるように、わかりやすい言葉を選ぶ
   - どんな点に注意して話を聞けばよいか、チェックポイントは何かを確認する
   - 今日学ぶことが今後どのように役に立つのかを確認し、目標に意味を見つける
   - 目標にたどりついたときに、すぐにそれが実感でき喜べるようにあらかじめゴールを確認する

3. **前提条件を思い出させる ▶ 今までに学んだ関連事項を思い出す**
   - 新しい学習がうまくいくために必要な基礎的事項を復習し、記憶をリフレッシュする
   - 今日学ぶことがこれまでに学んできたこととの何と関係しているかを明らかにする
   - 前に習ったことは忘れているのが当たり前と思って、改めて確認する方法を考えておく
   - 復習のための確認小テスト、簡単な説明、質問等を工夫する

● 情報提示：新しいことに触れる

4. **新しい事項を提示する ▶ 何を学ぶかを具体的に知らせる**
   - 手本を示す／確認する意味で、今日学ぶことを整理して伝える／情報を得る
   - 一般的なレベルの情報（公式や概念名など）だけでなく、具体的な例を豊富に使う
   - 学ぶ側にとって意味のわかりやすい例を選ぶ／考案する、あるいは自分の言葉で置き換える
   - まず代表的で、比較的簡単な例を示し、特殊な、例外的なものへ徐々に進む
   - 図や表やイラストなど、全体像がわかりやすく、違いがとらえやすい表示方法を工夫する

5. **学習の指針を与える ▶ 意味のある形で頭にいれる**
   - これまでの学習との関連を強調し、今まで知っていることとつなげて頭にしまい込む
   - よく知っていることとの比較、たとえ話、比喩、語呂合わせ等使えるものは何でも使う
   - 思い出すためのヒントをできるだけ多く考え、ヒントの使い方も合わせて覚えるようにする

● 学習活動：自分のものにする

6. 練習の機会をつくる ▶ 頭から取り出す練習をする
- 自分の弱点を見つけるために，本番前の予行練習を失敗が許される状況で十分に行う
- 自分で実際にどれくらいできるのかを，手本を見ないでやってみて確かめる
- 最初は部分的に手本を隠したり，簡単な問題から取り組むなど，練習を段階的に難しくする
- 応用力が目標とされている場合は，今までと違う例でできるかどうかやってみる

7. フィードバックを与える ▶ 学習状況をつかみ，弱点を克服する
- 失敗から学ぶために，どこがどんな理由で失敗だったか，どう直せばよいのかを追求する
- 失敗することで何の不利益もないよう安全性を保証し，失敗を責めるようなコメントを避ける
- 成功にはほめ言葉を，失敗には助言（どこをどうすれば目標に近づくか）をプレゼントする

● まとめ：出来具合を確かめ，忘れないようにする

8. 学習の成果を評価する ▶ 成果を確かめ，学習結果を味わう
- 学習の成果を試す「本番」として，十分な練習をするチャンスを与えた後でテストを実施する
- 本当に目標が達成されたかを確実に知ることができるよう，十分な量と幅の問題を用意する
- 目標に忠実な評価を心掛け，首尾一貫した評価（教えてないことをテストしない）とする

9. 保持と転移を高める ▶ 長持ちさせ，応用がきくようにする
- 一度できたことも時間がたつと忘れるのが普通。忘れたころに再確認テストを計画しておく
- 再確認の際には，手本を見ないでいきなり練習問題に取り組み，まだできるかどうか確かめる
- 一度できたことを応用できる場面（転移）がないかを考え，次の学習につなげていく
- 達成された目標についての発展学習を用意し，目標よりさらに学習を深めていく

出典：鈴木克明（1995）『放送利用からの授業デザイナー入門』日本放送教育協会

ガニェの5つの学習成果と学習支援設計の原則

学習成果	言語情報	知的技能	認知的方略	運動技能	態度
成果の性質	指定されたものを覚える宣言的知識再生的学習	規則を未知の事例に適用する力手続き的知識	自分の学習過程を効果的にする力学習技能	筋肉を使って体を動かす／コントロールする力	ある物事や状況を選ぼう／避けようとする気持ち
学習成果の分類を示す行為動詞（事象2）	記述する	区別する 確認する 分類する 例証する 生成する	採用する	実行する	選択する
成果の評価（事象8）	あらかじめ提示された情報の再認または再生 全項目を対象とするか項目の無作為抽出を行う	未知の例に適用させる：規則自体の再生ではない 課題の全タイプから出題し適用できる範囲を確認する	学習の結果より過程に適用される 学習過程の観察や自己描写レポートなどを用いる	実演させる：やり方の知識と実現する力は違う リストを活用し正確さ、速さ、スムーズさをチェック	行動の観察または行動意図の表明 場を設定する。一般論でなく個人的な選択行動を扱う
指導方略ヒント前提条件（事象3）	関連する既習の熟知情報とその枠組みを思い出させる	新出技能の前提となる下位の基礎技能を思い出させる	習得済の類似の方略と関連知的技能を思い出させる	習得済の部分技能やより基礎的な技能を思い出させる	選択行動の内容とその場面の情報を思い出させる
情報提示（事象4）	すべての新出情報を類似性や特徴で整理して提示する	新出規則とその適用例を難易度別に段階的に提示する	新出方略の用い方を例示してその効果を説明する	新出技能を実行する状況を説明したのち手本を見せる	人間モデルが選択行動について実演／説明する
学習の指針（事象5）	語呂合わせ、比喩、イメージ、枠組みへの位置づけ	多種多様な適応例、規則を思い出す鍵、誤りやすい箇所の指摘	他の場面での適用例、方略使用場面の見分け方	注意点の指摘、成功例と失敗例の差の説明。イメージ訓練	選択行動の重要性についての解説、他者や世論の動向の紹介
練習とフィードバック（事象6,7）	ヒント付きの再認、のちに再生の練習。自分独自の枠組みへの整理。習得項目の除去と未習事項への練習集中	単純で基本的な事例からより複雑で例外的な事例へ。常に新しい事例を用いる。誤答の原因に応じた下位技能の復習	類似の適用例での強制的採用から自発的採用、無意識的採用の長期的な練習。他の学習課題に取り組む中での確認	手順を意識した補助付き実演から、自立した実行へ。全手順ができたらスピードやタイミングを磨く練習を重ねる	疑似的な選択行動場面（あなたならどうする）と選択肢別の結末の情報による疑似体験。意見交換によるゆさぶりと深化

出典：鈴木克明（1995）『放送利用からの授業デザイナー入門』日本放送教育協会

228

付　録

キャロルの時間モデルに基づく個人差への対応例

● 学習に必要な時間を減らす工夫

1. 課題への適性
- 子どものレディネスを把握し，実態に見合った授業の導入を計画する
- 前提事項の学習が十分でない子どもには，授業前に復習の機会を与える
- 特に適性不足の子どもの既有知識に関連した例を使って味つける

2. 授業の質
- 学ぶべきものへの手がかりは授業にすべて用意する
- 本時の学習が次時の学習への導入になるように順序立てる
- 授業の骨格を整理し，無関係な内容や理解の妨げになるものを排除する
- 授業の内容を的確に表現するために良質の教材を使う
- 授業を計画的に丁寧に準備しわかりやすさを追究する

3. 授業理解力
- 様々なメディアや体験学習を用いて，子どもの発達段階に応じた授業内容の具体性を実現する（デールの経験の円錐を参照）
- 学習のゴールをまず理解させて，意識して目指させる
- 授業の要点を際立たせて，課題への取り組み方を明確にする

● 学習に費やされる時間を増やす工夫

1. 学習機会
- 個別学習を取り入れて，自分のペースで学習できるようにする
- 授業以外に教師が不合格者への補習をする
- 個別学習教材（例：ＣＡＩ教材，解答付プリント）を希望者に使わせる
- 授業の録画や放送番組を用意し，希望者にビデオ学習の機会をつくる

2. 学習持続力
- 学習意欲を喚起し，それを維持し，深めていく工夫をする
- 子どもが授業に集中できる長さに応じて授業にリズム，メリハリをつける
- 教師の授業を受け身的に聞かせるだけでなく，子どもたちを活動的にする
- 課題を達成していないうちに勘違いから努力を中断しないように配慮する
- 子どもの心理状態に影響して学習への取り組みを阻害する要因を取り除く
- 子どもが授業に集中できる長さを延ばす訓練をする

出典：鈴木克明（1995）『放送利用からの授業デザイナー入門』日本放送教育協会

メリルのID第一原理に基づく教授方略例

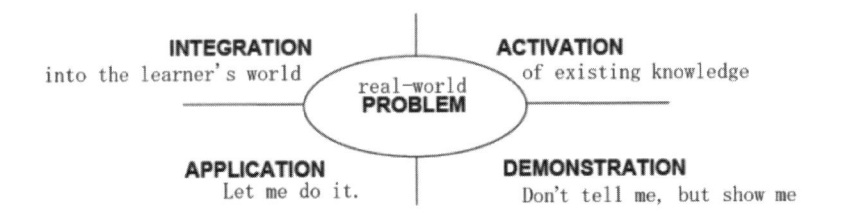

```
        INTEGRATION                    ACTIVATION
    into the learner's world              of existing knowledge
                        ┌─────────────┐
                        │ real-world  │
                        │  PROBLEM    │
                        └─────────────┘
        APPLICATION                    DEMONSTRATION
        Let me do it.                  Don't tell me, but show me
```

(1) 問題（Problem）▶現実に起こりそうな問題に挑戦する

- ☐ 現実世界で起こりそうな問題解決に学習者を引き込め
- ☐ 研修コース・モジュールを修了するとどのような問題が解決できるようになるのか，どのような業務ができるようになるのかを示せ
- ☐ 単に操作手順や方法論のレベルよりも深いレベルに学習者を誘え
- ☐ 解決すべき問題を徐々に難しくして何度もチャレンジさせ，問題同士で何が違うのかを明らかに示せ

(2) 活性化（Activation）▶すでに知っている知識を動員する

- ☐ 学習者の過去の関連する経験を思い起こさせよ
- ☐ 新しく学ぶ知識の基礎になりそうな過去の経験から得た知識を思い出させ，関連づけ，記述させ，応用させるように仕向けよ
- ☐ 新しく学ぶ知識の基礎になるような関連する経験を学習者に与えよ
- ☐ 学習者がすでに知っている知識やスキルを使う機会を与えよ

(3) 例示（Demonstration）▶例示がある（Tell me でなく Show me）

- ☐ 新しく学ぶことを単に情報として「伝える」のではなく「例示」せよ
- ☐ 学習目的に合致した例示方法を採用せよ
    - (a) 概念学習には例になるものと例ではないものを対比させる
    - (b) 手順の学習には「やってみせる」
    - (c) プロセスの学習は可視化する
    - (d) 行動の学習にはモデルを示せ
- ☐ 次のいくつかを含む適切なガイダンス（指針）を学習者に与えよ
    - (a) 関係する情報に学習者を導く
    - (b) 例示には複数の事例・提示方法を用いる
    - (c) 複数の例示を比較して相違点を明らかにする
- ☐ メディアに教授上の意味を持たせて適切に活用せよ

（4）応用（Application）▶応用するチャンスがある（Let me）

- □ 新しく学んだ知識やスキルを使うような問題解決を学習者にさせよ
- □ 応用（練習）と事後テストをあらかじめ記述された（あるいは暗示された）学習目標と合致させよ
  - (a)「～についての情報」の練習には，情報の再生（記述式）か再認（選択式）
  - (b)「～の部分」の練習には，その部分を指し示す・名前を言わせる・説明させること
  - (c)「～の一種」の練習には，その種類の新しい事例を選ばせること
  - (d)「～のやり方」の練習には，手順を実演させること
  - (e)「何が起きたか」の練習には，与えられた条件で何が起きるかを予測させるか，予測できなかった結末の原因は何だったかを発見させること
- □ 学習者の問題解決を導くために，誤りを発見して修正したり，徐々に援助の手を少なくしていくことを含めて，適切なフィードバックとコーチングを実施せよ
- □ 学習者に異なる問題を連続的に解くことを要求せよ

（5）統合（Integration）▶現場で活用し，振り返るチャンスがある

- □ 学習者が新しい知識やスキルを日常生活の中に統合（転移）することを奨励せよ
- □ 学習者が新しい知識やスキルをみんなの前でデモンストレーションする機会を与えよ
- □ 学習者が新しい知識やスキルについて振り返り，話し合い，肩を持つように仕向けよ
- □ 学習者が新しい知識やスキルの使い方について自分なりのアイディアを考え，探索し，創出するように仕向けよ

出典：ID マガジン第 10 号【連載】ヒゲ講師のＩＤ活動日誌（10）

問題解決学習の分類学：事例の類型

ジョナセンが提案した問題解決学習に用いる事例の類型化です。事例の中身や形式ではなく，事例が学習をどう支えるのかの機能面から，学習活動・意図性・没入感等の程度の差によって5つに分類されています。

タイプ	特徴
1. 典型例としての事例 case as examples/analogies	見せるだけの利用法であり，事例や比喩の重要性は様々なID理論・モデルで強調されてきた。例えば，Worked Examples：問題の記述，解き方の説明，他の問題にどう適用可能かの説明から構成される教授方法。
2. 類似例としての事例 (CBR) case as analogies	事例に基づく推論（CBR）：すでに経験した事例を用いて問題解決を試み，だめなところを改変して後の問題解決のために追加する「事例辞書」。文脈についての情報・試みた解決策・裏切られた期待・得られた教訓などの知見。
3. ケーススタディ法 case study method	事例の最も典型的な応用：過去の事例を提示（1-30頁の情報）＋課題を与える。解決することを要求するというよりは，解決方法がどうだったかを分析する「後付け」的利用。ディスカッションの刺激剤として用いられ，学習に真正な文脈を与えるのが目的。
4. 解決対象としての事例 cases problems to solve	ケーススタディ法の次によく用いられる手法：誰かの解決策を分析するのではなく，学習者自らに解決させる。事例の背景情報・文脈情報・教授者の支援を与えて様々な解決策を創造・テストさせる。アンカードインストラクション，GBS，PBLなどが代表例。
5. 創造対象としての事例 student constructed cases	事例創造の環境を与えて新しい事例をつくらせる。静的で改変が困難で学習者が貢献できにくい環境を「ただ眺めるだけ」のものから「自ら創造できる」ものに進化させた自身の研究がある。

出典：鈴木克明（2014）「ジョナセンによる問題解決学習の分類学と事例の類型化」『日本教育工学会 第30回全国大会講演論文集』pp.793-794.（Jonassen, 2006 から訳出）

付　録

問題解決学習の分類学（タキソノミー）

　ジョナセンによる 10 種類からなる問題解決学習の分類学です。さらに，その成立に資する事例のタイプを対応づけています。

問題の種類	定義とその特徴
アルゴリズム（タイプ1）	数学などで一定の手順に従って正解を導く問題。アルゴリズムに依存しすぎると，手順に気を取られて概念的な理解が阻まれる危険性もある。アルゴリズムは手順の学習であり問題解決ではないという立場からこの種類についての議論は Jonassen (2011) からは除外されている。
文章問題（タイプ1・4）	文章から求めるべきもの (unknown) が何かを読み取り，必要な情報を集めて Unknown を求め，それが正しいかを確認する問題解決。過去の解法を暗記してそれをあてはめることで解決を図ろうとするため，概念モデルが育たない危険が指摘されている。
ルール応用・帰納（タイプ1・4）	正解に至る道筋が一つではなく複数ある問題で，より効率的な道筋を計画するのが肝要な問題解決。外国訪問時の交通機関の利用法や化学実験室での複合物同定など。
意思決定（タイプ3・2）	与えられた（あるいは自分で決めた）基準に従って複数の解決策の中から一つを選び出す問題解決。どの生命保険に加入するか，子どもをどの学校に行かせるか，どのベンダーと契約するかなど。基準が複数のとき，どれをどの程度重視するかで問題が複雑化する。
トラブルシューティング（タイプ4・2）	日常的な問題解決で頻発する種類で，機器の故障診断・修繕から心理分析など技術者レベルのものから専門家レベルのものまである。手順として教えられることが多いが，領域とシステムの知識も必要。検索と交換，段階的除去，空間区分などの解決方略が知られている。
診断・解決（タイプ4・2）	診断はトラブルシューティングと類似しているが，その後でデータ収集・仮説生成・テストを繰り返して解決策を提案する必要があるもの。医療行為などがその典型。複数の代替案から様々な影響を考慮して選択することを迫られる。経験を重ねるとパターン認識的要素が強くなる。
戦略的遂行（タイプ4）	複雑で構造が明確でない戦略に合致するようないくつもの対策を講じる必要がある問題。厳しい時間制限の中で行われることが多い。戦闘機の操縦やアメフトでパスを出すことなど。あらかじめ定められた解決策の中から選択して文脈に合わせて実行するが，上級者はそこで新たな解決策を編み出すこともある。
政策分析（タイプ3・5）	新聞や雑誌をにぎわすような問題で複数の考え方が存在するもの。外交・法律・経済問題など。問題が何かが明らかでない場合や立場によって問題のとらえ方が異なる場合があり，複雑さを高めている。他のどの問題よりも文脈への依存度が高く，構造が不明確。
設計（タイプ4・2）	電子回路や機器の部品，製造システムや新しいオーケストラの編成に至るまでオリジナルなものを創出するという問題。最も構造が不明で，ゴールや制約条件や解決策の評価軸が不明である場合も多い。発注者を満足させる必要はあるが，何をすれば満足するかがわからない。問題空間・機能的要求を特定し，前例を用い選択し，モデル化して解決策を練り上げるという一般的な方法論は存在するが，工業製品・建築・エンジニアリング・ID など領域ごとに前提や方法論が異なる。
ジレンマ（タイプ3・5）	利益は上がるが環境に問題を引き起こす恐れがある化合物や，中絶，同性結婚など，社会的・倫理的なジレンマが存在する。多数に受け入れられる解決策が存在しない場合が多い。経済・政治・社会・宗教・倫理などの側面から検討は可能であるが，複雑で予測不可能な側面が多い。解決策が提案できないのではなく，多数に支持される解決策がないことが困難度を高くしている。

注：前頁に示す類型，表中にカッコ書きでレベルを付記。
出典：鈴木克明 (2014)「ジョナセンによる問題解決学習の分類学と事例の類型化」『日本教育工学会 第 30 回全国大会講演論文集』pp.793-794.（Jonnassen, 2011, pp.13-19 を要約して訳出し，Jonnassen, 2006 から事例タイプを加えた）

学習の文化的次元フレームワーク

●文化的次元1：社会的な関係

□ 不公平がどう扱われるか？
□ 地位がどう行為化し尊敬がどう付与されるか？
□ 不利な者との相互作用として何が適切か？

公平さ指向	権威指向
教師も一人として扱われ学習活動に没入したいときには異議を申し立てられる	教師は異議をはさめない権威として扱われる
学習者が学習活動の責任をとる	教師が授業で起きることの唯一の責任者である
対話や討議は学習活動の重要な要素	教師が主たる話者

□ 個人の利益と集団の利益のどちらが優先されるか？
□ 個人間の関係がどの程度まで価値づけられるか？

個人主義指向	集団主義指向
学習者が発言することが期待される	学習者は限定された状況でのみ発言する
学び方（認知スキル）の学習が主（個人的成長）	やり方を学ぶこと（内容知識）が主（社会的成長）
学習者が自分の見方考え方を表現することが重要	学習者が教師の見方考え方を受入れることを期待
個人的な利得によって動機づけられている	公的な利益によって動機づけられている

□ 共に働けて安全なことか，認められて地位を上ることか，どちらのゴールが重視されるか？
□ 支援的と挑戦的とではどちらがよりよい学習成果を達成するか？

はぐくみ指向	挑戦指向
平均が基準になる	一番すぐれた学習者が基準になる
すべての学習者が褒められる	優秀者だけが褒められる
協力することが重要とされる	競争することが重要とされる
失敗は成長のための良い機会である	失敗は強い落胆につながり，ときに破滅と受け取られる
より控えめな	よりアサーティブな
良い関係づくりと安全・安定を求める	挑戦して認められることを求める

●文化的次元2：認識論的な信念

□ 不確実さがどう扱われるか？　避けようとするか，許容されるか？
□ 構造的であることは柔軟さよりも重要と見なされているか？
□ 知識は完成されているものと見なされているか，それとも開発途上にあると見なされているか？

安定指向	不確実さの許容
構造的な学習活動	オープンエンドな学習活動（討論・プロジェクト）
正しい答えにたどりつくことに焦点	プロセスと意見の根拠に焦点
あいまいさは回避される	あいまいさは自然なすがた
教師は答えを持っていると期待されている	教師は「私も知らない」と言える
単一の教科書か教師の権威	多様なリソースが用いられる
幸運であることは学習での成功の一部（例：テストで正答を当てること）	正しい答えでなく考える力があることを示すのが勉強での成功の鍵を握る
ストレスが多い	ストレスが少ない

付　録

- [ ] 理路はどう立てられるか？
- [ ] 論理的な整合性と実践的成果のどちらが重視されるか？
- [ ] 意見の不一致がどう扱われるか？

論理性指向	合理性指向
真理を見つけるために論理的に焦点	実践的で社会的に受け入れられる成果の達成に焦点
論理的な根拠に基づく唯一の真実にこだわる	経験に基づく複数の真実を受け入れる
ディベートや実証は学習活動の一つ	コンセンサスを得ることは学習活動の一つ
正しいことが最も重視される	徳が高いことが最も重視される
教師や学習者が間違っていると思う場合や一貫性に欠ける場合にはそれを指摘して良い	調和した対話を継続させるためには矛盾も許容すること

- [ ] 因果関係はどう扱われるか？
- [ ] 単一の最もあり得る原因に依拠されるか，それともより広範な文脈の中にあると見なされるか？

因果関係（分析）指向	システムと状況（全体主義）指向
目標指向性が学習者に求められる	状況の制約の中で進めることを厭わない
因果関係の説明に知識が紐づけられる	システムと状況説明に知識が紐づけられる
安定した知識や法則に焦点	変化する状況依存の知識に焦点
学習面の成否は学習者の特徴に帰属される	学習面の成否は状況に帰属される

● 文化的次元3：時間の知覚

- [ ] 外から測定した時間に従うか，それともある事象が展開していくのを待てるか？
- [ ] 締め切りと関係性とどちらを重視するか？

時計の時間指向	イベントの時間指向
教育活動は時間通りに始まり終わる	教育活動は役立つものである限り続けても良い
授業時間外の会合は厳密なスケジュールで限定的	授業時間と授業外の時間の境界はより流動的
期限は厳しく遅れることへの措置も厳しい	期限を守ることよりも改善を継続することを重視
手順に従うことを好む	手順に従わないことも厭わない
計画された終点に向けて静かに取り組む	計画を無視しても学習者はよく話し表現をする

- [ ] 時間を必要な終点ゴールへの道と見るか，あるいは時間を噛み合わされたサイクルで人生を通じて出たり入ったりするようなものだと見るか？

直線的時間指向	周回的時間指向
時間は管理されるべきもの	時間に従うもの
明確な前提条件とマイルストーンがあり直線的に進む	学習は徐々に完成度を高める練習と見なされる
学習にゴールを設定することは不可欠	ゴール設定は二の次，学習者は状況からできる限りのことを取り入れる
時間はムダにしてはならない。もし達成したければ決断や行動は素早くしなければならない	時間は観察や省察をするためにある。急ぎ過ぎることは達成に向けてマイナスになる
機会はムダにしてはならない。チャンスは二度とは訪れない	時間は周回的だから機会は再び来る。その時にはより賢い決断ができる
過去は捨てよ。将来のゴールこそ重要	サイクルは繰り返すため過去からの影響は免れ得ない。過去を連れて前に進む
繰り返しはワンパターンで進歩なしと見なされる	繰り返しは学習に意味がある
学習者は直近の関連性を求めたがる	学習者は関連性を発見できるまでより我慢強い

出典：鈴木克明・根本淳子（2011）「教育設計における社会・文化的検討についてのフレームワーク」教育システム情報学会第36回全国大会発表論文集，232-233．(Parrish & Linder-VanBerschot, 2010 から訳出)

参考文献・URL

＊〈➡ 000〉は引用した道具の No. を示します。

● 第 1 章

根本淳子・井ノ上憲司・市川　尚・高橋暁子・鈴木克明（2014）．「レイヤーモデルを用いた学習設計支援方法についての検討」『日本教育工学会研究報告集』JSET14-1, 285-288.

鈴木克明（2005）．「〔総説〕e-Learning 実践のためのインストラクショナル・デザイン」『日本教育工学会誌』29（3），197-205.

鈴木克明（2006）．「ID の視点で大学教育をデザインする鳥瞰図：e ラーニングの質保証レイヤーモデルの提案」『日本教育工学会第 22 回講演論文集』337-338.

鈴木克明（2008）．「インストラクショナルデザインの基礎とは何か：科学的な教え方へのお誘い」『消防研修』第 84 号　pp.52-68.

● 第 2 章

深田浩嗣（2012）．『ゲームにすればうまくいく』NHK 出版〈➡ 011〉

ケラー, J. M.（2010）．鈴木克明（監訳）『学習意欲をデザインする』北大路書房〈➡ 001〉〈➡ 002〉〈➡ 003〉〈➡ 004〉〈➡ 005〉〈➡ 006〉

Kuhl, J. (1984). Normal personality processes/Volitional aspects of achievement motivation and learned helplessness: Toward a comprehensive theory of action control. *Progress in Experimental Personality Research, 13*, 99-171.〈➡ 014〉

ノールズ, M.（2002）．堀　薫夫・三輪建二（訳）『成人教育の現代的実践：ペダゴジーからアンドラゴジーへ』鳳書房〈➡ 010〉

Parrish, P. E. (2009). Aesthetic principles for instructional design. *Educational Technology Research and Development*, Volume 57, Issue 4, pp 511-528.〈➡ 007〉

サイトウアキヒロ（2007）．『ゲームニクスとは何か』幻冬舎〈➡ 012〉

鈴木克明（2002）．『教材設計マニュアル』北大路書房〈➡ 001〉

鈴木克明（2009）．インストラクショナルデザインの美学・芸術的検討『教育システム情報学会第 34 回全国大会発表論文集』pp.272-273.〈➡ 007〉

鈴木克明（2009）．「学習経験の質を左右する要因についてのモデル」『教育システム情報学会研究報告』24（4），74-77.〈➡ 008〉〈➡ 009〉

塚野州一（2012）．「自己調整学習理論の概観（第 1 章）」自己調整学習研究会（編）『自己調整学習：理論と実践の新たな展開へ』北大路書房〈➡ 013〉

● 第 3 章

バーグマン, J.・サムズ, A.（2014）．山内祐平・大浦弘樹（監修）『反転授業』オデッセイコミュニケーションズ〈➡ 046〉

米国学術研究推進会議（2002）.『授業を変える』北大路書房〈➡ 018〉

ブランチ, R. M.・メリル, M. D.（2013）.「インストラクショナルデザインモデルの特徴（第2章）」リーサー, R. A.・デンプシー, J. V.（編著）鈴木克明・合田美子（監訳）『インストラクショナルデザインとテクノロジ：教える技術の動向と課題』北大路書房 pp.14-27.〈➡ 020〉

ガードナー, H.（2003）.『多元的知能の世界：MI 理論の活用と可能性』日本文教出版〈➡ 044〉

ギボンズ, A. S.・ロジャース, P. S.（2016）.「教授理論のアーキテクチャ（第 14 章）」C. M. ライゲルース・A. A. カー＝シェルマン（編著）鈴木克明・林　雄介（訳）『インストラクショナルデザインの理論とモデル：共通知識基盤の構築に向けて』北大路書房〈➡ 051〉

平上久美子・鈴木啓子・伊礼　優（2012）.「精神看護学におけるチーム基盤型学習（TBL）導入の試み：学生の学習意欲と主体性を高める仕掛けづくり」『名桜大学紀要』*17*, 39-50.〈➡ 035〉

平上久美子・鈴木啓子・伊礼　優・鬼頭和子（2014）.「精神看護概論にチーム基盤型学習（TBL）技法を活用した学習の効果と課題」『名桜大学総合研究』*23*, 33-44.〈➡ 035〉

市川　尚・高橋暁子・鈴木克明（2008）.「複数の制御構造の適用と学習のための統合型ドリルシェル『ドリル工房』の開発」『日本教育工学会論文誌』*32*（2），157-168.〈➡ 050〉

市川　尚（2009）.『インストラクショナルデザインの自動化を志向した教材シェルの開発』熊本大学大学院社会文化科学研究科　2008 年度博士（学術）学位論文〈➡ 049〉〈➡ 050〉

Jonassen, D.（1999）. Designing constructivist leraning environment（Chapter 10）. In C. M. Reigeluth（Ed.）, *Instructional-Design theories and models Vol.2: A new paradigm of instructional theory*. LEA.〈➡ 027〉

Jonassen, D.（2013）. First Principles of Learning（Chapter17）. In Spector, J. M., Lockee, B. B., Smaldino, S., & Herring, M.（Ed.）, *Learning, problem solving, and mindtools: Essays in Honor of David H. Jonassen*. Taylor & Francis.〈➡ 016〉

梶田叡一（2010）.『教育評価　第 2 版補訂 2 版』有斐閣双書〈➡ 039〉

岸　学（2000）.「先行オーガナイザー」『教育工学事典』日本教育工学会編　pp.341-342.〈➡ 043〉

Kolb, D. A.（1984）. *Experiential learning: Experience as the source of learning and development*. Prentice Hall.〈➡ 019〉

向後千春（2006）.「個別化教授システムの開発と実践：教材設計の認知的研究を基礎として」東京学芸大学大学院連合学校教育学研究科　博士（教育学）博乙第 25 号（平成 18 年 2 月 14 日）〈➡ 041〉

向後千春（2006）.「大福帳は授業の何を変えたか」『日本教育工学会研究報告集』*5*, 23-30.〈➡ 042〉

向後千春（1999）.「個別化教授システム（PSI）の大学授業への適用」『コンピュータ＆エデュケーション』*7*, 117-122〈➡ 041〉

松尾　睦（2011）.『職場が生きる人が育つ「経験学習」』ダイヤモンド社〈➡ 019〉

Merrill, M. D.（1999）. Instructional Transaction Theory（ITT）: Instructional design based on knowledge objects. In C. M. Reigeluth（Ed.）, *Instructional-Design Theories*

参考文献

and models Vol.2: A new paradigm of instructional theory（pp.397-424; Chapter 17）．Hillsdale, NJ: Lawrence Erlbaum Associates.〈➡ 049〉
Merrill, M. D.（2001）．Components of instruction toward a theoretical tool for instructional design. *Instructional Science*, 29（4-5），291-310.〈➡ 049〉
Merrill, M. D.（2007）．A task-centered instructional strategy. *Journal of Research on Technology in Education*, 40（1），33-50.〈➡ 020〉
三宅なほみ・白水　始（2003）．『学習科学とテクノロジ』日本放送出版協会〈➡ 026〉〈➡ 036〉
中野真志・柴山陽祐（2012）．「多重知能理論に基づいた真正の問題の学習に関する研究：総合的な学習の時間への活用を志向して」『愛知教育大学教育創造開発機構紀要』2, 47-56.〈➡ 044〉
根本淳子・鈴木克明（2005）．「ゴールベースシナリオ（GBS）理論の適応度チェックリストの開発」『日本教育工学会誌』29（3），309-318.〈➡ 023〉
根本淳子・鈴木克明（2008）．「アメリカ：本場のeラーニングを支えるプロ養成大学院（第3章）」大森不二雄（編著）『IT時代の教育プロ養成戦略：日本初のeラーニング専門家養成ネット大学院の挑戦』東信堂　pp.51-62.〈➡ 024〉
根本淳子・鈴木克明（2014）．（編著）『ストーリー中心型カリキュラム（SCC）の理論と実践：オンライン大学院の挑戦とその波及効果』東信堂〈➡ 023〉〈➡ 024〉
尾原喜美子（2009）．「チーム基盤学習法（team-based learning TBL）の紹介」『高知大学看護学会誌』3（1）．（https://ir.kochi-u.ac.jp/dspace/handle/10126/3476）〈➡ 035〉
小野幸子（2005）．「精緻化理論に基づいた入門情報教育教材の設計・開発」岩手県立大学大学院ソフトウェア情報学研究科　2004年度提出修L論文〈➡ 022〉
Reigeluth, C. M.（1999）．Guidance for scope and sequence decisions（Chapter18）．In C. M. Reigeluth（Ed.），*Instructional-Design theories and models Vol.2: A new paradigm of instructional theory*. LEA.〈➡ 022〉
サヴェリー , R. J.（2016）．「問題解決学習を用いたアプローチ（第 8 章）」C. M. ライゲルース・A. A. カー＝シェルマン（編著）鈴木克明・林　雄介（訳）『インストラクショナルデザインの理論とモデル：共通知識基盤の構築に向けて』北大路書房〈➡ 034〉
Schank, R. C., Berman, T. R., & Macpherson, K. A.（1999）．Learning by doing（Chapter 8）．In C. M. Reigeluth（Ed.），*Instructional-Design theories and models Vol.2: A New paradigm of instructional theory*. LEA.〈➡ 023〉
Schwarts, D. L., Lin, X., Brophy, S., & Bransford, J. D.（1999）．Toward the development of flexibly adaptive instructional designs（Chapter 9）．In C. M. Reigeluth（Ed.），*Instructional-Design theories and models Vol.2: A new paradigm of instructional theory*. LEA.〈➡ 026〉
Collins, A.（2009）．「認知的徒弟制（第 4 章）」ソーヤー，R. K.（編）（2009）．森　敏昭・秋田喜代美（監訳）『学習科学ハンドブック』培風館　〈➡ 037〉
鈴木克明（1995）．『放送利用からの授業デザイナー入門』日本放送教育協会〈➡ 017〉〈➡ 028〉〈➡ 029〉〈➡ 030〉〈➡ 031〉〈➡ 032〉〈➡ 038〉〈➡ 045〉
鈴木克明（1995）．「教室学習文脈へのリアリティ付与について：ジャスパープロジェクトを例に」『教育メディア研究』2（19），13-27.〈➡ 025〉
鈴木克明（2004）．『詳説インストラクショナルデザイン：eラーニングファンダメンタル』

日本イーラーニングコンソーシアム（パッケージ版テキスト）〈➡ 040〉

鈴木克明（2005）．「〔解説〕教育・学習のモデルとICT利用の展望：教授設計理論の視座から」『教育システム情報学会誌』22（1），42-53.〈➡ 026〉〈➡ 049〉

鈴木克明（2006）．「eラーニングにおける学習者中心設計とIDの今後（第8章）」野嶋栄一郎・鈴木克明・吉田　文（編著）『人間情報科学とeラーニング』放送大学教育振興会〈➡ 018〉

鈴木克明（2006）．「自己管理学習を支える構造化技法と学習者制御（第7章）」野嶋栄一郎・鈴木克明・吉田　文『人間情報科学とeラーニング』放送大学教育振興会〈➡ 022〉〈➡ 048〉

鈴木克明（2007）．「ジグソー法」『基盤的教育論（2007年度版）』熊本大学大学院教授システム学専攻公開科目（http://www.gsis.kumamoto-u.ac.jp/opencourses/pf/3Block/10/10-3_text.html）〈➡ 036〉

鈴木克明（2007）．「正統的周辺参加と足場づくり」『基盤的教育論（2007年度版）』熊本大学大学院教授システム学専攻公開科目（http://www.gsis.kumamoto-u.ac.jp/opencourses/pf/3Block/09/09-1_text.html）〈➡ 037〉

鈴木克明（2007）．「完全習得学習と形成的テスト」『基盤的教育論（2007年度版）』熊本大学大学院教授システム学専攻公開科目（http://www.gsis.kumamoto-u.ac.jp/opencourses/pf/2Block/03/1_text.html）〈➡ 039〉

鈴木克明（2007）．「先行オーガナイザ（オーズベル）」『基盤的教育論（2007年度版）』熊本大学大学院教授システム学専攻公開科目（http://www.gsis.kumamoto-u.ac.jp/opencourses/pf/3Block/08/08-1_text.html）〈➡ 043〉

鈴木克明・根本淳子（2011）．「教育設計についての3つの第一原理の誕生をめぐって［解説］」『教育システム情報学会誌』28（2），168-176.〈➡ 015〉

鈴木克明・根本淳子（2012）．「大学教育ICT利用サンドイッチモデルの提案：ポートフォリオは応用課題に，LMSは基礎知識に」『日本教育工学会第28回全国大会発表論文集』pp.969-970.〈➡ 047〉

van Merriënboer, J. J. G., Clark, R. E., & de Croock, M. B. M. (2002). Blueprints for complex learning: The 4C/ID-model, Educational Technology. *Research and Development, 50* (2), 39-64.〈➡ 021〉

van Merriënboer, J. J. G., & Kirschner, P. A. (2007). Ten steps to complex learning. New York: Taylor & Francis.（http://www.tensteps.info/）〈➡ 021〉

山地弘起（2014）．「アクティブ・ラーニングの実質化に向けて」『大学教育と情報』2014年度No.1（通巻146号），2-7.（http://www.juce.jp/LINK/journal/1403/pdf/02_01.pdf）〈➡ 033〉

● 第4章

ブランチ, R. M.・メリル, M. D.（2013）．「インストラクショナルデザインモデルの特徴（第2章）」リーサー, R. A.・デンプシー, J. V.（編著）鈴木克明・合田美子（監訳）『インストラクショナルデザインとテクノロジ：教える技術の動向と課題』北大路書房 pp.14-27.〈➡ 056〉

Snyder, C.（2004）．黒須正明（訳）『ペーパープロトタイピング：最適なユーザインタフェースを効率よくデザインする』オーム社〈➡ 059〉

参考文献

Clark, R. C., & Mayer, R. E. (2011). *E-Learning and the science of instruction: Proven guidelines for consumers and designers of multimedia learning* (3rd ed.). San Francisco, CA: John Wiley & Sons. 〈➡ 064〉
ディック, W.・ケアリー, L.・ケアリー, J. O.（2004）. 角　行之（監訳）『はじめてのインストラクショナルデザイン』ピアソン・エデュケーション 〈➡ 053〉〈➡ 065〉
ガニェ, R. M.・ウェイジャー, W. W.・ゴラス, K. C.・ケラー, J. M.（2007）. 鈴木克明・岩崎　信（監訳）『インストラクショナルデザインの原理』北大路書房 〈➡ 052〉
鄭　仁星・久保田賢一・鈴木克明（2008）.『最適モデルによるインストラクショナルデザイン：ブレンド型eラーニングの効果的な手法』東京電機大学出版局 〈➡ 057〉
情報デザインフォーラム（編）(2010).『情報デザインの教室』丸善出版 〈➡ 060〉
海保博之（1992）.『一目で分かる表現の心理技法』共立出版 〈➡ 061〉〈➡ 062〉〈➡ 063〉
Mayer, R. E.（2001）. *Multimedia learning*. Cambridge University Press. 〈➡ 064〉
Merrill, M. D.（2002）. A pebble-in-the-pond model for instructional design. *Performance Improvement, 41* (7), 39-44. 〈➡ 056〉
ニールセン, J.（2002）. 篠原稔和・三好かおる（訳）『ユーザビリティエンジニアリング原論：ユーザーのためのインタフェースデザイン』東京電機大学出版局 〈➡ 058〉
Nielsen, J.（1995）. 10 Usability Heuristics for User Interface Design.（http://www.nngroup.com/articles/ten-usability-heuristics/）〈➡ 066〉
Nielsen, J.（2000）. Why you only need to test with 5 users.（http://www.nngroup.com/articles/why-you-only-need-to-test-with-5-users/）
　日本語訳：(http://u-site.jp/alertbox/20000319) 〈➡ 068〉
ライヒ, C.・ジェームズ, J.（2013）. HCDライブラリー委員会（訳）『人間中心設計の海外事例』近代科学社 〈➡ 060〉
鈴木克明（1994）.「やる気を育てるプリント教材はここが違う（解説）」『NEW 教育とマイコン 1994年8月号』pp.44–49. 〈➡ 061〉〈➡ 062〉〈➡ 063〉
鈴木克明（2002）.『教材設計マニュアル』北大路書房 〈➡ 065〉
鈴木克明（2004）.『詳説インストラクショナルデザイン』日本イーラーニングコンソーシアム（パッケージ版テキスト）〈➡ 053〉〈➡ 054〉〈➡ 055〉〈➡ 061〉〈➡ 062〉〈➡ 063〉
鈴木克明（2005）.「〔総説〕e-Learning 実践のためのインストラクショナル・デザイン」『日本教育工学会誌』29 (3), 197-205. 〈➡ 052〉〈➡ 064〉
樽本徹也（2014）.『ユーザビリティエンジニアリング（第2版）：ユーザエクスペリエンスのための調査, 設計, 評価手法』オーム社 〈➡ 060〉〈➡ 066〉〈➡ 067〉〈➡ 068〉

● 第 5 章

ディック, W.・ケアリー, L.・ケアリー, J. O.（2004）. 角　行之（監訳）『はじめてのインストラクショナルデザイン』ピアソン・エデュケーション 〈➡ 069〉
グエン, F.（2013）.「パフォーマンス支援（第15章）」R. A. リーサー・J. V. デンプシー（編著）鈴木克明・合田美子（監訳）『インストラクショナルデザインとテクノロジ』北大路書房 pp.247-265. 〈➡ 095〉
稲垣　忠・鈴木克明（編著）(2015).『授業設計マニュアル Ver.2』北大路書房 〈➡ 069〉
Jonassen, D. H.（2006）. Typology of case-based learning: The content, form, and function of cases. *Educational Technology, 46* (4), 11-15. 〈➡ 082〉

Jonassen, D. H.（2011）. *Learning to solve problems: A handbook for designing problemsolving learning environment.* Routledge.〈➡ 082〉
梶田叡一（2010）.『教育評価（第 2 版補訂 2 版）』有斐閣双書〈➡ 075〉
Mager, R. F.（1997）. *Preparing instructional objectives: A critical tool in the development of effective instruction*（3rd ed.）. Center for Effective Performance.〈➡ 071〉
マルザーノ，R. J.・ケンドール，J. S.（2013）. 黒髪晴夫・泰山　裕（訳）『教育目標をデザインする：授業設計のための新しい分類体系』北大路書房〈➡ 075〉
宮原詩織・木谷紀子・野澤亜伊子（2006）.「協調学習デザインへの課題分析活用の試み」『日本教育工学会第 22 回講演論文集』pp.277-278〈➡ 083〉
ロビンソン・ロビンソン（2010）. 鹿野尚登（訳）『パフォーマンス・コンサルティングⅡ：人事・人材開発担当の実践テキスト』ヒューマンバリュー〈➡ 090〉
ローゼンバーグ，M. J.（2013）.「ナレッジマネジメントと学習：両方で完璧（第 16 章）」R. A. リーサー・J. V. デンプシー（編著）鈴木克明・合田美子（監訳）『インストラクショナルデザインとテクノロジ』北大路書房　pp.266-287.〈➡ 093〉
スティーブンス，D.・レビ，A.（2014）.『大学教員のためのルーブリック評価入門』玉川大学出版部〈➡ 073〉
鈴木克明（1995）.『放送利用からの授業デザイナー入門：若い先生へのメッセージ』日本放送教育協会〈➡ 077〉〈➡ 078〉〈➡ 079〉〈➡ 080〉〈➡ 081〉
鈴木克明（2002）.『教材設計マニュアル』北大路書房〈➡ 072〉〈➡ 076〉〈➡ 077〉〈➡ 078〉〈➡ 080〉〈➡ 081〉〈➡ 083〉〈➡ 084〉〈➡ 085〉〈➡ 086〉〈➡ 087〉
鈴木克明（2004）.『詳説インストラクショナルデザイン』日本イーラーニングコンソーシアム〈➡ 071〉〈➡ 074〉〈➡ 088〉
鈴木克明（2005）.「教師のためのインストラクショナルデザイン入門」IMETS フォーラム 2005〈➡ 070〉
鈴木克明（2006）.「システム的アプローチと学習心理学に基づく ID（第 6 章）」野嶋栄一郎・鈴木克明・吉田　文（編著）『人間情報科学と e ラーニング』放送大学教育振興会 pp.91-103.〈➡ 091〉
鈴木克明（2007）.「ブルームのタキソノミー（分類学）」『基盤的教育論（2007 年度版）』熊本大学大学院教授システム学専攻公開科目（http://www.gsis.kumamoto-u.ac.jp/opencourses/pf/2Block/04/04-1_text.html）〈➡ 075〉
鈴木克明（2015）.『研修設計マニュアル』北大路書房〈➡ 089〉〈➡ 092〉
高橋暁子・喜多敏博・中野裕司・鈴木克明（2012）.「教授者用の課題分析図作成ツールの開：Moodle への実装と評価」『教育システム情報学会』*29*(1), 7-16.〈➡ 083〉
Willmore, J.（2006）. *Job aids basics.* American Society for Training and Development.〈➡ 094〉

●第 6 章

CAST（2013）. National Center on Universal Design for Learning（http://www.udlcenter.org/）〈➡ 097〉
ガニェ，R. M.・ウェイジャー，W. W.・ゴラス，K. C.・ケラー，J. M.（2007）. 鈴木克明・岩崎　信（監訳）『インストラクショナルデザインの原理』北大路書房〈➡ 096〉
ルイス，P. J.・サリバン，M. S.（2013）.「多様性とアクセシビリティ（第 36 章）」R. A. リーサー・

J. V. デンプシー（編著）鈴木克明・合田美子（監訳）『インストラクショナルデザインとテクノロジ』北大路書房 pp.613-629.〈➡ 097〉

ムーア, M. G.・カースリー, G.（2004）．高橋 悟（編訳）『遠隔教育：生涯学習社会への挑戦』海文堂〈➡ 096〉

日本人間工学会テレワークガイド委員会（2010）．「2010 年版 ノートパソコン利用の人間工学ガイドライン：パソコンを快適に利用するために」(https://www.ergonomics.jp/)〈➡ 101〉

Parrish, P., & Linder-VanBerschot, J. A.（2010）．Cultural dimensions of learning: Addressing the challenges of multicultural instruction. *International Review of Research in Open and Distance Learning, 10*（2），1-19.〈➡ 098〉

Responsive web design. In Wikipedia: The Free Encyclopedia. (https://en.wikipedia.org/wiki/Responsive_web_design)〈➡ 100〉

総務省（2011）．miChecker ver.1.2. (http://www.soumu.go.jp/main_sosiki/joho_tsusin/b_free/miChecker_download.html)〈➡ 099〉

鈴木克明・根本淳子（2011）．「教育設計における社会・文化的検討についてのフレームワーク」『教育システム情報学会第 36 回全国大会発表論文集』pp.232-233.〈➡ 098〉

ウェブアクセシビリティ基盤委員会（2010）．http://waic.jp/〈➡ 099〉

●付録の文献

ID マガジン第 10 号.〈連載〉ヒゲ講師の ID 活動日誌（10）

Jonassen, D. H.（2006）．Typology of case-based learning: The content, form, and function of cases. *Educational Technology, 46*（4），11-15.

Jonassen, D. H.（2011）．*Learning to solve problems: A handbook for designing problem-solving learning environment.* Routledge. pp.13-19.

Parrish, P., & Linder-VanBerschot, J. A.（2010）．Cultural dimensions of learning: Addressing the challenges of multicultural instruction. *International Review of Research in Open and Distance Learning, 10*（2），1-19.

鈴木克明（1995）．『放送利用からの授業デザイナー入門』日本放送教育協会

鈴木克明・根本淳子（2011）．「教育設計における社会・文化的検討についてのフレームワーク」『教育システム情報学会第 36 回全国大会発表論文集』pp.232-233.

鈴木克明（2014）．「ジョナセンによる問題解決学習の分類学と事例の類型化」『日本教育工学会第 30 回全国大会講演論文集』pp.793-794.

● オススメ文献リスト

● インストラクショナルデザインの基礎を知りたい場合！

【初歩】向後千春（2015）.『上手な教え方の教科書〜入門インストラクショナルデザイン』技術評論社
【一般向け】鈴木克明（2002）.『教材設計マニュアル』北大路書房
【学校向け】稲垣　忠・鈴木克明（編著）（2014）.『授業設計マニュアル ver.2』北大路書房
【企業向け】鈴木克明（2014）.『研修設計マニュアル』北大路書房

● もう少し専門的にインストラクショナルデザインを学びたいと思ったら！

【大学院レベルの教科書①】ディック・ケアリー・ケアリー（2004）. 角　行之（監訳）『はじめてのインストラクショナルデザイン』ピアソン・エデュケーション
【大学院レベルの教科書②】ガニェ・ウェイジャー・ゴラス・ケラー（2007）. 鈴木克明・岩崎　信（監訳）『インストラクショナルデザインの原理』北大路書房
【大学院レベルの教科書③】リー・オーエンズ（2003）. 清水康敬・日本ラーニングコンソシアム(訳)『インストラクショナルデザイン入門―マルチメディアにおける教育設計』東京電機大学出版局
【ID の動向を把握する】リーサー・デンプシー（編著）（2013）. 鈴木克明・合田美子（監訳）『インストラクショナルデザインとテクノロジ：教える技術の動向と課題』北大路書房
【ID 理論を知る】ライゲルース・カー＝シェルマン（編著）（2016）. 鈴木克明・林　雄介（監訳）『インストラクショナルデザインの理論とモデル：共通知識基盤の構築に向けて』北大路書房
【動機づけ設計を学ぶ】ケラー（2010）. 鈴木克明（監訳）『学習意欲をデザインする』北大路書房

※ここで紹介した本がすべてではありません。

索引

事項

● あ

ARCS モデル　10, 12, 14, 16, 18, 20
ROI　198
ID 第一原理　40
ID 美学第一原理　22
アクティブラーニング　76
足場かけ　52, 64, 84
ADDIE モデル　116
あるべき姿　194
アンドラゴジー　28

● い

e ポートフォリオ　104
イメージ情報　136
いらつきのなさ　5, 207
インストラクショナルデザイン　2

● う

Web アクセシビリティ　214
運動技能　72, 174, 186, 188
運動技能の指導方略　72
運動技能の評価方法　174

● え

SCC：ストーリー中心型カリキュラム　58
SME　6, 192
LMS　104, 126

● お

OPTIMAL モデル　126

● か

階層分析　184
学習意欲　10, 20, 152
学習課題　180
学習課題分析　180
学習環境　46, 52, 64
学習環境設計の 4 原則　46
学習経験　24, 26
学習経験の要因モデル　24, 26

学習経験レベル　24
学習者検証の原理　90, 142
学習者分析　152
学習者要因　26
学習状況要因　26
学習成果の 5 分類　166
学習の文化的次元フレームワーク　212
学習目標　3, 154, 156, 192
学習目標の明確化 3 要素　156
課題分析　182, 184, 186, 188, 190
課題分析図　180
学校学習の時間モデル　86, 88
学校の情報技術モデル　100
活動制御理論　36
画面　130, 134, 136, 138
画面構成理論　106
完全習得学習　86, 88, 92
簡略版学習意欲デザイン　20
関連性（ARCS モデル）　14

● き

GAP 分析　194
9 教授事象　44, 68, 70, 72, 74
教育内容　3
教材開発　118, 120
教材開発の 3 段階モデル　120
教材のシステム的開発モデル　118
教材の見やすさ・わかりやすさを高めるポイント　134, 136, 138
教授カリキュラムマップ　190
教授トランザクション理論　108
教授方略　154
協調学習　82

● く

クラスター分析　182

● け

経験学習モデル　48
形成的テスト　88

245

形成的評価　142
系列化　7
ゲーミフィケーション　30
ゲーム　30, 32
ゲームニクス　32
言語情報　66, 166, 168, 182, 188
言語情報の指導方略　66
言語情報の評価方法　168

●こ
効果　2
好奇心　12
構成主義　64
構成主義学習モデル　64
構成主義心理学　40
構造化　7, 180
構造化技法　180
行動主義心理学　90
効率　2
個別化教授システム方式　92
湖面の水紋 ID モデル　124

●さ
再生　66, 168, 170
最適化モデル　126
再認　66, 168, 170
3 種類のテスト　158

●し
GBS 理論　56
ジグソー法　76, 82
思考発話法　148
自己効力感　34
事後テスト　142, 158
自信（ARCS モデル）　16
事前テスト　142, 158
指導方略　66, 70, 72, 74
シナリオ　56, 58, 132
シミュレーション　108
ジャスパー教材設計 7 原則　60
シャトルカード（大福帳）　94
縮図　54
情報処理モデル　44
ジョブエイド　202
事例駆動型推論（CBR）理論　56
診断テスト　158

●す
スキーマ理論　54
STAR 遺産モデル　62

ストーリー　56, 58
ストーリー中心型カリキュラム　58

●せ
整合性　4
精緻化理論　54
設計レイヤー　112
先行オーガナイザー　96
全体的タスク　52
前提行動　152
前提テスト　142, 152, 158

●そ
総括的評価　142

●た
大学教育 ICT 利用サンドイッチモデル　104
態度　74, 176, 188
態度の指導方略　74
態度の評価方法　176
大福帳　94
タキソノミー　164, 178
多重知能理論　98
タスク　50, 52, 124
タスク中心型の教授方略　50
多モード多様性モデル　210

●ち
チェックリスト　174, 176
知的技能　68, 166, 170, 172, 188
知的技能の指導方略　68
知的技能の評価方法　170
注意（ARCS モデル）　12

●て
TICCIT　106
TBL　80
手順分析　186
テスト　158, 162
10 ヒューリスティクス　144

●と
TOTE モデル　162
ドリル制御構造　110

●な
内容の専門家　6, 192
ナレッジマネジメントシステム　200

●に
ニーズ分析　192
人間工学　218
人間モデリング　74
認知心理学　44
認知的ウォークスルー　146
認知的徒弟制　84
認知的方略　70, 166, 172
認知的方略の指導方略　70
認知的方略の評価方法　172

●の
ノートパソコン利用の人間工学ガイドライン　218

●は
パフォーマンス　160, 194, 202, 204
パフォーマンス支援システム　204
バンダービル大学　60, 62
反転授業　102

●ひ
PSI方式　92
PDCA　116
PBL　78
美学的経験　22
ビデオ　60
ヒューリスティック評価　144
評価　142
評価方法　3, 154, 168, 170, 172, 174, 176

●ふ
複合型分析　188
振り返り　48
プリント教材　134, 136, 138
ブレンデッドラーニング　102
プロクター　92
プログラム学習の5原則　90
プロセス　116, 122
プロトタイピング　122, 130
文化的価値観　212

●へ
ペーパープロトタイピング　130
ペダゴジー　28
ペルソナ手法　132

●ま
学びたさ　8, 9
学びの第一原理　42

学びやすさ　7, 39
マルチメディア教材設計7原理　140
満足感（ARCSモデル）　18

●み
魅力　2

●む
ムダのなさ　6, 151

●め
メーガーの3つの質問　154
メタ認知　42, 60, 78
メディア選択モデル　208

●も
目標分類学　164
文字情報　134
物語　60
問題　40, 42, 64, 78, 178
問題解決　50, 64, 78
問題解決学習　54, 170
問題解決学習の分類学　178

●ゆ
有意味受容学習　96
ユーザビリティ　128
ユーザビリティテスト　148
ユニバーサルデザイン　210

●よ
4C/IDモデル　52
4段階評価モデル　196

●ら
ラピッドプロトタイピング　122

●る
ルーブリック　160

●れ
レイアウト　138
レイヤーモデル　5
レスポンシブWebデザイン　216
練習　66, 68, 70, 72, 74, 110

●わ
わかりやすさ　7, 115

人名

●あ
アンドリュー・ギボンズ　112
アン・ブラウン　82

●う
ウォルター・ディック　118

●え
F・S・ケラー　92
M・デイビッド・メリル　40, 42, 50, 106, 108, 124

●く
クール　36
グレッグ・カースリー　208

●さ
サイトウ・アキヒロ　32

●し
ジョン・M・ケラー　10
ジョン・B・キャロル　86
ジョン・R・サヴェリー　78
ジョン・S・ブラウン　84

●ち
チャーリー・M・ライゲルース　54

●て
デイビッド・オーズベル　96
デイビッド・コルブ　48
デイビッド・ジョナセン　42, 64, 178

●と
ドナルド・カークパトリック　196, 198

●は
パリッシュ　22, 24, 26, 212
ハワード・ガードナー　98
ハワード・バロウズ　78
バンデューラ　34

●ふ
ファン・メリエンボアー　52

●へ
ベンジャミン・ブルーム　88, 164

●ま
マイケル・G・ムーア　208
マルカム・ノールズ　28

●や
ヤコブ・ニールセン　128, 144

●ら
ラリー・K・マイケルセン　80

●り
リチャード・E・メイヤー　140

●ろ
ローゼンバーグ　200
ロジャー・C・シャンク　56
ロバート・M・ガニェ　44, 166, 184
ロバート・ブランソン　100
ロバート・メーガー　154, 156

あとがき

　インストラクショナルデザイン（ID）は欧米を中心に発展してきた分野であり，日本ではまだ認知度は高くありません。一方で，日本語の書籍はだいぶ増えてきました。それらと差別化をはかりながら，品質が落ちないようにすることがプレッシャーにもなりました。既存の本は，読み進めながら学ぶ感じのものが多くなっていますが，IDには役立つ道具がたくさんあります。そういった道具を，例えばリファレンスマニュアルのように，ぱらぱらめくってみたり，欲しい道具を見つけたりできる本はあまりなかったように思います。世の中には，やる気をもって授業を行っていても，拠り所とする方法論がないために思うように効果を出せていない，もったいない実践が多く存在します。この本は，実践者に気軽に手にとってもらい，自分のやりたいことや困っていることに，さっとヒントを与えるようなものでありたいと意識しました。

　本書は，企画段階から見開き2ページで1つの道具と決め，しかも右側はすべて事例にするというルールのもとで進めました。これには執筆陣もかなり苦労しました。半ページで道具を説明するには，どうしても紙面が不足し，できるだけ簡単にする必要があります。ときには道具を分割したりもしました。詳細な説明は参考文献に譲るということも多くありました。また，Tell meではなくShow meである（ID第一原理〈015〉を参照）ことを意識し，事例の提示を重視しました。実際の事例があればそれを紹介し，適切なものがない場合は想像力をフルに働かせました。1つの道具に2事例を基本としましたので，異なる2パターンを用意しました。

　道具の個数は最初に100個をかかげましたが，途中で88個でもよいのでは？と弱気になったときもありました。最終的には目標にプラス1した101個を達成できたことに，ほっとしています。一方で，載せたいと思っていた道具をあきらめるという決断も多くありました。できるだけ普段から持ち歩ける程度の，適度な薄さを維持したかったからです。

　101個の道具は，レイヤーモデルに沿って整理しました。レイヤーモデルはまだ発展途上のモデルではありますが，IDの技法を整理するための枠組みと

して，挑戦的に活用してみました。いかがでしたでしょうか。この道具は，このレイヤーではないのでは？　という声も聞こえてきそうです。実際に，編集作業中にも多くの議論が交わされました。進めていくうちに，複数のレイヤーをまたぐ道具が多いことがわかり，そのような道具を紹介するときには，配置したレイヤーの観点をできるだけ意識して紹介することを心掛けました。なお，レイヤーには分けていますが，うまく道具を選んで学べば，ADDIE モデルが示す，分析，設計，開発，実施，評価のサイクルでそれぞれ何を行うべきか，基礎的な ID の内容は網羅するようにしたつもりです。

　また，道具数がレベルによって偏りがあると気づいた方もいらっしゃるでしょう。レベル 2，レベル 0 に集中しています。特にレベル 2 が多くなることは，ID が学習の効果を高めるための方法論を多く蓄積したことを示しています。しかし効果を高めても，そもそもその内容が妥当であるのか（レベル 0＝効率）や，学びを継続していけるのか（レベル 3＝魅力）といった問題も，ID には重要です。さらにそれらも，アクセスできなかったり，読み難かったりすれば（レベル－1，1），まったく意味がなくなってしまいます。本書の執筆や編集を通して，改めて ID 領域の幅の広さを実感しました。本当に良いものを作るためには，他の専門家とチームを組むことの必要性も再認識しました。一方で，チームを組むことは現実ではなかなかできませんので，本書の各レイヤーの道具を意識してデザインすることが，少しでも質の向上につながれば幸いです。

　最後になりますが，本書は JSPS 科研費 23300305 の助成による研究成果の一つです。本書の構想段階から，北大路書房の奥野浩之氏には大変お世話になりました。2015 年度内に出版しますと宣言してから，一時は年度内の出版が危ぶまれましたが，多大なご配慮を頂き，なんとか年度内の出版を実現できました。心から御礼申し上げます。

　本書をきっかけに ID がさらに普及することを願って。

2016 年 3 月吉日
市川　尚・根本淳子

●監修者紹介

鈴木　克明（すずき　かつあき）

武蔵野大学響学開発センター教授・センター長
熊本大学名誉教授システム学研究センター客員教授
米国フロリダ州立大学大学院博士課程修了，Ph.D（教授システム学）。ibstpi フェロー・理事（2007-2015），日本教育工学会監事・第 8 代会長（2017-2021），教育システム情報学会顧問，日本教育メディア学会理事・第 7 期会長（2012-2015），日本医療教授システム学会副代表理事，日本イーラーニングコンソシアム名誉会員など。

●編著者紹介

市川　尚（いちかわ　ひさし）

岩手県立大学ソフトウェア情報学部准教授
熊本大学大学院博士後期課程修了，博士（学術）。日本教育工学会 SIG-07 インストラクショナルデザイン代表（2018-2021）・代議員，日本教育メディア学会理事など。
第 1 章，道具：021，034，035，049，053，058〜068，096〜101

根本　淳子（ねもと　じゅんこ）

明治学院大学心理学部准教授
岩手県立大学大学院博士後期課程修了，博士（ソフトウェア情報学）。一般社団法人日本教育学学習評価機構理事，日本教育工学会理事など。
第 1 章，道具：016，019，027，044，051，052，055，057，071〜074，076，082〜095

●著者紹介

竹岡　篤永（たけおか　あつえ）

新潟大学教育・学生支援機構特任准教授
システムエンジニアとして働く中で「わかる表現」に関心を持ち，北陸先端科学技術大学院大学で博士号を取得。教員・大学院生への IT 支援の傍ら，e ラーニングにより e ラーニング等の教授法を学ぶ（熊本大学大学院教授システム学修士）。
道具：001〜014，033，042，046，054，070

高橋　暁子（たかはし　あきこ）

千葉工業大学情報科学部教授
岩手県立大学ソフトウェア情報学部卒，熊本大学大学院教授システム学専攻博士前期課程修了，修士（教授システム学），同博士後期課程修了，博士（学術）（熊本大学, 2012 年）。日本教育工学会 SIG-07 インストラクショナルデザイン副代表，情報処理学会教育学習支援情報システム研究運営委員など。
道具：015，017，018，020，022〜026，028〜032，036〜041，043，045，047，048，050，056，069，075，077〜081

インストラクショナルデザインの道具箱101
<small>ワンオーワン</small>

2016 年 3 月 31 日　初版第 1 刷発行	定価はカバーに表示
2025 年 6 月 20 日　初版第 6 刷発行	してあります。

監修者　鈴　木　克　明
編著者　市　川　　　尚
　　　　根　本　淳　子
発行所　㈱北大路書房
〒603-8303　京都市北区紫野十二坊町 12-8
　　　　　　電　話　(075) 431-0361㈹
　　　　　　Ｆ Ａ Ｘ　(075) 431-9393
　　　　　　振　替　01050-4-2083

Ⓒ 2016　　制作／T.M.H.　　印刷・製本／亜細亜印刷㈱
検印省略　　落丁・乱丁本はお取り替えいたします。
ISBN978-4-7628-2926-0　　Printed in Japan

・ JCOPY 〈㈳出版者著作権管理機構 委託出版物〉
本書の無断複写は著作権法上での例外を除き禁じられています。
複写される場合は，そのつど事前に，㈳出版者著作権管理機構
(電話 03-5244-5088,FAX 03-5244-5089,e-mail: info@jcopy.or.jp)
の許諾を得てください。

北大路書房の ID 関連書 ●●●●●●●●●●●●●●●●●●●●●●●●●●●●●●●●

ID のマニュアルシリーズ

教材設計マニュアル：独学を支援するために
鈴木克明著／ A5 判・208 頁・本体 2200 円＋税
教材のイメージづくりから教材の作成，改善までを実践的に解説。

授業設計マニュアル Ver.2：教師のためのインストラクショナルデザイン
稲垣　忠・鈴木克明編著／ A5 判・212 頁・本体 2200 円＋税
目標の設定，教材分析，指導案の書き方から評価の仕方までの必須を解説。

研修設計マニュアル：人材育成のためのインストラクショナルデザイン
鈴木克明著／ A5 判・304 頁・本体 2700 円＋税
効果的で，効率的で，魅力的な研修とは？　教えなくても学べる研修とは？

ID の専門書

インストラクショナルデザインの理論とモデル：共通知識基盤の構築に向けて
C.M. ライゲルース他編　鈴木克明・林　雄介監訳／ A5 判・464 頁・本体 3900 円＋税
教育工学の必読書，通称「グリーンブック」待望の邦訳。

インストラクショナルデザインとテクノロジ：教える技術の動向と課題
R.A. リーサー他編　鈴木克明・合田美子監訳／ A5 判・704 頁・本体 4800 円＋税
米国教育工学コミュニケーション学会・設計・開発部会 2012 年度年間優秀書籍賞。

学習意欲をデザインする：ARCS モデルによるインストラクショナルデザイン
J.M. ケラー著　鈴木克明監訳／ A5 判・372 頁・本体 3800 円＋税
注意・関連性・自信・満足感という 4 側面から学習プロセスの設計を解説。

インストラクショナルデザインの原理
R.M. ガニェ他著　鈴木克明・岩崎　信監訳／ A5 判・464 頁・本体 3800 円＋税
分析→設計→開発→実施→評価（改善）という基本プロセスでコンテンツ作成を詳説。